シリーズ
地域研究のすすめ
④

ようこそオセアニア世界へ

COMMONWEALTH OF THE NORTHERN MARIANA ISLANDS

TERRITORY OF GUAM

REPUBLIC OF PALAU

FEDERATED STATES OF MICRONESIA

REPUBLIC OF THE MARSHALL ISLANDS

STATE OF HAWAII

REPUBLIC OF NAURU

REPUBLIC OF KIRIBATI

INDEPENDENT STATE OF PAPUA NEW GUINEA

SOLOMON ISLANDS

REPUBLIC OF VANUATU

TUVALU

TERRITORY OF THE WALLIS AND FUTUNA ISLANDS

INDEPENDENT STATE OF SAMOA

AMERICAN SAMOA

NEW CALEDONIA

REPUBLIC OF FIJI

KINGDOM OF TONGA

NIUE

COOK ISLANDS

FRENCH POLYNESIA

COMMONWEALTH OF AUSTRALIA

NEW ZEALAND

石森大知
黒崎岳大 =編

昭和堂

まえがき

　オセアニアは，六大陸の一つであるオーストラリア大陸をはじめ，ミクロネシア，メラネシア，ポリネシアを含む地域です。この地域には，16の国家（オーストラリア連邦，キリバス共和国，クック諸島，サモア独立国，ソロモン諸島，ツバル，トンガ王国，ナウル共和国，ニウエ，ニュージーランド，バヌアツ共和国，パプアニューギニア独立国，パラオ共和国，フィジー共和国，マーシャル諸島共和国，ミクロネシア連邦）のほか，アメリカ領サモア，フランス領ポリネシア，ニューカレドニア，グアムなど多数の属領がみられます。

　みなさんは，ここで挙げた国名・島名をどれぐらいご存じでしょうか。オーストラリアとニュージーランド，およびいくつかの観光地として有名な島々を除けば，あまり耳にしたことがないかもしれません。本書の読者のみなさんにとってはそうではない可能性もありますが，オセアニアはたとえばアジア，アフリカ，ヨーロッパなどの他地域と比べて，一般的には「マイナー」な地域といえるでしょう。

　とはいえ，このマイナーな地域は地理的に小規模というわけではありません。オセアニアの大部分を占める太平洋に目を向ければ，地球表面積のじつに３分の１程度を占める広大なエリアであることが分かります。また，日本人にとってマイナーといっても，日本から遠く離れているわけでもありません。むしろオセアニアの島々と日本はともに太平洋に面する「島国」という点で共通する隣人同士というべきでしょう。にもかかわらず，現代日本社会では，太平洋およびそこに点在している大小あわせれば２万を超える島々に対する視点は欠落しがちといえます。

　本書は，このような意味で日本人にとって地理的には近いものの心象的には遠いともいえる，オセアニアを対象とする地域研究の入門書・教科書です。そして，本書を通してオセアニアの特徴を学ぶと同時に，オセアニアに対する既存のイメージを転換することを目指しています。そのためのキーワードとして，本書ではつぎの２点を挙げたいと思います。

一つ目は，「海洋性」です。オセアニアの研究史上における最初かつ最大の課題は，この地域に住む人々はいったいどこからやってきたのか，そしてどのようにしてこの広大な海を越え，島々に住み着いていったのかというテーマです。これに続き，域内での移動・拡散の過程で人々はどのように海の世界に適応しながら，海に根差した生活様式を営んできたのかという点も注目されてきました。具体的には，高度な航海術やカヌー制作技術のほか，漁撈活動を含む海の世界に適応した衣食住などについてです。これらのことはオセアニアの特徴として注目に値するものであり，本書では海洋性と呼ぶことにします。

　もう一つは，同じ時代に同じ海を囲んで生きる隣人として理解および共感するという意味合いを込め，「同時代性」を挙げたいと思います。これまで日本人は概してオセアニアを文明に属さない辺境とみなし，未開もしくは楽園のイメージでもって語ってきました。誤解を恐れずにいえば，パプアニューギニアやバヌアツに未開性を，ハワイやタヒチに楽園を見出してきたのです。いずれの場合も文明から切断された辺境の位置づけに変わりはありません。このような自文化中心主義的なステレオタイプは強固であるがゆえに，意識的に壊していく必要があると考えます。同時代性の喚起はすでに時代遅れであるという指摘もあるとは思いますが，それでもあえて同時代性を強調する理由はこのような偏ったオセアニア観をふまえてのことです。

　以上，二つのキーワードに触れましたが，まずはオセアニアに対する興味関心を深めることが重要です。本書の各章とコラム，とくに現代的課題を扱った第Ⅲ部を読んでいただくと，自分たちとの違いに驚くとともに，自分たちと類似・共通する点にも気づかされるでしょう。もちろん文化相対主義的にその違いを理解することも重要ですが，たとえば，否応なく進展するグローバル化への期待と焦り，気候変動が引き起こす諸問題への不安，「よりよい生活」を目指す想いなどについて共感できることも多いはずです。本書を通して，今をともに生きる身近な隣人としてのオセアニアへの理解を深めながら，既存のオセアニア観を客観的に振り返る，ひいては拭い去ることに少しでも貢献できたなら，望外の喜びです。

　　2023年1月

　　　　　　　　　　　　　　　　　　　　　　　　　　　　　石森大知

目　　次

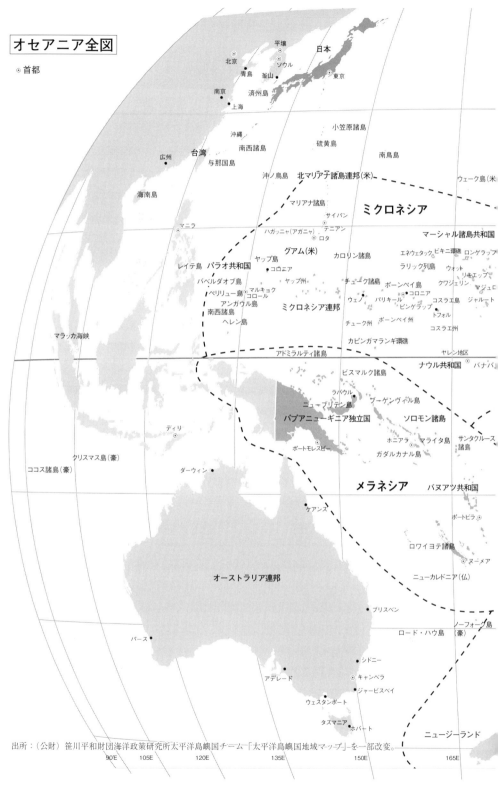

オセアニア全図

⊙ 首都

平壌
北京
青島　ソウル
釜山
南京　済州島
上海

日本
東京

小笠原諸島
硫黄島
南鳥島

沖縄
南西諸島

台湾
広州
与那国島

沖ノ鳥島　北マリアナ諸島連邦(米)

ウェーク島(米)

海南島

マリアナ諸島

ミクロネシア

マニラ

サイパン
ハガッニャ(アガニャ)　テニアン
ロタ

マーシャル諸島共和国

レイテ島　パラオ共和国
バベルダオブ島
ペリリュー島　マルキョク
コロール
アンガウル島
南西諸島
ヘレン島

ヤップ島
コロニア
ヤップ州

グアム(米)

カロリン諸島

エネウェタック　ビキニ環礁　ロンゲラップ
ラリック列島　ウォット
リキエップ

ミクロネシア連邦

チューク諸島
ウェノ
チューク州

ポーンペイ島
パリキール
ピンゲラップ
ポーンペイ州

コロニア
コスラエ島

クワジェリン
マジュロ
ジャルート

トフォル
コスラエ州

カビンガマランキ環礁

ヤレン地区

アドミラルティ諸島

ナウル共和国　バナバ

ビスマルク諸島

ラバウル　ブーゲンヴィル島
ニューブリテン島
パプアニューギニア独立国

ソロモン諸島

ディリ

ホニアラ　マライタ島
ガダルカナル島

サンタクルーズ
諸島

クリスマス島(豪)

ポートモレスビー

ココス諸島(豪)

ダーウィン

メラネシア

バヌアツ共和国

ケアンズ

ポートビラ

ロワイヨテ諸島

オーストラリア連邦

ニューカレドニア(仏)
ヌーメア

ブリスベン

パース

ロード・ハウ島(豪)

ノーフォーク島

シドニー
アデレード　⊙キャンベラ
ジャービスベイ
ウェスタンポート

タスマニア　ホバート

ニュージーランド

出所：(公財)笹川平和財団海洋政策研究所太平洋島嶼国チーム「太平洋島嶼国地域マップ」を一部改変。

90E　　105E　　120E　　135E　　150E　　165E

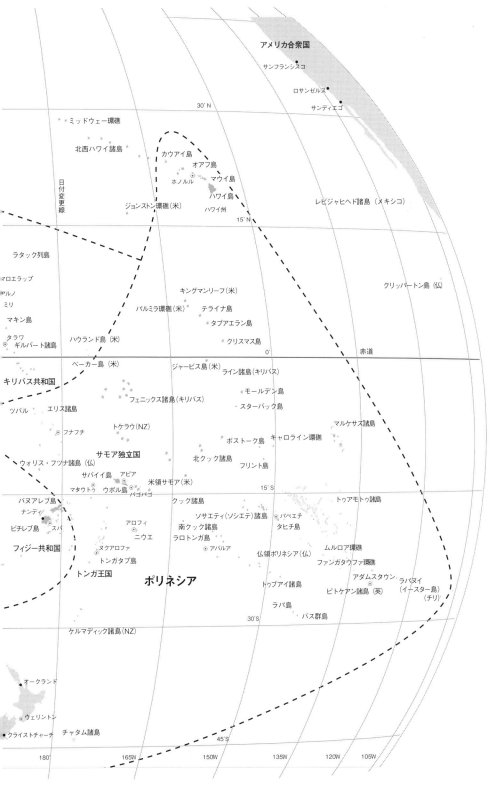

オセアニア地域研究への誘い

石森大知

ソロモン諸島の首都ホニアラを行き交う人々（2016年，筆者撮影）

日本人にとってオセアニアは，地理的には近いものの，心象的には遠い存在といえるかもしれない。そもそもオセアニアという概念は何を意味するのか，オセアニアとはいかなる特徴をもつ地域なのか。そして，とくに日本においてオセアニア地域研究はどのように発展して現在に至るのか。本章では，これらの問いに答えるとともにオセアニアおよびその地域研究の現代的意義について考察する。

1 ようこそオセアニア世界へ

　みなさんは，オセアニアにどのようなイメージをおもちだろうか。具体的な国名でいえば，オーストラリアやニュージーランドを真っ先に思い浮かべる人が多いかもしれない。あるいは，観光目的で訪れたハワイやグアム・サイパンなどの島名を挙げる人も少なくないだろう。ニューカレドニアやタヒチなども同様といえる。ただ，これら以外の国名や島名がすらすら出てくる人はあまり多くないように思う。仮にそうであるとすれば，オセアニアの最も広い部分に対する認識のあり方が十分ではないといえるだろう。

　オセアニア（Oceania）の語源は海洋を意味するオーシャン（ocean）に由来するが，この英語のオーシャンはもともとラテン語のオケアヌス（Oceanus）に遡ることができる。オケアヌスという概念は，かつて「人が住まないところ」を意味していた。その後，人が住まないと考えられていたオーシャンに人が住んでいることが「発見」され，人の住むオーシャンとして語尾に -ia をつけたオセアニアの概念が創り出されたのである（大島 1993：236；吉岡 2009：i）。このことは，現代日本社会でオセアニアをオーシャンとほぼ同義とみなしてしまい，そこに点在する島々への視点が抜け落ちていることと無関係ではないだろう。なお，日本の外務省は，オセアニアを六大州の一つとして大洋州（もしくは大洋州地域）と呼んでいるが，これはオセアニアがオーシャン由来であることを示唆している。

　人の住むオーシャンとしてのオセアニアは，世界三大海洋の一つである太平洋（Pacific Ocean）だけではなく，その海に浮かぶ島々や陸地部分をも包含する地域を指す。すなわち，太平洋とは海洋名である一方で，オセアニアはその海を抱いた地域名であり，太平洋に浮かぶ島々を含むこの地域全体を意味する。オセアニアの大部分は海に覆われた世界であるが，その相対的に小さな陸地部分のうちオーストラリア大陸が90％近くを占め，さらに島々のなかで最も大きなニューギニア島のほかニュージーランドを含めれば域内面積の97％にもなる。残りのわずかな部分を占めるのが，太平洋に点在する島々，すなわち太平洋諸島（Pacific Islands）ということになる。

太平洋は，一般的にミクロネシア，メラネシア，ポリネシアという三つの地理区分に分類される。ミクロネシアとは，フィリピン諸島よりも東側で日付変更線よりも西側，そしておもに赤道以北のエリアを指す。ミクロは小さい，ネシアは島々を意味するギリシャ語であり，点在する小さなサンゴ島や火山島にちなんで名づけられたとされる。メラネシアは同様に日付変更線の西側に位置するが，赤道以南のエリアを指す。メラとは黒い色という意味で，豊かな熱帯林に覆われたやや大きな島々が黒くみえたという説や，住民の肌の色が相対的に黒いからつけられたという語源の説などがある。ポリネシアは，ハワイ諸島，イースター島（ラパ・ヌイ），ニュージーランドを結んだ三角形のエリアを指す。ポリとは数が多いことを意味しており，文字通り島々の数が多いことが命名の由来とされる（石森・丹羽 2019）。

　ところで，日本におけるオセアニアの一般的な認知度・関心度の低さの一方で，日本とオセアニアの密接なつながりを指摘することが可能である。たとえば，日本による旧南洋群島（現在の北マリアナ諸島，パラオ，マーシャル諸島，ミクロネシア連邦）の植民地支配，そしてその後に続く（第二次世界大戦のなかの）太平洋戦争などを挙げれば，両者の深い関係性が想起されるだろう。加えて，本書のオセアニアの定義からは外れるが，仮にオセアニアを広く解釈すれば太平洋上の陸地部分がすべて包含されることになり，そこには日本も含まれる。日本は，オセアニアの国々・地域のきわめて近くに位置する隣人であるばかりか，その大多数と同様に領土の周りが海に囲まれた「島国」という点でも一致する。日本にとってこのような身近な存在であるからこそ，国際協調と調和が重んじられる現在において，オセアニア地域の包括的な理解を進めることの意義は高まっているといえる。

　本書は昭和堂「シリーズ地域研究のすすめ」の一冊として刊行されたオセアニア地域研究（Oceanic Area Studies）の入門書・教科書である。以下の節では，地域研究およびオセアニア地域研究について概観するとともに，オセアニアを読み解くキーワードについて説明を加える。その後で本書の構成や活用方法などに触れることで，次章以降で描かれるオセアニア世界にみなさんを誘いたいと思う。

2　地域研究とオセアニア

⑴　地域研究とは何か

　地域研究とは，地域の総合的理解を目指す学問分野である。「地域研究」と「地域を研究すること」は同義ではないとよくいわれるが，前者の特徴は一つの視点にとらわれない総合性にあり，単に地域を調査し，関連する情報を収集する後者とは区別される。立本成文によれば，地域研究が有する総合性には二重の意味合いがあるという。一つは地球世界全体のなかで地域を考えること，もう一つは地域を広い視野から捉えてその固有性を明らかにするという意味での総合性である（立本 1996：11-13）。なお，これらの作業には特定の地域と世界全体および他地域との比較が内在しており，この点において地域の総合的理解にはある地域だけではなく，地域内外の他者に対する視点が欠かせない。

　地域研究は新しい学問分野であり，第二次世界大戦を経て確立された。その元にあるのは，アメリカによる「敵国研究」とされる。アメリカでは1940年代から60年代にかけて，戦争の遂行および戦後の国際秩序の構築を模索するなかで，自国の利害関係の対象となる国や地域に関する研究が盛んに行われた。とくに第二次世界大戦以降は，自らとは社会的・文化的に異なる他者とともに国際社会を形成するためにも，他地域を理解するという国家的な要請があったことを指摘できる。その研究成果は，政府や軍部を含む国家の政策や戦略の検討・決定において利用されてきた。なお，同様のことはアメリカに限ったことではなく，地域研究は多かれ少なかれ当時の日本を含む世界の「強国」に求められるものであった。国家的なレベルの政策的・戦略的な必要性があったからこそ，ある地域を総合的に調査・研究する地域研究という新しい学問が生み出され，発展してきたのである（加藤 2000：3-6）。

　とはいえ，地域研究の確立以前に，他国や他地域を対象とした研究が存在しなかったわけではない。たとえば，法学，政治学，経済学，社会学，地理学，文化人類学など既存の学問分野でも，各々の分野ごとの理論や概念，および方法論に基づいて各地の調査・研究が実施されてきた。しかし，社会・文化・自然の実態を把握するためには，個別の学問分野からのアプローチでは捉えられ

ないことも多い。例を挙げれば環境や公害，紛争と平和，人口問題，国際協力などに関するテーマは，一つの学問分野で取り扱うには限界があるだろう。これらのテーマは複数の学問分野にまたがる中間領域に位置しており，諸分野の垣根を超えた連携がなければ対象理解は限定的になりがちである（吉田 2000：2）。グローバル化に伴う人間の諸活動や物流・情報の地球的規模での統合なども，このような学問的な連携，ひいては再編の潮流に拍車をかけてきたことは間違いない。さらに，既存の学問分野が概して一国家単位の研究を行ってきたとすれば，地域研究はこのような国境を越えようとする状況にも対応するものであった。このように地域研究はその確立当初からの学際性に加え，グローバル化時代に対応する同時代性を内包しているといえよう。

　なお，新しい学問分野である地域研究は，必ずしも十分には確立されていない部分もあるだろう。たとえば，個別地域の研究がそれぞれ発展を遂げる一方で，それが地域研究という一つの学問分野に独自の方法論，理論，概念の確立には結びついていないという意見が挙げられる。とはいえ，地域研究を既存の学問分野の寄せ集めとする見方は妥当ではない。立本によれば，地域研究は「既成の学問分野には還元できない，新しい研究領域，研究方法の開拓を意識的に求める」（立本 1996：15）とともに，現代的状況において「「地域」という原点に返った地域研究が要請され，同時に今度は逆に，地域研究の側から新しい世界認識をほかの学問分野に要請する」（立本 1996：12）ものである。地域研究は既存の学問分野に欠落していた視点を提示するだけではなく，これまでの学問のあり方そのものに見直しを迫る可能性を秘めているといえる。

　以上のように，地域研究は国家的な利害関係から生まれた学問分野ではあるものの，今日ではこうした意味での戦略的な視点からは距離をおいた学問的探究が展開している（加藤 2000：5）。地球に暮らす人々の共生，紛争解決と平和構築，気候変動への対応，そして広い意味での持続可能な開発などを探求する実践的な学問としてもその重要性はいっそう高まっており，さらなる発展が期待されるのである。

⑵　オセアニア地域研究の展開

　つぎに，日本におけるオセアニア地域研究の形成過程を概観する。（後述す

る日本オセアニア学会の創設者である）石川榮吉によれば，オセアニアを対象とする学術書や研究論文が現れてくるのは，旧南洋群島が日本の版図に入ってからである。第二次世界大戦勃発後にオセアニアの研究者の数は軒並み増加したものの，彼らはいわば「にわか研究者」に過ぎず，その後はまた衰退してしまったという（石川 1993：v）。まさに日本の地政学的な興味関心と並行する形で，オセアニアに対する学問的な眼差しがあったことが分かる。これは戦後のヨーロッパ，アメリカ，アジアを対象とした研究の盛り上がりとは異なるものであり，石川はこの点について「研究者の目は相変わらず東洋や西洋の文明圏に向けられるばかりで，足もとのオセアニアに視点を据える者はりょうりょうたる有様であった」と述べている（石川 1993：vii）。すなわち，日本からみたオセアニアに対する興味関心は，第二次世界大戦を一つのピークとして，その後は次第に薄れていったということになる。

　戦後，日本人の研究者によるオセアニアの研究が始まるのは1960年代以降であり，それまで多少の実績のあった一部のミクロネシアの研究を除けば，まさにゼロからの出発であったとされる。とはいえ，当時の日本では海外学術調査を行うためには経済的困難が多かったこともあり，研究者およびその業績が本格的に増加したのは70年代以降のことである（石川 1993：viii）。このように活発化してきた研究活動を背景にして，78年にオセアニア研究の振興を目的とする全国組織である日本オセアニア学会が創立されるに至った。現在，同学会には「文化人類学，民族学，言語学，先史学，人類学，生態学，植物学，遺伝学，医学，経済学，国際関係論，水産学，農学など」を専攻する200余名の会員が所属しており，国際的な情報交換や学術交流が行われている（日本オセアニア学会ウェブサイト）。

　ところで，石川は，1993年に日本オセアニア学会の創立15周年を記念した刊行物において「今後できるだけ早い充実が望まれる」として，以下の二つの課題を挙げている。一つは，研究・教育体制の充実である。この点について，諸外国の状況と比較しながら「日本の大学には，オセアニア学を標榜した講座も研究室も一つとして設けられていない」としている（石川 1993：x）。もう一つは，欠落あるいは手薄な研究分野の存在である。「オセアニア学を地域研究としてみた場合，欠落とはいわないまでも手薄の感をいなめない分野」として，

「オセアニア近・現代史とか，国際関係論もしくは国際政治・経済学の視点からするオセアニア研究」などが具体的に挙げられている（石川 1993：x-xi）。

　これらの課題について，石川の指摘から約30年が経過した現在，どのような状況にあるだろうか。まず研究・教育体制に関して，オセアニアあるいは太平洋の名称を一部に用いた大学，学部，学科が登場しているほか，コースまで含めるとかなりの数に上る。そこでは環太平洋地域がフォーカスされる一方で，その地理的中心にある太平洋の島々に対する認識が欠落する傾向にはあるものの（吉岡 2009：ii），改善がみられるのはたしかであろう。加えて，大学で教えられる科目の名称にもオセアニアや太平洋を冠するものが増えており，それなりの充実が窺えるとともに，比較的近年にも関連する入門書や教科書などの刊行が続いている（石森・丹羽 2019；梅﨑・風間 2020；棚橋他 近刊予定）。

　一方，手薄であった研究分野の充実についてである。2009年に日本オセアニア学会によって刊行された『オセアニア学』を監修した（当時の同学会長であった）吉岡政徳は，この書籍名を掲げるにあたって「日本におけるオセアニア学は発展期を経て確立期を迎えた，と考えてのことである」と述べている（吉岡 2009：vii）。たしかに同書の構成をみれば，自然科学および人文・社会科学にまたがる多様なテーマが取り扱われており，そこに日本のオセアニア地域研究の一つの到達点をみることができる（日本オセアニア学会では，オセアニア学もしくはオセアニア研究と呼ぶことが多いが，これらはオセアニア地域研究と同等と理解して差し支えないと考える）。ただし，オセアニアの研究者は人類学者，なかでも社会・文化人類学者が圧倒的に多く，それ以外の学問分野はともすれば手薄のままといわざるをえない。これは各章やコラムの執筆者選定という本書の構想段階でも感じたことである。かつて石川は社会・文化人類学への偏重について「この地域の性格からして当然のことで，このこと自体に問題はない」（石川 1993：x）と述べているが，こうした認識のあり方の再検討を含め，引き続きさらなる充実が望まれるといえる。

3　オセアニアを読み解くキーワード

　地域研究は，研究対象としての地域という単位にこだわりをもち，その地域

の特徴ないし固有性を明らかにする学問といえる。そう考えれば，本書で取り上げるオセアニアという地域の固有性とは何だろうか。それは，我々がオセアニアを読み解くさいのキーワードともいいかえることができるだろう。

　このようなキーワードとして筆者が最初に思い浮かべたのは，多様性であった。たとえばオセアニアのなかのメラネシアだけを取り上げても，様々なルーツをもつ人々が居住し，1000を超える言語が話されるなど，世界的にもきわめて多様な社会・文化が存在するといえる（第1章・第5章・第8章参照）。また，大陸から小さな環礁までといわずとも，オーストラリアだけを対象にしても気候，地形・地質，動植物など多様な自然環境がみられることは間違いない（第2章・第3章参照）。とはいえ，比較の基準および尺度の設定次第ともいえるが，むしろ逆に「多様ではない／均質である」と自信をもって表現しうる地域の方が稀ではないだろうか。そこでオセアニアの内的な多様性よりも，その多様性のなかにみられる類似性への視点，そして誰にとってのキーワードかということを念頭におき，以下の二つのキーワードについて検討してみたい。

　一つ目のキーワードは「海洋性」である。オセアニアの居住史（民族移動史）に関する研究は，この地域における最初の学問的課題であるとともに，つねに中心的なテーマであった。なぜなら，オセアニアはその地域名が物語るように海の世界であり，総面積の大部分を占めるその海に点在する，人が住まないとすら考えられていた島々に人々がいかにして住み着くようになったかという課題は重要視されてきたからである（第1章・第3章参照）。そして，このテーマは，いかにして人々はこの海の世界に適応しながら，文化を築いてきたのかというテーマへと接続する。これは，人類史の普遍的な発展モデルとされた採集・狩猟・農耕・牧畜という生活様式とは根本的に異なる，海に根差した文化に対する注目といいかえることもできる（大島 1993：237）。いずれにせよ，オセアニアの人々が育んできた高度な航海術やカヌー制作技術はいうまでもなく，漁撈活動を含む衣食住の少なからぬ部分が海と関わっている（第3章・第4章参照）。ニューギニア高地やオーストラリア内陸部などでは状況は異なるものの，この地域を広く眺めた場合に，このような意味での海の文化としての海洋性は世界の他地域と比べてもオセアニアの特徴にほかならず，研究者を惹きつけてきたのである（なお，ここでいう海洋性には，海水，海流，海洋底

などに関する諸現象やその変動を研究する海洋学の知見は想定していない）。

　二つ目は「同時代性」であるが，これはオセアニアそのものというよりも，日本におけるオセアニア観をふまえて案出したキーワードである。その理由の一つは，本書で「オセアニアを読み解くキーワード」というとき，その主体の多くは日本社会で育ってきた人々が対象となるからである。日本人のオセアニア観という点について，さきに挙げた石川は「ヨーロッパの辺境に位置づけられていたオセアニアを，ヨーロッパ中心史観に引きずられて，日本にとってもまた辺境であると錯覚してきたのも不思議ではない」（石川 1993：iv）とし，オセアニアは日本においても文明から切断された辺境としての扱いを受けてきたことを主張した。さらに，吉岡は2021年に刊行した論文において，上の石川の指摘をふまえたうえで，現在に至るまでこのようなオセアニア観が続いていることを指摘している（吉岡 2021：1-2）。

　それでは，「辺境としてのオセアニア観」とはいかなるものだろうか。それは秘境（未開）イメージと，その裏返しとしての楽園イメージから構成される。典型的にいえば，日本人はパプアニューギニアに秘境を，ハワイに楽園を見出してきた（第13章参照）。秘境といえば否定的な意味合いがあり，楽園といえば肯定的な意味合いがあるという点で異なると感じるかもしれないが，文明が否定してきた野蛮さや未開さを見出せば秘境イメージとなり，そこに文明が失ってしまったノスタルジアを感じれば楽園イメージとなる。そう考えれば，日本におけるオセアニア観というのは，我々と同時代を生きる人々ではない，そして我々の日常的な生活とはつながりも見出せないような，絶対的な他者ということになるだろう（吉岡・石森 2010；白川 2014）。

　とはいえ，同時代性に関する学問的な議論そのものは30年以上も前になされており，時代錯誤も甚だしいという意見もあるだろう。たとえばマルク・オジェは，同時代性（諸）世界という概念のもと，世界のどこに居ようとグローバル化に伴う均質化と差異化が同時進行する時代の他者理解について考察を行っている（オジェ 2002：196-197）。オジェの指摘はおもに文化的側面についてであるが，それに加えて現在では環境問題をはじめ，国際・地域協力などの分野においても世界は緊密の度合いを高めている（第12章・第14章・第15章・第16章参照）。にもかかわらず，ここであらためて同時代性を強調する理由は，

それだけ日本人にとってオセアニアが同時代世界の一員とみなされてこなかったことに尽きる。オセアニアを辺境とみなしてきたのは我々であり，このようなイメージの創造は実際のオセアニアとは無関係に生じている。であるとすれば，我々の側にこそ自己変革が求められるのであり，この点を意識するためにも同時代性というキーワードは有効と考える。

4　本書について

　本書は，三つの部，序章を含め17の章，そして17のコラムから構成されている。第Ⅰ部「自然と地理」は，先史時代の内容を含むとともに，オセアニアの多くの地域に通底する基層的な自然や地理，そして言語などのテーマを扱うものである。この部におさめられた章とそのアプローチを紹介すれば，第1章「考古」は考古学，第2章「地理」は人文地理学，第3章「島嶼」は考古学，第4章「海洋」は海洋人類学，第5章「言語」は社会言語学となる。

　第Ⅱ部「歴史と社会」は，オセアニア世界が西洋人と接触して以降の歴史と社会・文化的な変容をおもに扱っており，植民地化から国家独立を経て，近代的諸制度を整えていく様相が描かれる。各章とそのアプローチについて，第6章「歴史(1)」と第7章「歴史(2)」は歴史人類学，第8章「文化」と第9章「産業」は文化人類学，第10章「教育」は国際政治学，第11章「法律」は憲法学となる。

　第Ⅲ部は「現代的課題」とし，国際協力や地域協力をはじめ，おもに21世紀におけるグローバルイシューへの取り組みについて扱っている。各章とそのアプローチは，第12章「気候変動」は地球システム学，第13章「開発援助」は開発人類学，第14章「観光と文化」は社会人類学，第15章「地域協力」と第16章「オセアニアと日本」は国際関係論である。

　本書の構成を考えるうえで，検討を要した事柄について述べておきたい。一つは，既刊『オセアニアで学ぶ人類学』（梅﨑・風間 2020）との関係についてである。この既刊書において，すでにオセアニアに関する自然人類学および社会・文化人類学分野のテーマが体系的にカバーされている。よって，本書は既刊書とは重複しない章立ておよび異なる執筆者で構成することを目指し，その

ような「棲み分け」にはある程度成功したと考えている。それがゆえに，本書において（とくに社会・文化人類学者が専門的に扱ってきた）オセアニアの社会や文化に関して真正面から扱った章がやや少ない感は否めない。その一方で，たとえば本書では島嶼，海洋，言語，歴史，教育，法律，開発援助，地域協力，気候変動などに関する独立した章をおいたほか，域内最大の国家であるオーストラリアについて扱った章を設けるなど，テーマや対象地域などに関して既刊書との差異化および調整を図っている。いずれにせよ，オセアニア世界を包括的に学ぶためには，本書と既刊書のいずれか1冊ではなく，双方を手に取っていただくことを強くお勧めしたい。

参考文献

石川榮吉　1993「日本のオセアニア学」大塚柳太郎・片山一道・印東道子編『オセアニア1　島嶼に生きる』東京大学出版会，iii-xi 頁。

石森大知・丹羽典生編　2019『太平洋諸島の歴史を知るための60章——日本とのかかわり』明石書店。

梅﨑昌裕・風間計博編　2020『オセアニアで学ぶ人類学』昭和堂。

大島襄二　1993「オセアニア学への展望」清水昭俊・吉岡政徳編『オセアニア3　近代に生きる』東京大学出版会，235-244頁。

オジェ，M　2002『同時代世界の人類学』森山工訳，藤原書店。

加藤普章　2000『新版エリア・スタディ入門——地域研究の学び方』昭和堂。

白川千尋　2014『テレビが映した「異文化」——メラネシアの人々の取り上げられ方』風響社。

立本成文　1996『地域研究の問題と方法』京都大学学術出版会。

棚橋訓他編　近刊予定『オセアニア文化事典』丸善出版。

吉岡政徳　2009「序」遠藤央・印東道子・梅﨑昌裕・中澤港・窪田幸子・風間計博編『オセアニア学』京都大学学術出版会，i-viii 頁。

―――　2021「「辺境としてのオセアニア」を抜け出すことはできるか——文化人類学とオセアニア研究」『近代』123：1-29。

吉岡政徳・石森大知編　2010『南太平洋を知るための58章——メラネシア ポリネシア』明石書店。

吉田昌夫編　2002『地域研究入門——世界の地域を理解するために』古今書院。

（ウェブサイト）

日本オセアニア学会「設立の経緯と学会の概要」http://www.jsos.net/ocedef-j.html（2021年10月28日閲覧）。

【コラム⑩】

民族資料
収集の現場の「絡み合い」をモノから読み解く

臺　浩亮

　日本国内の博物館や大学には，オセアニアの島々から収集された民族資料が多数所蔵されている。写真1はその一つで，パプアニューギニアのニューアイ

ルランドの葬送儀礼マランガン（*malangan*）に際して制作されたと考えられる彫像である。この儀礼で用いられる様々な造形物のなかでも，とくに彫像は専門の彫刻師によって制作され，儀礼の参列者に公開された後，火にくべられるか森や洞窟に打ち捨てられるかする。剥き出しの歯列から伸びる舌や肉感的な乳房，露出する肋骨など，この彫像は見る者の目を惹く珍奇な容姿が印象的だ。一方で細部に目を向けてみると，一木から立体的な造形を彫り出していること，精緻な透かし彫りや幅の狭い線刻で装飾を施していること，鑿痕が目立たなくなるように表面を磨き上げていることに気がつく。これらの特徴からは，制作を担った現地島民の加工技術が非常に優れていたことが窺える。

　慶應義塾大学所蔵のこの彫像は，とくにビスマルク諸島でのコヤシ農園業や造船業で名を馳せ

写真1　マランガン彫像
（慶應義塾大学所蔵）

12

た日本人移民・小嶺磯吉（1866-1934）が各地で収集した民族資料のうちの一つである。小嶺が活躍した20世紀初頭はまさにオセアニアでの民族資料の収集活動が過熱化した時期であり，とくに欧米から多くの収集者が現地に赴いたことが知られている。近年，民族資料の「収集の現場」における現地島民と収集者の出会いや交渉をテーマとする歴史人類学的研究が，海外の博物館を中心に進展している。アーカイブされる書簡や古写真，民族誌の丹念な分析から，収集者の足跡や目論見，現地社会への影響が明らかになるとともに，モノを譲渡する現地島民にも目論見や工夫があったことが示唆されてきた。これまでの研究成果をふまえつつ，収集者の活動や現地社会のダイナミックな文化変容，モノを譲渡する現地島民の目論見や工夫をより具体的に議論するうえで，収集されたモノそれ自体への着目が新たな切り口を提供してくれる。

　たとえば，1908年から1909年にかけてニューアイルランドを調査した民族学者オーガスティン・クレーマー（Augstin Krämer）は，現地の彫刻師から，貝斧のほかに入植者との交易で入手した鉄器を使用して造形物を制作するようになったこと，鉄器を使用することで造形物の制作時間が大幅に短縮したことを聞き取っている。写真1に認められる立体的な造形や精緻な透かし彫り，幅の狭い線刻による装飾は，鉄器の使用によって可能になったものかもしれない。また，20世紀初頭に収集された多くのマランガン造形物の装飾に，現地島民が入植者との交易で入手したガラスビーズや織布，毛糸などの素材や，衣服の漂白剤を転用した青色染料が用いられていることが確認されている。これらの情報からは，入植者との「絡み合い」を通じて獲得した加工技術や素材を駆使してモノを制作し，ときにはそれらのモノを収集者に譲渡していった現地島民の姿が浮かび上がってくる。収集の現場では，多様な立場の人々が出会い，絡み合い，様々な目論見が交差してきた。民族資料にはそのような収集の現場へと私たちをいざなう力が秘められているのだ。

第Ⅰ部

自然と地理

第 1 章

考　古

ヒトはどこからきたのか

印東道子

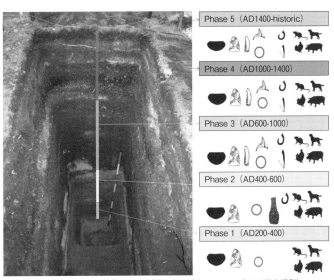

人の移動の歴史を求めて発掘された遺跡（2005年，ファイス島にて筆者撮影）

オセアニアに住む人の起源を探るため，多様な学問分野が貢献している。なかでも，発掘調査から得られる最も直接的な証拠を扱うのが考古学である。小さなサンゴ島にも深い堆積が残されており，出土する炭化物（年代測定に使用）や土器，石や貝製の道具類，骨などから数千年前の暮らしを復元することができる。ファイス島の調査からは，ミクロネシアで唯一，3種類の家畜（イヌ，ブタ，ニワトリ）が飼育されていたことが分かった。

1 旧石器集団の移動

⑴ 二つの異なる文化集団

　今から6万5000年前頃までは，オセアニアに人類は住んでいなかった。ジャワ原人がオセアニアへ来た痕跡はなく，移動してきたのはすべて新人（ホモ・サピエンス）であった。サフル大陸（氷期の海面低下でオーストラリアとニューギニアが陸続きになって形成）から見つかった5万年より古い石器などが人類の活動を示しており，4万年以上前の埋葬人骨も見つかっている。アフリカで誕生したサピエンスがアジア大陸を横断してオセアニアへやってきたのである。1万数千年前までは無人だったアメリカ大陸の場合と比較するとかなり早い。

　オセアニアへの人類の移動は，大きく分けて二つの異なる時期に，異なる文化集団によって行われた。いずれの集団も，東南アジア島嶼部から海を越えて東へと移動してきた。

　第一の移動は，狩猟採集を主とする旧石器文化集団によるもので，その分布範囲はサフル大陸と周辺の島々（ニア・オセアニア）に限られた。この集団（サフル人）が，オーストラリアのアボリジニの直接の祖先集団である。

　第二の移動は，オーストロネシア諸語を話す根栽農耕民によって行われ，ミクロネシアやポリネシアなど，広くオセアニア全域へと拡散した。第一の集団との大きな違いは，土器を作り，農耕を行い，家畜（イヌ，ブタ，ニワトリ）を携えた新石器文化集団であったことである。帆付きカヌーを使った航海術を発達させ，長距離移動にも長けていた。

　第一の移動からみてみよう。今から11万〜2万年前は最終氷期と呼ばれる寒冷期のため，海水面が現在よりも20〜130mも低く，アジア大陸からほとんど陸続きで東へと移動できた。しかし，ウォーレシアと呼ばれる多島海には，バリ島とロンボク島の間をはじめ，最大氷期にも陸続きにならなかったところが数ヵ所あった（印東 2013：234）。サフルへの移動経路は，スンダ大陸北東からスラウェシを経由する北ルートと，現在のジャワ島からバリ島や東ティモールなどを経由する南ルートが考えられてきた（図1-1）。6万〜4万年前の間に海面は大きく上下動し，その間の海面と島の距離との関係をみると，北ルート

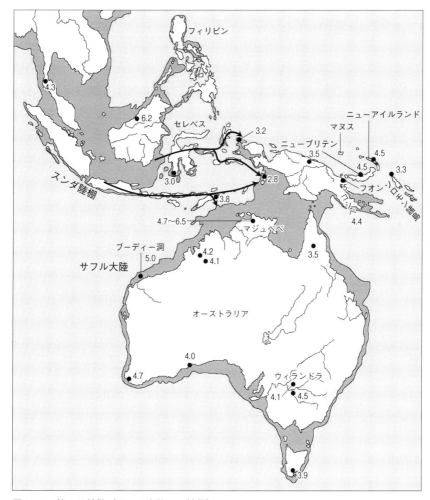

図1-1　第一の拡散（サフル大陸への拡散）
注）矢印は移動した可能性のあるルート，数字は万年前を表す。
出所）O'Connor（2007: 524），O'Connell & Allen（2015: 77）を改変。

からの移動を行った可能性が高い。いずれも，隣の島が目視できる距離であるが，最大で90km を超える意図的な渡海であった。丸太，あるいは竹を縛り合わせた筏のようなもので意図的に渡ったと考えられる（Kealy et al. 2018）。

　2019年にコンピュータを使って行われたサフルへの到達可能性の研究では，偶然に到達した可能性は低く，数日間の渡海を計画・実行する能力をもってい

たことが計算上示された。その経路は，ニューギニアに達する北ルートの方が可能性は高いとされた（Bird et al. 2019）。今から8000年前頃には温暖化して海水面も上昇した。「サフル大陸」はオーストラリアとニューギニアとに分断され，それぞれに拡散した人々は，異なる環境に適応することになった。

(2) オーストラリア大陸の6万年史

オーストラリア大陸に人類が移動拡散した年代は，これまで5万〜4万年前頃とされてきた（印東 2013：233-235）。しかし，アーネムランド北西部のマジェベベ遺跡（以前はマラクナンジャⅡと呼ばれた）が2012〜15年に再調査された結果，最も古い層位から炉跡や1500点を超える石器類（薄片石器や世界最古の刃部磨製石器，砥石），赤色顔料などが発見され，6万5000〜6万年前という非常に古い年代が得られた（Clarkson et al. 2017）。この年代は，光ルミネッセンス年代測定法で得られたもので，従来一般的に使用されてきた放射性炭素（C14）年代法とは異なる。C14年代測定法では，5万年前前後が測定限界とされており，これまで報告されてきた他の遺跡年代も見直す必要が出てきた。

ただし，この6万年を超える年代に対しては古すぎるとの反論も提出されており（O'Connell et al. 2018），まだ今後の研究の進展を見守る必要がある。しかし，北西沖合に浮かぶバロー島のブーディー石灰洞遺跡からも，5万年前に遡る人類の居住を示す深い堆積が発掘されるなど，オーストラリアにおける人類活動が5万年以上前に開始された可能性は高いと考えた方がよい（Ward et al. 2017）。

拡散初期の古い年代の遺跡はオーストラリア北西部に集中しているが，4万5000年前までには東南部（現在のニューサウスウェールズ州）にまで達していた。これらの遺跡からは，絶滅した大型の有袋類（ディプロトドンや大型カンガルーなど）の骨や植物の殻や種子などが見つかり，サフル人が狩猟採集生活をしながらオーストラリア大陸を東へと拡散したことが分かる。なお，大型動物は大きなものから順次絶滅しており，人間による狩猟圧がその背景にあったと考えられる。

オーストラリアの更新世代の人骨資料は，世界的にみても豊富である。4万〜2万年前前後の人骨が，南東部のウィランドラ地方を中心に150例以上も見

つかっている。最古のマンゴー湖3号と呼ばれる男性埋葬人骨は今から4万2000～4万年前のもので，ほぼ全身骨格が残っていた。身長は170cmを超す高身長で，遺伝子型がアボリジニと共通することから，直接の祖先であったことが証明された。

(3) ニューギニア高地とニア・オセアニア

ウォーレシアの北ルートを通って人類がサフル大陸へ移動してきたとすれば，ニューギニアへも6万年前には移動していたと考えられる。しかし，ニューギニア島からは，5万年を超す古い遺跡はあまり見つかっていない。これは，オーストラリアと違って，熱帯雨林が大半を占める急峻な地形と関係があり，早期の遺跡があったと考えられる沿岸低地部が現在では海面下に沈んでいることも背景にある。

5万～4万年前の古い遺跡は主としてニューギニア島の東部から見つかっており，5万年前には北東岸のフオン半島で生活していたことが分かっている。一方で，沿岸部の熱帯雨林地域にとどまらずに内陸の高地や冷涼な渓谷（海抜1200～2000m）にも進出し，コシペ高地からは4万9000～4万5000年前の遺跡が発掘されている。100を超えるくびれ型石器などが見つかり，森林開拓や植物採集（とくにパンダヌス）に利用していたと考えられている。

2万～1万年前頃の最大氷期のあとは急激に温暖化し，海抜1600mを超す高地の人口が増加したことが遺跡の増加から分かる。遺跡からは石斧や石杵などのほか，ワラビーやクスクスなどの骨が見つかるが，大きな変化はイモ類の灌漑栽培を始めたことである（印東 2003）。高度1640mにあるクック遺跡では2万年前頃から人間活動を示す炭化物が土壌に交じり始め，約6000年前にはマウンド状耕作地を作ってヤムイモなどの栽培農耕を開始していた（2008年に初期農業遺跡として世界遺産に登録された）。

内陸居住が広がる一方で，北のニューブリテン，ニューアイルランドなど，海を越えてビスマルク諸島へ移動したグループもあった。ニューブリテン島北岸では4万5000～3万5000年前のクポナ・ナ・ダリ遺跡が見つかり，ニューアイルランドでも4万5000～4万3000年前のマテンベク，マテンクプクムなどの遺跡が見つかっている。ニューブリテンへはニューギニア島から25～50kmの

航海が必要で，ニューアイルランドまではさらに30kmの流れの速い海流を横断しなければならない。

　これら島嶼部では，居住開始から３万年前頃までは環境破壊がほとんどみられず，人口は少なかった。しかし，３万〜２万年前には人口が増加し，貝類の乱獲が行われた。資源の少ないこれらの島で人口が増加した背景には，本来は生息していなかったクスクスやフクロネズミなどの小動物を，ニューギニア本島から持ち込んだことがある。これらはその後増加し，すぐに主要な狩猟対象となって島の自給食料を豊かにした。さらに，ニューブリテン北西のタラセア産の黒曜石がニューアイルランドの複数の遺跡から出土し，有用資源が持ち運ばれていたことが分かる。

　ビスマルク諸島から，さらに南東のソロモン諸島へ移動したグループもいた。ブカ島のキル洞窟では約３万3000年前の居住痕が見つかっており，ニューアイルランドから島伝いに60〜70kmの航海を繰り返して移動したことになる。BC2600年にはガダルカナル島に移動していた証拠も見つかっており，ここが現在分かっているサフル人の分布東限となっている。この先はリモート・オセアニアと呼ばれ，島と島との距離が遠くなる。そこへ最初に足を踏み入れたのは，つぎに移動してくる新石器集団であった。

2　新石器集団の移動

⑴　ラピタ文化集団の拡散

　第二の集団がビスマルク諸島に出現したのはBC1350年頃であった。言語学的には，オーストロネシア諸語と呼ばれる世界で最も分布域の広い言語集団に属している（第５章参照）。この集団は非常に特徴的な幾何学紋様を施したラピタと呼ばれる土器文化をもっていたので，移動の痕跡を明確に辿ることができる（コラム①参照）。最古のラピタ土器は，ビスマルク諸島西部のムサウやアラウェ，ワトムなどの沖合の小島嶼から見つかる。これらの小さな島々には先住のサフル人はほとんど居住しておらず，接触を避けて移動したことが分かる。

　ラピタ土器が見つかる遺跡を辿っていくと，ソロモン諸島南東のサンタクルーズ諸島（BC1150〜650年）からバヌアツ，ニューカレドニア（BC1050〜750

年），フィジー（BC950〜650年）まで一気に通り抜けて，BC900〜750年にはトンガへと到達した。約4500kmを450年ほどで移動したことになる。

ラピタ集団は，土器のほかに園芸農耕用の苗（タロイモ，ヤムイモ，バナナ，パンノキ，カジノキなど）や家畜（イヌ，ブタ，ニワトリ），石器や貝器，黒曜石，各種装身具，釣り針，刺青文化，樹皮布作成や帆付きカヌー，卓越した航海術などをパッケージのように伴っていた。いわゆるラピタ文化複合である。

バヌアツとトンガから出土した初期埋葬人骨（BC950〜650年）の古代DNA分析からは，先住のパプア系（サフル人）との混血は認められず，台湾周辺の東アジア集団に最も近いことが明らかになった（Lipson et al. 2018）。この関係性は，早くから言語学によって指摘されており，考古・人類学的にも裏づけられたことになる。

しかし，バヌアツのエファテ島とエピ島からは，ほぼ完全なパプア系DNA型をもったBC350年の古代人骨も見つかっている。つまりラピタ集団のあとからパプア系集団も移動してきたことを示しており，ニューカレドニアやフィジーへも移動していった。これは，土器の変化にもよく現れ，ラピタ土器の特徴である細かな刺突紋様とは異なる沈線紋様や貼付紋様土器がラピタと並行して作られ始めた。

現在，ほとんどのメラネシアの人々は，パプア系DNAを少なくとも80〜90％はもっている。これが，メラネシア人とポリネシア人との間にみられる肌の色や髪の形状などの形質的な違いを形成している。一方，現代のポリネシア人も20〜30％ほどのパプア系由来のDNAをもっており，複雑な遺伝交流の歴史があったことを示している（印東 2017）。

ラピタ遺跡分布の東端はサモアのウポル島で，アメリカ領サモアからは現在に至るまでラピタ土器は見つかっていない。ウポル島はやや沈降したため，唯一見つかったラピタ遺跡（ムリファヌア）では，5000点を超えるラピタ土器片や石器などが海底から見つかり，年代はBC930〜800年であった。トンガとサモアには，ほぼ同時期にラピタ集団が居住したことになる。サモアまで一気に東進したラピタ集団はここで1800年ほど移動を中断する。その間に土器文化が消滅し，石器の形式も変化するなど，ラピタ文化を土台としてポリネシア文化が形成された。ダブルカヌーや航海術の発達など海洋適応も進んだ（第4章4節参照）。

(2) ポリネシア全域へ

　サモア，トンガでポリネシア文化を育み，人口を増加させたポリネシア人
は，中央および辺境ポリネシアへと拡散していった（図1-2）。その移動が始
まった時期は紀元前後であると長らく考えられてきたが，発掘資料や年代測定
値が精査され，現在ではAD900〜1000年以降に始まったと考えられている（印
東 2020）。これは，世界各地で民族移動が行われた中世温暖期（AD750〜1250
年）後半にあたる。熱帯太平洋では比較的冷涼で乾燥した状態がAD1000年初
頭まで続いたことと関係があると考えられる。

　中央および辺境ポリネシア文化の起源地は，神話伝承などからサモアである
と長らく指摘されてきた。しかし，近年の言語研究からは，ポリネシアン・ア
ウトライアーの存在がクローズアップされ，航海術に長けたこの集団が，中央
ポリネシアへの移住に大きく貢献した可能性が指摘されている（第3節(3)参照）。

　ソサエティ諸島ではAD1025〜1120年，ガンビエはAD1108〜1175年という
遺跡年代が最も古い。しかし，ソサエティ諸島では島の沈降傾向がみられるの
で，初期遺跡は水没した可能性が高い。内陸の堆積土中に炭化粒が混入し始め
たのを人間居住の証拠とすれば，AD900〜1000年頃を初期拡散期と考えるこ
とができる。この年代は，最近得られたマルケサスの初期遺跡の年代（AD900
〜1000年）と重なり，ソサエティ諸島とマルケサスがほぼ同時期に植民された
とする従来のオーソドックスシナリオと合致している。

　その後，中央ポリネシアから北のハワイ，東のイースター島，南西のニュー
ジーランドへの拡散が行われた。これらの島々は辺境ポリネシアと呼ばれ，ポ
リネシア三角形の各頂点に位置する。ハワイとイースター島はAD1000年頃に
植民され，数百年遅れて南西のニュージーランドが植民された。

　ニュージーランドへの拡散居住は，豊富な年代資料に基づいてAD1250年頃
と考えられてきたが，初期ポリネシア文化の物質文化が多く出土したワイラ
ウ・バー遺跡（南島北端）の再調査などから，主要な拡散年代はもう少し遅く
AD1300年頃だったとする見方も提出された（Walter et al. 2017）。また，ニュー
ジーランドの東1000kmにあるチャタム島は自然環境の厳しい島であるが，
AD1500年頃にニュージーランドから移住したポリネシア集団（マオリ）がい

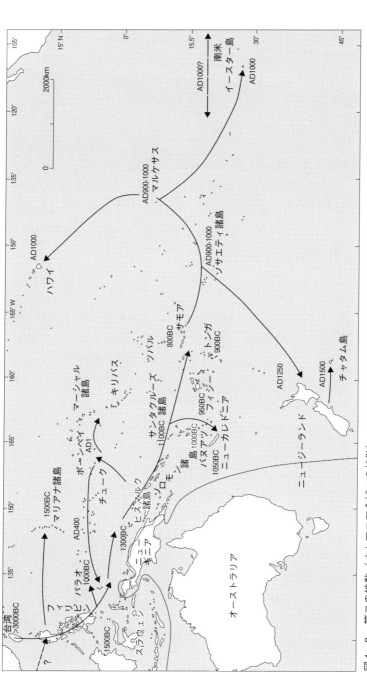

図1-2　第二の拡散（オセアニア全域への拡散）
出所）印東（2017: 23）を改変。

た。根菜栽培に適さない環境のため，狩猟採集へと生活スタイルを変えたこの集団は，モリオリと呼ばれた。

クック諸島やオーストラル諸島などもやはり AD1000〜1200年に居住され始め，北米大陸ほどの広大なポリネシア海域内のほとんどの島が300年以内に発見されて居住された。

これら初期移住者たちは，その後しばらくは頻繁に島嶼間を航海し，中央ポリネシアと辺境ポリネシアの間にはある種の交流圏が存在していた。たとえば，ツアモツで見つかった石斧の石材は，ハワイ，マルケサス，オーストラル，ソサエティ，ピトケアン産であったことから，広い範囲で島嶼間交流が行われていたのが分かる。この交流圏は，寒冷で天候の悪い小氷期（AD1400〜1850年）以降は縮小して終了した。

(3)　南米への往復

ポリネシアからさらに東へと航海を続け，南米大陸まで到達したグループが存在した可能性は高い。事実，西ポリネシアを除くポリネシア全域で栽培されていたサツマイモは，南米の原産である。何らかの形で南米からポリネシアへと渡ってきたのである。しかも，ポリネシア語の名称「クマラ」は，ペルーやエクアドルで話されたケチュア語の「クマラ」と同じであるため，イモだけが移動したのではなく，それを話す人間がともに動いたことも明らかである。

かつて，ノルウェーのヘイエルダールは，ポリネシア人は南米大陸から移住してきた人々の子孫だと主張し，コンチキ号での漂流実験を行った。その根拠はサツマイモの存在であり，イースター島の巨石文化などであった。しかし，このポリネシア人南米起源説は考古学からも言語学からも支持されず，むしろ卓越した航海術をもったポリネシア人が，南米へ到達してサツマイモを持ち帰ったとするのが通説となっている。

1990年代に行われた多くの航海シミュレーションの結果は，ポリネシアから南米大陸への航海が実現可能であったことを示している。それらによると，マルケサスやイースター島を出発したカヌーは，チリ中南部からさらに北の海岸に到着した可能性が大きい。ポリネシア人は，コロンブスよりも先にアメリカ大陸に上陸していたのである。

南米大陸へ到達したポリネシア人が出会った風景には，すでに栽培文化を
もったアジア系の人々が居住しており，求めていた無人の土地ではなかった。
初期ラピタ集団が，先住集団のいる島を避けるように東へ移動した歴史をもつ
ように，南米大陸でも先住集団のいない土地を求めていたとすれば，ポリネシ
アへ戻るという選択をしたのは必然かもしれない。ただし，サツマイモを名称
ごと入手するぐらいには住民と交流をもったことが考えられる。タロイモやヤ
ムイモを栽培するポリネシア人にとって，やや寒冷でも栽培可能なサツマイモ
は，ポリネシアへ持ち帰る強いモチベーションになったのかもしれない。

　サツマイモがヨーロッパ人との接触以前にポリネシアに存在した証拠は，
クック諸島やハワイ，ニュージーランドから得られている。これら辺境ポリネ
シアで広くサツマイモが栽培されていたことから，南米への往復は AD1000年
前後に行われた可能性が高い。

　近年，サツマイモの葉緑体の遺伝子分析が進み，17〜20世紀初頭の植物標本
は，エクアドル〜ペルー周辺からもたらされたことが確実になった。興味深い
のは，クックが18世紀に採集したタヒチの標本が単一のクローンであったのに
対し，ニュージーランドの標本は対立遺伝子型を示したことである。南米との
接触が複数回行われた可能性を示すものである（Roullier et al. 2013）。

　ポリネシア人が南米にいたという南米側の証拠ははっきりしないが，コロン
ビアの海岸部住人からごく少量のマルケサス由来の特徴的な遺伝子型が見つか
り，限られた接触があった可能性が示唆されている。さらにチリの30kmほど
沖合にあるモチェ小島から，ポリネシア人の特徴をもつ顎骨が報告され，ニワ
トリもポリネシアから伝わった可能性が指摘されている（Jones et al. 2011）。

3　ミクロネシアへの複雑な拡散と交流

⑴　ラピタより古く西部ミクロネシアに拡散

　日本に最も近いのがミクロネシア地域で，オセアニアの三地域のなかでも面
積が小さな島が多い。ここへは大きく三つの異なる言語集団が異なる時期に拡
散してきた。最初に居住されたのは西部ミクロネシアのマリアナ諸島で，
BC1500年頃にマラヨ＝ポリネシア諸語を話す人々が東南アジア島嶼部から移

動してきた。これはラピタ集団が，ビスマルク諸島に出現するよりも数百年ほど早かった。初期の遺跡（BC1550～1350年）はグアムに2遺跡，テニアンに2遺跡，サイパンに3遺跡見つかっており（Hung et al. 2011），幾何学紋様を施した土器片が，大量の石器や貝器，骨器，装身具などと出土する。その紋様は，ラピタ土器のような繊細な鋸歯印文ではなく，沈線とやや大きめの刺突やサークル状のスタンプ状印文の組み合わせである。最も類似しているのがフィリピン北部のカガヤンから出土するBC1500年頃の土器である。

　マリアナの人間居住年代がラピタよりも古く，土器などの物質文化が類似しているという理由で，マリアナからメラネシアへの人の移動を矢印で示した図が発表された（Bellwood et al. 2011: Fig. 16. 8など）。しかし，BC1300年にマリアナから赤道を超えて移動した可能性は，航海条件などを考慮すれば，非常に低いといわざるをえない。しかも，ラピタ集団が伴っていた家畜（イヌ，ブタ，ニワトリ）はマリアナ諸島ではまったく見つかっておらず，この仮定には無理がある。おそらく東南アジア島嶼部か中国南部で発達した紋様土器文化を共通の祖型としていたが，別方向に拡散したと考える方が，無理がない。

　マリアナ諸島初期の人骨の古代DNA分析によると，パプア系の遺伝子配列を欠いており，フィリピンかインドネシアから直接拡散したことが明らかである（Pugach et al. 2021）。また，ポリネシアやミクロネシア中東部でみられるポリネシアモチーフと呼ばれる遺伝子配列もマリアナではみられない。その後，AD950年頃からはラッテと呼ばれる巨石遺構がマリアナ諸島各地で造られた。これは稲作文化との結びつきが強く，フィリピンからの人や文化の流れが再度あったことを示している。

　ヤップでは，最古の土器片を含む人間活動の痕跡はBC400年頃までしか遡れないが，遺伝的にはフィリピンやインドネシア，パラオと遺伝子クラスターを共有し，東南アジア島嶼部からの移住を示している。

　パラオはBC1350～1050年に土器文化民によって植民されたことが考古学から分かっているが，拡散元はよく分かっていない。遺伝的には東南アジアや中央・東ミクロネシアからの移住があったことが示されているが，ヤップ島とは異なり，ニューギニアからも少数の集団による早期移住があった（Lum and Cann 2000）。

(2) ラピタとパプア系のハイブリッドが北上

　第二の集団は，ミクロネシア諸語を話す集団で，約2000年前にメラネシアから北上して中央および東部ミクロネシアの島々に拡散居住した。ポーンペイ，チューク，コスラエ，マーシャル諸島がほぼ同時期に居住された。これらのうち，火山島からは，ラピタ土器の特徴でもある海岸の細かい石灰砂を混ぜたCST 土器（Calcareous Sand Tempered）が早期の堆積から見つかっている。

　まず，東部ミクロネシアのポーンペイでは，世界文化遺産に選定されたナン・マトール巨石遺構（AD1200年前後の建築）の構造下の古い堆積から，約7000片のCST 土器が見つかり，イヌの骨も出土した。年代はAD150〜510年であった。周辺の環礁島のモキールやピンゲラップでもAD250年には人間居住が始まり，周辺の火山島とほぼ同時に人が居住を開始したことが分かる。

　レレ巨石遺跡（14世紀に構築）をもつコスラエでも，カテム遺構下の堆積からBC300〜50年のCST 土器片が出土した。ポーンペイと同様，初期移住者は海岸低地で生活していたのである。

　チュークでCST 土器が見つかるのは，フェファン島の海底からのみで，やや肩の部分がカーブした器形は，近くのポーンペイよりもコスラエ出土の土器と類似する。年代は2000年前である。これら東部ミクロネシアの火山島の初期土器文化は，AD500〜800年頃までにはいずれも消滅し，無土器文化になった。

　南北に長いサンゴ島群で構成されたマーシャル諸島は，やはり2000年前に人間居住が開始され，イヌも飼育されていた。豊富な貝製工具や装身具，漁具などが出土するが，サンゴ島には粘土がないため，土器文化は最初から脱落した可能性が高い。

　これら，ミクロネシア諸語を話す集団の起源地はどこなのか。言語からはメラネシア北部のアドミラルティ諸島，ソロモン諸島，バヌアツなどが起源地と考えられてきた。分子生物学からは，東南アジアの遺伝子と先住のパプア系集団の遺伝子のハイブリッドであることが明らかにされている。メラネシアを通過したラピタ集団のうち，東へ移動せずにメラネシアに残ってパプア系先住民と混血したが，言語的にはオーストロネシア諸語を維持した人々である。現在行われている研究では，ミクロネシア諸語を話す人々のパプア系遺伝子型は，

バヌアツやポリネシア人から見つかる型とは異なっており，ビスマルク諸島北部のアドミラルティ諸島（マヌスなど）に最も近いことが分かってきた。マヌス島では2ヵ所でラピタ遺跡が見つかっており，そこで先住集団と混血した人々の一部が北上してミクロネシアへ拡散した可能性がみえてきた。

このハイブリッド集団は，チュークから西方のサンゴ島へも拡散してゆくが，年代資料があまり得られていない。最も古い年代はファイス島のAD400年で，居住初期からヤップ産の土器が1600年以上も継続的に出土し，少量のパラオ産土器も見つかった（印東 2014）。定住後，西へ移動してすでに人が居住するヤップ島まで到達し，土器を含む交易関係を築いたのであろう。ポリネシア人が南米からサツマイモを持ち帰った例と類似している。また，ファイスからはミクロネシアで唯一，イヌ，ブタ，ニワトリがセットで居住初期から見つかり，アドミラルティと直接的関係があった可能性も考えられる。

ミクロネシア諸語を話すハイブリッド集団は，ヤップやパラオ本島は避けて，さらに南西へと進んだ。ングルー環礁やパラオの南西離島（ソンソロールやトビ他）などの無人のサンゴ島を見つけて居住し，最終的にニューギニア北岸に近いマピアまで達した。ここがミクロネシア諸語の分布の最西端である。

(3) ポリネシア人の二次拡散

ミクロネシアへ最後に拡散してきた第三の集団はポリネシアン・アウトライアー（以下アウトライアー）と呼ばれるポリネシア集団である。アウトライアーは，サモア東部やツバルのポリネシア人が，西方のポリネシア域外へ戻るように移動した人々のことを指し，ミクロネシアではヌクオロ環礁とカピンガマランギ環礁のみに居住した。

ヌクオロでは，AD700～1000年以降に人が居住した痕跡が見つかる。発掘から出土した2種類のネズミのうちナンヨウネズミ（*Rattus exulans*）はポリネシアから持ち込まれたものであったが，他方のタネズミ（*Rattus rattus*）やイヌ，玄武石（ポーンペイまたはチュークから），貝製釣り針と手斧などはミクロネシア東部と共通するため，ポリネシア人の前にミクロネシア（とくにポーンペイ）からの移住，あるいはコンタクトがあったと解釈された。

これに対してカピンガマランギは，AD1000年頃以降にポリネシア人が居住

したが，それ以前は無人であった。この年代は，ポリネシア人がポリネシア三角形内の島々へと拡散した時期に重なる。

　近年のアウトライアーの言語研究は，従来のサモアから東ポリネシアへの拡散シナリオを書き直す必要性を指摘している（Wilson 2018）。アウトライアーの200もの特異な言語変化が東ポリネシアに共通して見つかるのに対し，サモアには見出せない。そのため，東ポリネシアへの拡散は，サモアからではなく，アウトライアーによって行われたという指摘である。しかし，東ポリネシアへ持ち込まれたポリネシア文化複合のすべて（家畜や植物など）をアウトライアーが所持していたと復元できるまでは，従来のサモアを起点とした移動説を全面的に否定することはできないであろう。広い移動範囲をもった航海者であるアウトライアーは，東南アジアとの意図しない場合も含んだ接触をもち，新しい文化（機織りや凧揚げ漁法など）をミクロネシアへ導入・伝播する役割を担っていた可能性もある。今後は，アウトライアーを介した島嶼間接触にも注目する必要がある。

参考文献

印東道子　2003「先史オセアニアにおける食用植物利用」吉田集而他編『イモとヒト
　　　——人類の生存を支えた根裁農耕』平凡社，33-51頁。

——　2013「海域世界への移動戦略」印東道子編『人類の移動誌』臨川書店，232-
　　　245頁。

——　2014『南太平洋のサンゴ島を掘る』臨川書店。

——　2017『島に住む人類——オセアニアの楽園創世記』臨川書店。

——　2020「ポリネシア内移動年代の修正と新モデル」秋道智彌・印東道子編『ヒト
　　　はなぜ海を超えたのか——オセアニア考古学の挑戦』雄山閣，60-69頁。

Bellwood, P. et al. 2011. Are 'cultures' inherited? Multidisciplinary perspectives on the
　　　origins and migrations of Austronesian-speaking peoples prior to 1000 BC. In B. W.
　　　Roberts and M. V. Linden (eds.), *Investigating Archaeological Cultures*. New
　　　York: Springer, pp. 321-354.

Bird, M. et al. 2019. Early human settlement of Sahul was not an accident. *Scientific
　　　Reports* (on line) 9: 8220.

Clarkson, C. et al. 2017. Human occupation of northern Australia by 65,000 years ago.
　　　Nature 547: 306-310.

Hung, H-C. et al. 2011. The first settlement of Remote Oceania: The Philippines to the Marianas. *Antiquity* 85: 909–926.

Jones, T. L. et al. (eds.) 2011. *Polynesians in America: Pre-Columbian Contacts with the New World*. Lanham: AltaMira Press.

Kealy, S, J. Louys and S. O'Connor 2018. Least-cost pathway models indicate northern human dispersal from Sunda to Sahul. *Journal of Human Evolution* 125: 59–70.

Lipson, M. et al. 2018. Population turnover in Remote Oceania shortly after initial settlement. *Current Biology* 28(7): 1157–1165.

Lum, J. K. and R. L. Cann 2000. MtDNA lineage analyses: Origins and migrations of Micronesians and Polynesians. *American Journal of Physical Anthropology* 113: 151–168.

O'Connell, J. F. and J. Allen 2015. The process, biotic impact, and global implications of the human colonization of Sahul about 47,000 years ago. *Journal of Archaeological Science* 56: 73–84.

O'Connell, J. F. et al. 2018. When did *Homo sapiens* first reach Southeast Asia and Sahul? *PNAS* 115: 8482–8490.

O'Connor, S. 2007. New evidence from East Timor contributes to our understanding of earliest modern human colonisation east of the Sunda Shelf. *Antiquity* 81: 523–535.

Pugach, I. et al. 2021. Ancient DNA from Guam and the peopling of the Pacific. *PNAS* 118(1): e20221121180.

Roullier, C. et al. 2013. Historical collections reveal patterns of diffusion of sweet potato in Oceania obscured by modern plant movements and recombination. *PNAS* 110 (6): 2205–2210.

Walter, R. et al. 2017. Mass migration and the Polynesian settlement of New Zealand. *Journal of World Prehistory*, on line publication 07 October.

Ward, I. et al. 2017. 50,000 years of archaeological site stratigraphy and micromorphology in Boodie Cave, Barrow Island, Western Australia. *Journal of Archaeological Science: Reports* 15: 344–369.

Wilson, W. H. 2018. The northern outliers: East Polynesian hypothesis expanded. *Journal of the Polynesian Society* 127(4): 389–423.

●読書案内●

『ヒトはなぜ海を超えたのか──オセアニア考古学の挑戦』
　　　秋道智彌・印東道子編，雄山閣，2020年
　　　ポリネシア考古学の黎明期にハワイで活躍した日本人考古学者，篠遠喜彦
　　　の提唱した，ポリネシアへの拡散モデルから最新のモデルまでを，拡散ルー
　　　トや物質文化，航海術，アジアとのつながりなどを通して学べる。

『海の人類史──東南アジア・オセアニア海域の考古学』増補改訂版，
　　　小野林太郎，雄山閣，2018年
　　　人類がアフリカに誕生してから東南アジア・オセアニアの海域世界へ進出
　　　するまでを平面軸と時間軸を使いながら解説した好著。とくに，ウォーラ
　　　シア海域周辺の発掘成果を中心に，オセアニアへの人類の拡散を知ること
　　　ができる。

『島に住む人類──オセアニアの楽園創世記』印東道子，臨川書店，2017年
　　　オセアニアの島嶼環境へどのように人類が拡散したか，18世紀のヨーロッ
　　　パ人が楽園であると称したポリネシア社会はどのようにして作られたのか
　　　を，多様な島嶼環境への適応という視点で理解することができる。

テウマ遺跡
ラピタ人の埋葬と装飾土器

野嶋洋子

　ラピタ文化は，西はニューギニアから東は西ポリネシア（トンガ，サモア）にかけて広がる，オセアニア島嶼地域（リモート・オセアニア）への人類進出を示す先史文化である。鋸歯印文による精巧な幾何学紋様や人面モチーフを施した装飾土器を特徴的に伴う。だが，その拡散ルートの中間地点にあるバヌアツにおいては，ごく一部の島で装飾土器片が確認されるなど断片的な証拠はあったものの，ラピタ人たちの生活文化を窺い知ることができる良好な遺跡は，長らく見つかっていなかった。こうした状況が変化したのは2000年代に入ってからで，マラクラ島北東部やアオレ島など，各地で新たな遺跡が発見され始めた。

　首都ポートヴィラがあるエファテ島南部に位置するテウマ遺跡は，2003年10月にエビ養殖場建設のためのブルドーザーが偶然に装飾土器片を掘り起こしたことにより発見され，2004年から10年にかけて，オーストラリア国立大学を中心とするチームによる調査が行われた。発掘調査が始まると，3000年前に遡るラピタ人の埋葬遺跡であることが分かり，完形に復元できる多数の装飾土器が埋葬人骨に伴って出土したことで，彼らの埋葬風習を知るとともに，ラピタ人の起源にまで迫る良好な資料を提供し，ラピタ文化研究を飛躍的に進展させることとなった。

写真1　頭蓋を納めた装飾土器の出土状況
（2005年，S・ベッドフォード撮影）

　墓域の調査は最初の3年間で行われ，48の埋葬遺構に71体分の人骨が確認された（Bedford et al. 2009）。驚くことに，ほとんどの埋葬個体には頭蓋がなく，上肢骨や胸骨など他の部位を欠くものも多かった。二次埋葬を頻繁に行っていたとみられ，頭蓋を欠く個体の胸の上に3点の頭蓋を安置した事例，下肢・骨盤付近に3点の頭蓋を置いた事例，前腕骨を集

めて配置した事例に加え，装飾ラピ
タ土器に頭蓋を納めた事例もあった
（写真1）。装飾土器を骨壺として利
用した例は複数あり，鳥を模した造
形を中を覗き込むように口縁の4ヵ
所に配した土器を使用したものや，
人面紋様を施した平底皿（写真2）
で蓋をした事例も報告されている。
墓域から出土した土器はすべて装飾
土器で，これまでバヌアツでの発見

写真2　二種類の顔を表現したラピタ土器
（2005年，S・ベッドフォード撮影）

例はなかった装飾付き高台も見つかっている。装飾ラピタ土器が儀礼的に用い
られていた可能性は以前から推測されていたが，テウマ遺跡の発見はそれを裏
づけ，埋葬儀礼における装飾土器の役割を具体的に示したのである。

　出土人骨からは，ラピタ人の健康状態や食性についての分析も行われた。さ
らに最近では古人骨のDNA分析が行われ，約3000年前にバヌアツに到達した
ラピタ人は遺伝的には東アジアや東南アジアのオーストロネシア語集団に近
く，その後2900年前頃から2300年前頃にかけて，ニューギニア北東部ビスマル
ク諸島地域の集団による移住があったとする説が提示され（Lipson et al. 2018），
オセアニアの人々の祖先について，新たな議論が巻き起こっているところだ。

参考文献

Bedford, S. et al. 2009. The Teouma Lapita site, South Efate, Vanuatu: A summary of three field seasons (2004–2006). In P. Sheppard et al. (eds.), *Lapita: Ancestors and Descendants*. Auckland: New Zealand Archaeological Association, pp. 215–234.

Lipson, M. et al. 2018. Population turnover in Remote Oceania shortly after initial settlement. *Current Biology* 28(7): 1157–1165.

第2章

地　　理

世界遺産から考える多様な自然と社会

黒崎岳大

オペラハウス。世界で最も建造年代の新しい世界文化遺産（2007年登録）（2011年，シドニーにて筆者撮影）

　オセアニアには，熱帯雨林に囲まれた赤道直下の島々から南極を臨む亜寒帯の海洋世界に至るまで，自然と人間が作り出した世界でも稀にみるユニークな地理的空間が広がっている。このような豊かな自然環境のなかで，様々な人々の交流がなされ，多様性を帯びた社会を作り上げている。本章では，世界遺産の視点からオセアニアの地理を見つめ直し，この地域の過去・現在・未来について考えていく。

1　オセアニアの地理的空間と世界遺産

(1)　オセアニアの地理的空間と地域区分

　オセアニアは，太平洋の大部分を含む広大な地域である。東西に約1万4000km，南北に約1万kmの範囲に広がる広大な海洋地域を有する。その一方で，陸地の総面積は約900万km²に過ぎず，世界に占める割合はわずか6.2％余りである。その陸地面積のほとんどはオーストラリア大陸である。同大陸はオセアニアの陸地面積の約86％を占めている。一方で，人口は約4000万人（2019年現在）で，世界の人口の0.5％である。人口もその3分の2がオーストラリアであり，残りは太平洋に浮かぶ島々で構成された国である。これらの国々は，パプアニューギニアとニュージーランドを除いて，国連が定める100万人以下のマイクロステートに位置づけられる。地域の開発を考えるうえでオセアニアの国々の特徴として，オーストラリアを除き，国の人口や国土面積などにおける「狭隘性」（極小性ともいう）という点が大きく影響している。また太平洋の島々は，その多くが広大な海洋に散在する島々で構成されている。オーストラリアにしても，人口の多くは沿岸部の港湾都市に集中し，都市と都市との間は砂漠などで離れており，高速鉄道や航空便で移動することを余儀なくされている。このように，オセアニア地域では，人口や，人々が集まる都市が広大な地域に拡散しているという，拡散性という特徴もみられる。

　さらに，この地域の経済発展を考えるときにしばしば指摘されるのが，世界の経済市場から離れているという点がある。オセアニアはヨーロッパの対蹠点という，いわば地球の真裏に位置している。また，米国をはじめとした世界の主要マーケットから離れているという，遠隔性は大きな課題として位置づけられ，この物理的な距離をいかに埋めるかということが経済の面でも大きな鍵として存在してきた。加えて，この地域は地震や津波，旱魃，サイクロンや台風などの様々な自然災害の影響を受けやすく，また一度被害を受けると復興まで時間がかかるという点で，国土の脆弱性も指摘されている。

⑵　世界遺産をめぐる歴史的変遷

　オセアニアの地理的環境は，世界の人々からみても極めてユニークである。それらは人類全体で守るべきであると認識され，多くの自然環境や文化財が世界遺産として登録されてきた。世界遺産は，ユネスコ（UNESCO）の主導のもと「人類普遍の価値をもつ自然や文化」として世界遺産リストに登録された遺産群である。世界遺産は，人類の歴史において生み出され受け継がれてきた建造物群，記念工作物，遺跡などの文化遺産，地球の成り立ちによってもたらされてきた自然景観，地質学的に重要な地域や生態系，絶滅危惧種の生息域などの自然遺産，文化遺産と自然遺産双方の価値を有する複合遺産に分類される。

　当初はヨーロッパ主導で進められてきた経緯もあり，文化遺産は石製でキリスト教文化を反映した建造物が中心であった（石村 2020）。この傾向が変わる契機となったのは，1990年代からのユネスコによるグローバルストラテジーの影響である。これは，世界遺産リストにおける登録遺産の地域性などの不均衡を是正し，これまで対象としてみなされてこなかったものも積極的に取り込んでいこうというものである。具体的には，建造物に木を用いるアジア諸国や土を用いるアフリカ諸国の文化遺産の登録を促進したり，文化的景観や産業遺産，あるいは20世紀以降の現代建築も登録するように進めたりしていった。とくに1999年にアジアで初めてユネスコ事務局長となった松浦晃一郎は，世界遺産の地理的拡大に積極的で，アフリカやオセアニアにある遺産の登録を後押ししていった。その結果，2000年代以降，同地域の遺産登録は急激に増えていくこととなった（松浦 2008）。

⑶　オセアニアにおける世界遺産の特徴

　欧米主導で地域的に偏りのあった時代から，遺産の地理的拡大を促進していく時代へと世界遺産登録をめぐる変化は，オセアニアの世界遺産にも影響を与えていった。

　オセアニア地域の世界遺産の特徴として，登録数が他地域と比べてもまだまだ少ないということが挙げられる。2021年 8 月現在，米国ハワイ州や，フランスおよび英国の海外領土，チリ領のラパ・ヌイを含めても37件であり，世界遺

産全体の3.2％に過ぎない（図2-1および表2-1参照）。そのうち半数以上（54％）がオーストラリアの遺産である。またその内訳にも特徴が表れており、全体の約半数の19件が自然遺産であり、文化遺産が11件、複合遺産が6件である。このように、自然遺産ならびに複合遺産の割合が大きく、文化遺産の割合が小さいことも特徴として挙げられるだろう。

　この割合は登録時期と大きく関係している。オセアニアで最初に世界遺産登録がなされた1981年には自然遺産と複合遺産があわせて3件であった。その後も2000年までに登録された21件の遺産のなかで、文化遺産は〈ラパ・ヌイ国立公園〉（1995年登録）のみであった。21世紀に入り、前述の通り、ユネスコによる非ヨーロッパ地域での文化遺産を含めた地理的拡大のなかで、オセアニアにおいても文化遺産が急激に増加していく。2010年代に至っては、登録遺産10件のうち6件が文化遺産、2件が複合遺産となっている。また、当初自然遺産として登録されたものの、1990年代に文化的景観の概念が導入されるなどの動きのなかで文化面も評価され、登録後に複合遺産となった事例が2件ある。このことも他地域以上に複合遺産の割合が多いことの理由といえるだろう。

　また国・地域的な偏在も特徴として挙げられる。2000年までは、オーストラリアが全体の3分の2を占め、他もニュージーランドやハワイなど先進国のものばかりであり、太平洋諸島の独立国のものは、ソロモン諸島の〈東レンネル〉（1998年登録）のみであった。これは、登録申請などにおいては先進国の方が有利であり、太平洋の島々など途上国にとってはそのための人材を確保することも困難であることが影響している。しかしながら、ユネスコが地理的拡大を目指すようになった21世紀以降は、太平洋諸島の国々からの登録も増加していき、7ヵ国が新たに加わった。

　以上のように、オセアニアの世界遺産には、初期から登録されてきた自然資産や、ユネスコによる地理的拡大政策によって近年急増している文化遺産、そして文化的概念などの導入で他地域以上に多く存在する複合遺産というように、多彩なバリエーションが存在している（次節以降、自然遺産、文化遺産、複合遺産の事例を取り上げて、それぞれの視点で問題を扱っている。ただし複合遺産は自然遺産と文化遺産を両方含んでいるので、他の項でも取り上げている）。

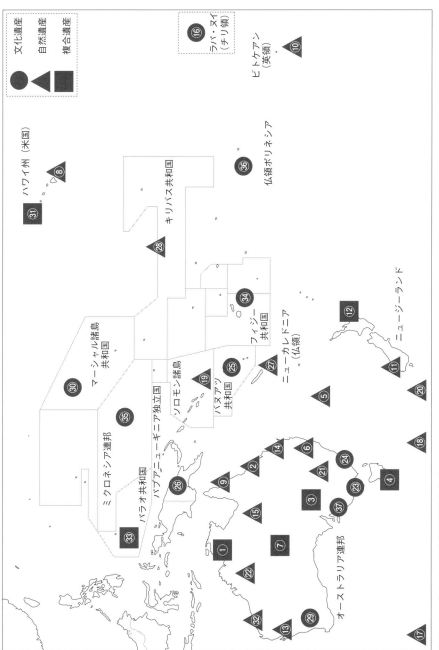

図 2-1 オセアニアの世界遺産の分布
出所）筆者作成。

表2-1　オセアニアの世界遺産

	国	遺産名	分類	登録年
1	オーストラリア	カカドゥ国立公園	複合	1981
2	オーストラリア	グレートバリアリーフ	自然	1981
3	オーストラリア	ウィランドラ湖群地域	複合	1981
4	オーストラリア	タスマニア原生地域	複合	1982
5	オーストラリア	ロード・ハウ諸島	自然	1982
6	オーストラリア	オーストラリアのゴンドワナ多雨林群	自然	1986
7	オーストラリア	ウルル＝カタ・ジュタ国立公園	複合	1987
8	米国ハワイ	ハワイ火山国立公園	自然	1987
9	オーストラリア	クイーンズランドの湿潤熱帯地域	自然	1988
10	英国ピトケアン	ヘンダーソン島	自然	1988
11	ニュージーランド	テ・ワヒポウナム：南西ニュージーランド	自然	1990
12	ニュージーランド	トンガリロ国立公園	複合	1990
13	オーストラリア	西オーストラリアのシャーク湾	自然	1991
14	オーストラリア	フレーザー島	自然	1992
15	オーストラリア	オーストラリアの哺乳類化石地域	自然	1994
16	チリ	ラパ・ヌイ国立公園	文化	1995
17	オーストラリア	ハード島とマクドナルド諸島	自然	1997
18	オーストラリア	マッコーリー島	自然	1997
19	ソロモン諸島	東レンネル	自然	1998
20	ニュージーランド	ニュージーランドの亜南極諸島	自然	1998
21	オーストラリア	グレーター・ブルー・マウンテンズ地域	自然	2000
22	オーストラリア	パーヌルル国立公園	自然	2003
23	オーストラリア	王立展示館とカールトン庭園	文化	2004
24	オーストラリア	シドニー・オペラハウス	文化	2007
25	バヌアツ	首長ロイ・マタの地	文化	2008
26	パプアニューギニア	クックの初期農耕遺跡	文化	2008
27	ニューカレドニア	ニューカレドニアのラグーン：リーフの多様性とその生態系	自然	2008
28	キリバス	フェニックス諸島保護地域	自然	2010
29	オーストラリア	オーストラリアの囚人遺跡群	文化	2010
30	マーシャル諸島	ビキニ環礁核実験場	文化	2010
31	米国ハワイ	パパハナウモクアケア	複合	2010
32	オーストラリア	ニンガルー・コースト	自然	2011
33	パラオ	南ラグーンのロックアイランド群	複合	2012
34	フィジー	レブカ歴史的港町	文化	2013
35	ミクロネシア連邦	ナンマトル：東ミクロネシアの儀式の中心地	文化	2016
36	仏領ポリネシア	タプタプアテア	文化	2017
37	オーストラリア	バジ・ビムの文化的景観	文化	2019

注）世界遺産リストへの登録順。
出所）UNESCO世界遺産リストをもとに筆者作成。

登録基準	備考・特徴など
1, 6, 7, 9, 10	1987, 92年に範囲拡大。オーストラリア最大の国立公園
7, 8, 9, 10	世界最大のサンゴ礁。危機遺産登録の危機
3, 8	火葬されたホモ・サピエンス・サピエンスの骨が発見
3, 4, 6, 7, 8, 9, 10	1989年に範囲拡大。2010, 12, 13年に範囲変更。太古の自然が残る国立公園
7, 10	タスマン海に浮かぶ孤島。世界最南端のサンゴ礁
8, 9, 10	1994年に範囲拡大。ナンキョクブナの茂る太古の森
5, 6, 7, 8	1994年に拡大（自然遺産から複合遺産に変更）。世界で2番目の大きさの一枚岩の砂岩。アボリジニの聖地
8	世界最大の活火山。マウナロアとキラウエアの二つの活火山
7, 8, 9, 10	原始的な有袋類ニオイネズミカンガルーの生息地。ディンツリー国立公園など
7, 10	陸上哺乳類がいない独自の生態系を残す絶海の島
7, 8, 9, 10	ウエストランド・クック山国立公園とフィヨルドランド国立公園（ともに1986年に登録済み）を再編。氷河作用と地殻変動が作り出した景観
6, 7, 8	1993年に範囲拡大。自然遺産から複合遺産に変更。初の「文化的景観」として世界遺産登録。環太平洋造山帯の最南端の火山地形とマオリの聖地
7, 8, 9, 10	ジュゴンの最大の棲息地。ストロマトライトの群生
7, 8, 9	世界最大の砂の島。エコツーリズムのメッカ。原住民語で「クガリ」
8, 9	ゴンドワナ大陸に生息した100種類以上の化石の発見地
1, 3, 5	モアイ像。別名イースター島
8, 9	亜南極圏唯一の活火山島
7, 8, 9	オーストラリア大陸と南極大陸の中間点。マントルが噴出してできた島。ロイヤルペンギンの生息地
9	危機遺産（2013年〜）。世界最大の環状隆起サンゴ礁
9, 10	ニュージーランドアシカ（絶滅危惧種）の生息地
9, 10	ユーカリの繁茂する独砂岩でできた山岳地帯
8, 9	バングル・バングルと呼ばれる奇岩群
2	産業遺産（メルボルン博覧会のために建築された産業展示館など）
1	現代建築（建築家ヨーン・ウッツォンによる独創的な形状）
3, 5, 6	文化的景観。17世紀初頭の首長ゆかりの遺跡群
3, 4	文化的景観。パプアニューギニアで最も古い農業跡地
7, 9, 10	世界第2位のサンゴ礁。世界第3位のジュゴンの生息地。フランス政府の積極的な保護活動
7, 9	世界最大規模の海洋保護地域
4, 6	負の世界遺産（番号の位置は旧フリーマントル刑務所）。囚人流刑関連の11の施設で構成。植民地時代の厳しい流刑とアボリジニの強制移住の歴史
4, 6	負の世界遺産。核の時代の始まりを示す象徴的な場所
3, 6, 8, 9, 10	文化的景観。世界最大級の海洋保護地域と先住民の定住跡地
7, 10	世界最長の近海岩礁。ジンベイザメの回遊域
3, 5, 7, 9, 10	文化的景観。多様な水生生物（クラゲやジュゴン）の宝庫。人々の住居跡
2, 4	コロニアル様式の低層建築物の残る植民地時代の首都
1, 3, 4, 6	危機遺産（2016年〜）。石造りの宮殿跡などを残す100以上の人工島
3, 4, 6	文化的景観。ライアテア島にあるマラエと呼ばれる祭祀遺跡
3, 5	文化的景観。世界最古の水産養殖地

2 多種多様な自然景観——世界自然遺産

(1) 火山から氷河地形まで——地球の歴史の足跡

　世界遺産登録が始まってすぐの1980年代から，オセアニアの自然は極めてユニークで顕著な価値があるものとして世界からも認められてきた。欧米などの開発が進んだ地域から離れているために，地球における初期の自然環境が手つかずのまま残されていたためである。

　オセアニアの陸地の大半を占めるオーストラリア大陸は，大部分がかつてのゴンドワナ大陸に属する安定陸塊である。そのため，全体としてなだらかな浸食平野が大陸の中央部に広がっている。そのなかで，周囲より硬く，削り残された残丘も存在している。この事例として取り上げられるのが，〈ウルル（エアーズロック）〉である。大陸中央部に位置するウルルは，6億年前に造山運動と地殻変動によって海底の堆積層が地表に隆起したもので，浸食と風化の影響を受けるなかで残った残丘である。全長3400mの砂岩で，世界で2番目に大きな一枚岩として有名である。このウルルと同様に36の巨岩からできた〈カタ・ジュタ〉は1987年に自然遺産に登録された。ウルルとカタ・ジュタは，この地に住むアボリジニの聖地で，彼らは岩壁に絵を刻んで，神話などの口頭伝承を残してきた。彼らの伝承では，ウルルやカタ・ジュタには世界を創造した祖先の魂が眠っていると考えられている。このようなアボリジニの精神世界などを表象する文化的景観の面も評価され，1994年に範囲拡大に伴って，自然遺産から複合遺産に変更となった。

　大陸の東側には古期造山帯として知られるオーストラリア最大の山脈であるグレートディヴァイディング山脈がある。地形は風化の影響を受けて著しく浸食されており，その削れた砂が堆積して誕生したのが，世界最大の砂の島〈フレーザー島（クガリ）〉である。オーストラリア東海岸に南北約120kmに広がるこの島は，ユネスコによると，山脈から運ばれた砂が堆積してできた島に，鳥たちが持ち込んだ植生が加わり，安定した土壌が形成され，多様な動植物が生息した。この島形成のプロセスが評価され，1992年に世界自然遺産に登録された。自然遺産登録をめぐる動きは，地域の固有の自然や文化の価値を観光客

に正しく伝えるエコツーリズムが促進されるきっかけとなった（小林 2002）。

　比較的古い地形が広がるオーストラリアに対して，ニュージーランドは火山活動のなかで誕生した複雑で険しい地形を有している。ニュージーランドの北島は環太平洋造山帯の最南端であり，〈トンガリロ山〉などの2000m 級の活火山により作られたカルデラ湖や荒野で覆われている。その自然の価値をもとに1992年，世界自然遺産に登録された（その後，複合遺産に変更された。第4節(1)参照）。

　一方，南島にはインド・オーストラリアプレートと太平洋プレートの衝突で形成されたサザン・アルプス山脈が形成され，隆起と崩落という地殻変動が繰り返された。さらに，クック山などの3000m 級の高山が連なり，氷河が形成される。この氷河が削ってできた入り江がフィヨルドである。地殻変動と氷河作用で生まれた自然環境のなかで，ニュージーランドの国鳥ともいえるキウイなど絶滅危惧種も生息することから，1990年，〈テ・ワヒポウナム〉と呼ばれる南島南西部が世界自然遺産に登録された。

(2)　火山とサンゴが作り上げた島々

　太平洋諸島の島々の自然環境も多種多様である。パプアニューギニアやソロモン諸島などを含むメラネシアや，トンガやサモアなどを有するポリネシア南部地域は，ニュージーランド同様，環太平洋造山帯の一角であり，島の面積も比較的広い。パプアニューギニアの中央部には4000m 級の山脈も走っている。周辺には1500m の高原が広がり，赤道直下でありながら過ごしやすい気候で，同国の人口密集地帯でもある。また太平洋プレートのマグマ溜まり（ホットスポット）であるハワイには，マウナ・ロア山やキラウエア山など世界最大級の活火山がそびえている。この火山は「ハワイ式噴火」と呼ばれ，割れ目火口から大量の溶岩を流出し，マグマの大半は溶岩流となって河口から流れ出す非爆発型の噴火の代表例として知られている（Parfitt and Wilson 1999）。1500m 級の標高を誇る両山の周囲には，火山活動の影響でできた溶岩地帯が広がるとともに，熱帯雨林から高山帯のツンドラまで多様な生態系が存在している。この両山を含む〈ハワイ火山国立公園〉は1987年に世界自然遺産に登録されている。

　一方，これらの火山活動による島とは異なる様相を示すところもある。サン

ゴ礁と呼ばれる生物の活動により作られた島である。サンゴは火山島などの周囲の浅瀬で成長し、その石灰石の骨格を海面近くまで積み重ねてできた地形である。オセアニア地域には、世界最大のサンゴ礁であるオーストラリアの〈グレートバリアリーフ〉と、2番目に大きい〈ニューカレドニアのラグーン〉があり、ともに世界自然遺産に登録されている（1981年および2008年）。グレートバリアリーフは、オーストラリア北東の全長約2300kmにわたって広がっている。グレートバリアリーフの周囲にはジュゴンやザトウクジラなどの危急種（絶滅の危険が増大している種）が生息し、ニューカレドニアのラグーンでも150種近いサンゴと多数の魚類が確認されている。どちらも多くの観光客を惹き付けるリゾート地として日本でも広く知られている。

　サンゴ礁の島々は、火山島に比べ、陸地面積が狭く、動植物の生態も豊かとはいえない。さらに、サンゴという生物で構成された島であることから人間の介入がもたらす影響を受けやすいという特徴もある。グレートバリアリーフでは、農家が用いた大量の肥料が海洋へ流出したことによる海水の富栄養化で、オニヒトデが大量発生し、サンゴを死滅させている。この水質汚染に加えて気候変動の影響も相まって、近年ではグレートバリアリーフを危機遺産（世界遺産のうち危機にさらされている遺産）に登録すべきだとする意見も出ている。また、ニューカレドニアは世界有数のニッケルの生産地であり、そこから出された土砂（赤土）がサンゴ礁に流入し、生育に与える影響が懸念されている。

(3)　過酷な環境のなかで作られた生物多様性

　このようなプレートの動きや火山活動、およびサンゴ礁の造成という何億年にわたる地球の営みよってできあがった多様な自然環境のなかで、世界でも稀有なほど多様性に満ちた動植物たちの世界が作り上げられていった。こうした生物多様性が評価され、多くの固有種の保護地域が遺産リストに登録されていった。

　オーストラリア大陸南部に浮かぶタスマニア島は、かつてはゴンドワナ大陸の一部で、オーストラリア大陸と陸続きであった。約2万1000年前に大陸と海峡で隔てられると、競合する哺乳類が存在しないことから、原始的な形態をもつカモノハシなどの単孔類や有袋類のタスマニアデビルなど、他の大陸で絶滅

した動物が生き続けることができた。こうした太古の自然が残されていることが評価され，1982年，島の南西部は〈タスマニア原生地域〉として世界複合遺産に登録された。また，オーストラリア東部のタスマン海に浮かぶ〈ロード・ハウ諸島〉は，絶海の孤島という地理的環境にある。この地にはコウモリ以外の哺乳類がいないこともあり，飛べない鳥ロードハウクイナなどのこの島固有の動物が生息している。このようなユニークな環境に適応した動植物の生態系が評価され，同島は1982年に世界自然遺産に登録された。また，キリバスで最初の世界遺産である〈フェニックス諸島保護地域〉は世界最大の海洋保護地域でもあり，数百種類の固有のサンゴや魚類，水生動物が守られている（2010年，世界自然遺産登録）。

　しかしながら，その保護活動が必ずしも順当に進んでいる地域ばかりではない。ソロモン諸島の南西端にある〈東レンネル〉は，固有種の生物が多数生息している。世界最大の環状隆起サンゴ礁でできたこの島は，1998年に世界自然遺産に登録された。ところが，森林伐採などが環境や生態系に悪影響を与えていると同時に，海岸線の浸食なども引き起こしているという理由で，2013年に世界遺産委員会は同遺産を危機遺産リストに記載した。

3　文明の十字路としてのオセアニア社会──世界文化遺産

(1)　伝統社会とともに生きる人々

　多様な自然環境に適応する形で進出していったのは動植物だけではない。人間もそのなかの一つといえよう。約5万年前にアジア方面からやってきた新人（ホモ・サピエンス）は，狩猟採集生活を行っていたと考えられる。この地域で農耕が行われるようになったのはおよそ1万～7000年前といわれている。その証拠を示すものがパプアニューギニアにある〈クックの初期農耕遺跡〉である。約4000年前には農具を利用してバナナの栽培を行っていたといわれている（2008年，世界文化遺産登録）。また，オーストラリア南部の〈バジ・ビム〉では，先住民の祖先が開発した世界最古の水産養殖池が見つかり，ウナギを捕らえ，蓄えるための水産養殖システムが構築されていたと考古学的調査によって明らかにされた（2019年，世界文化遺産登録）。

オセアニアに定住した初期の人類たちは，環境に適応しながら，自然とともに暮らしていたと考えられ，現在でもオーストラリアやニュージーランドの先住民社会や，太平洋諸島の島々では固有の伝統文化が継承されている。ポリネシア地域には，マラエと呼ばれる野外宗教施設が各地に存在し，人々が周囲の自然景観と神話や宗教を結びつけながら暮らしていることを示しており，仏領ポリネシアの〈ライアテア島にあるマラエ（タプタプアテア）〉は2017年に世界文化遺産として登録された。

　オセアニアの先住民の多くは文字をもたず，歴史や慣習は口承で受け継がれた。しかしながらヨーロッパ社会からは，このような口頭伝承は歴史記述としてみなされず，当初文化遺産の対象として認められなかった。これが変更となる契機となった遺産が，バヌアツの〈首長ロイ・マタの地〉である。17世紀初頭の首長である彼に関する伝承は口伝えに継承されていたが，彼の住居跡や絶命した洞くつなどが実際に存在していたことが明らかになり，2008年に世界文化遺産として登録された。オセアニアには自然とともに暮らしてきた人々による歴史や文化が存在してきたものの，その存在が広く理解され，世界文化遺産という形で評価されるようになったのは，この30年に過ぎない。この地域には文字に示されず埋もれたままとなっている歴史がまだまだ数多く存在している。

(2)　欧米社会との接触と発展

　伝統的な生活をおくってきたオセアニア先住民の祖先たちも，15世紀末に始まる大航海時代以降，ヨーロッパから来た探検家や貿易商，宣教師などがもたらした感染症や，移住者からの迫害・抑圧などにより，人口の激減や土地の略奪などの被害を受ける。オーストラリアは当初，英国の流刑先とされ，流刑囚たちは18世紀以降シドニーを中心とした東南部から内陸部へ進出していく。19世紀後半に始まるゴールドラッシュを受けて中国系移民が激増していく。これに対して英国系住民は中国人排斥運動を起こし，これが1970年代まで続く白豪主義につながっていった。ニュージーランドでも1820年代に英国人の移民が本格化し，森林伐採をめぐって先住民マオリとの間で対立が起こる。また土地をめぐる衝突を受け，1840年にマオリとの間でワイタンギ条約が結ばれ，マオリの人々は英国の支配下におかれた。1850年代にメリノ種が導入されたことで牧

羊が盛んになり，1882年の冷凍船の就航でバターやチーズなどの乳製品の輸出が行われるようになった。これらの産品は英国へと輸出された。このようにオーストラリアやニュージーランドは英国からの移住者が中心となって，科学技術を導入しながら英国との結びつきを強めて経済発展を遂げていった。英国をはじめとしたヨーロッパの影響を色濃く反映しているものとして，〈王立展示館〉がある。王立展示館は1880年および88年にメルボルンで開催された万国博覧会の展示会場で，ビザンツやロマネスク，ルネサンスなどの様々な様式を融合した建物が特徴として挙げられる。この展示場は19〜20世紀に世界各地で開催された万国博覧会の歴史を伝えるものとして，〈カールトン庭園〉とともに，2004年，世界文化遺産に登録された。

　ヨーロッパからの移住者は太平洋の島々の文化や暮らしにも大きな影響を与えた。英国は19世紀以降に太平洋の島々にも入植していく。その中心地となったのがフィジーである。フィジーはヨーロッパからの蒸気船と，米国からの蒸気船が交わる中継地として繁栄した。また，サトウキビのプランテーション栽培を進めていくなかで，インド系の移民を受け入れていき，地域の中心地として発展した（Douglas and Douglas 1996）。その繁栄ぶりを示しているのは，1874年から8年間という短期間フィジー植民地の首都となった，オバラウ島の〈レブカ歴史的港町〉である。1882年には現在のフィジーの首都スバに遷都されたため，オセアニアとヨーロッパの文化交流を伝える倉庫群や住宅，教会施設などコロニアル様式の建物がそのまま残された（Harrison 2004）。植民地時代の面影が保持された点が評価され，2013年にフィジーで初めての世界文化遺産に登録された。フィジーは現在，国内に先住民系住民に加え，インド系住民や他の太平洋島嶼国の人々，あるいは華僑などの中国系移民を抱える多民族国家となったが，その背景にも英国植民地の影響が存在している。

　英国への鉱物や農産品の輸出で繁栄してきたオーストラリアやニュージーランドであったが，1970年代に大きな転換期を迎える。最大の貿易相手国であった英国のヨーロッパ共同体（EC）への加盟である。英国との間の関税優遇措置が撤廃された結果，輸出が激減した。こうした状況を受け，両国はそれまでの英国を対象とした貿易政策を改め，白豪主義を撤廃，日本や中国などのアジア市場に進出していった。1989年にはオーストラリアが主導でアジア太平洋経

済会議（APEC）を設立，アジア太平洋地域の重要なフォーラムとなった。2016年からは環太平洋経済連携協定（TPP）に参加している。このようにオーストラリアを中心にオセアニアの国々は，欧米諸国に依存する地域からアジア太平洋の一角として存在感を高めている。

(3)　オセアニアの負の歴史と世界遺産

　人類の歴史のなかには，人間が引き起こしてしまった暗い影を落としている遺産もある。世界遺産においても，条約で定義されたものではないが，戦争や紛争，人種差別や奴隷貿易など，人類が歴史上犯してきた過ちを記憶にとどめ繰り返さない教訓として選ばれた遺産を負の世界遺産と呼んでいる。広島の原爆ドームやポーランドのアウシュビッツ強制収容所などが代表的な事例である（黒崎 2013）。

　オセアニアにもこうした負の遺産が存在している。一つはオーストラリア各地に残されている〈囚人遺跡群〉である。18世紀から19世紀にかけてオーストラリアに作られた1000以上の刑務所のなかで，現在は11の施設が残されている。1787年からの約80年間に，英国から17万人近い囚人がこの地に送られた。彼らの移住とこの地での植民はまた，多くのアボリジニが内陸部などへの強制移住を余儀なくされるという悲劇をもたらした。これら遺跡群は，ヨーロッパで行われた囚人流刑の様子を残すとともに，その影響を受けて先住民たちも大きな犠牲を払うことになった英国による植民地政策の負の側面を今日に伝えている（2010年，世界文化遺産登録）。こうした過去の政策への反省を受け，オーストラリアやニュージーランドでは先住民に対し，彼らの生活や文化を尊重し，様々な政策が行われている（第6章3節参照）。オーストラリアでは，多文化主義の一環として，先住民の言葉を学ぶ授業が学校で行われるようになった。また前述のウルルに関しても，2019年よりアボリジニの聖なる山であることを尊重し，全面登山禁止となった。一方，ニュージーランドでも，1987年より言語文化復興運動としてマオリ語の公用語化が行われた（コラム⑥参照）。

　一方，太平洋の島々にも欧米諸国によりもたらされた負の遺産が存在している。第二次世界大戦後，マーシャル諸島は米国の国連信託統治領として施政下におかれ，同諸島の北西に位置するビキニ環礁では23回の核実験が実施され

た。とりわけ1954年に実施された世界初の水爆実験では，隣のロンゲラップ環礁にまで放射能物質が届き，同環礁住民やビキニ環礁周辺で操業していた日本のマグロ漁船・第五福竜丸の乗組員も被曝する悲劇となった。この爆発でできた直径2kmの穴を「ブラボークレーター」と呼んでいる（黒崎 2013）（コラム⑮参照）。

　ビキニ環礁では実験前に167名の住民が自給自足の生活を送っていたが，実験に先立ち強制移住を余儀なくされた。彼らは，実験が終了し故郷に戻ることが可能となった今日も，帰島に至っていない。残留放射能に対する不安もあるが，移住後70年以上がたち，世代が代わったことで，自給自足の生活から米国からの補償金に依存する生活に慣れてしまったことも理由に挙げられる（黒崎 2015）。〈ビキニ環礁核実験場〉は，核の時代が始まったという象徴的な意味と同時に，被曝者を生み，彼らの本来の生活が奪われたことを歴史上の事実として忘れてはいけないという意味から，2010年に世界文化遺産として登録された。

4　人と自然が織りなすダイナミズム——世界複合遺産

⑴　自然の楽園と先住民文化——複合遺産と文化的景観

　オセアニアの世界遺産の特徴として，自然と人間の共存のなかで生まれたダイナミズムが高く評価されている点がある。世界的にみて数少ない複合遺産が，オセアニアでは割合が大きい点からも，それが窺われるだろう。豊かな自然とともに生活してきた先住民たちの文化が共存する複合遺産の代表的な遺跡が〈カカドゥ国立公園〉である。

　オーストラリアの北部に位置するこの国立公園は，多くの野生動植物がみられる同国最大の国立公園である。公園内にはマングローブが群生する干潟や，熱帯雨林，サバンナなど，様々な自然環境が広がり，多種多様な動植物が生息する。一方，この一帯には代々アボリジニが暮らしていたことが，人類最古の石器といわれる4万年前の斧や，1000ヵ所以上で発見された岩面画で伝えられてきた。このように生物多様性をもたらした自然と，そこで暮らす先住民たちの生活・文化が相互に影響し合いながら共存していることが評価され，1981年，複合遺産としてオセアニアで初めて世界遺産に登録された。

複合遺産の登録に大きな影響を与えた概念が，1990年代以降に世界遺産の拡大戦略のなかで新たに生まれた「文化的景観」である。文化的景観が加わる契機となった1992年の作業指針によれば，文化的景観は「人間と自然との共同作業によって生み出された」資産であり，いわば「人類とそれを取り巻く自然環境とのあいだに生じる相互作用の表現の多様性を包含」する概念を指す（西村・本中 2017）。「人間と自然の共同作業」の事例としては，庭園などの人間の意思で作り上げた景観や，棚田や田園風景など人間が有機的に関わり続けることで改良されていった風景，山や岩などの自然的要素と宗教的，審美的，文化的意義が関連づけられた景観が挙げられている。

　世界で初めて文化的景観という概念を生み出したのは前述（第2節(1)）のニュージーランドにある〈トンガリロ国立公園〉である。1990年の登録当時は，三つの火山とその周辺だけの自然遺産であったが，そのあと，この公園一帯に住んできた先住民マオリが，三つの火山を信仰の対象とし，さらに地熱を料理や食料の保存，医療などに利用している点も評価すべきだという動きが高まる。しかし，先住民の世界観は自然とともに成り立っているため，自然と文化というように分けて考えることは難しかった。そのため，1992年に文化的景観という概念が提案され，それが世界遺産委員会で採択されると，翌年にはトンガリロ国立公園に対して世界で初めて文化的景観という価値が認められ，それを受けて自然と文化の双方の価値のある複合遺産として拡大登録された。

　ところで，そもそも自然と文化を二分し，対立する概念として捉えることこそ，欧米的世界観である。とすれば，文化的景観の概念は，欧米社会におけるものの見方を相対化することにもつながったと考えることができるだろう。

(2)　世界遺産をめぐる未来──観光と保全の間で

　オセアニアの世界遺産における未来を考えるうえで，問題点として指摘されるのは，気候変動の影響と，観光開発などの人的な関与の問題である。その二つの問題に直面している世界遺産として，パラオにある〈南ラグーンのロックアイランド群〉がある。

　ミクロネシアの西端に位置する島国であるパラオには，ロックアイランドと呼ばれる火山活動によってつくられた445もの無人の島々やサンゴ礁が存在し

ており，そこには植物や鳥類，海洋生物によるユニークな生態系や数多くの固有種が存在する生物多様性がみられる。これらの自然に加え，現地での考古学調査により，紀元前から2500年以上にわたり，この島々に人が住んでいたことを示す集落跡や壁画が発見された。このことから島々における自然と人間の関わり合いが評価され，2012年に世界複合遺産に登録された。

　この世界遺産のもとに広がる，美しいサンゴ礁の海と，豊かな動植物を求めて，日本や中国をはじめとしたアジア諸国から年間10万人以上の観光客がパラオを訪れている。パラオの観光地化は1980年代から開始されたが，2010年代以降観光客が急激に増加した。その結果，環境への負荷が高まり，自然にも悪影響を与えている。こうした問題に対応するため，パラオは環境と観光のバランスのとれた開発を実施し始める。外国人観光客から出国税を徴収し，地域の環境対策に利用している（黒﨑 2014）。また2010年代半ばに直行便の乗り入れで急激に増加した中国からの観光客を制限するなどの対応も行っている。

　近年では，観光という島々に直接影響を与えるものとは異なり，太平洋諸島全体に影響を与える現象がみられる。それが気候変動問題である。サンゴ礁の島々は標高が低く，気候変動で海面上昇が起きると，国土が失われるという懸念が示されている。さらに，その影響は海面上昇ばかりではない。大型台風やサイクロンの頻発，長期旱魃による降水量の減少なども挙げられる。パラオでも大型の台風の襲来が頻発しており，ロックアイランドの自然環境にも悪影響を及ぼしている。気候変動問題は，太平洋島嶼国のみでは解決できない。温暖化に寄与しているといわれる温室効果ガスなどを削減するように，先進国や工業国に対して国際場裡で働きかけていく必要がある（第12章参照）。オセアニアの豊かな自然を守るのは，地域住民だけの力ではなく，地球規模での協力が必要なのである。

参考文献

石村智　2020「文化遺産——ナンマトル遺跡の保存と活用」梅﨑昌裕・風間計博編『オセアニアで学ぶ人類学』昭和堂，239-253頁。

黒﨑岳大　2013『マーシャル諸島の政治史——米軍基地・ビキニ環礁核実験・自由連合協定』明石書店。

　――　2014『太平洋島嶼国と日本の貿易・投資・観光』太平洋協会。

―――― 2015「ふるさとをなくしたビキニ環礁の人びと――核実験による強制移住者の過去・現在・未来」印東道子編『ミクロネシアを知るための60章』第2版，明石書店，283-287頁。

小林寛子　2002『エコツーリズムってなに？――フレーザー島からはじまった挑戦』河出書房新社。

西村幸夫・本中眞編　2017『世界文化遺産の思想』東京大学出版会。

松浦晃一郎　2008『世界遺産――ユネスコ事務局長は訴える』講談社。

Douglas, N. and N. Douglas 1996. Tourism in the Pacific: Historical factors. In C. M. Hall and S. J. Page (eds.), *Tourism in the Pacific: Issue and Case*. Cambridge: International Thomson Business Press, pp.19-35.

Harrison, D. 2004. Levuka, Fiji: Contested heritage. *Current Issues in Tourism* 7: 346-369.

Parfitt, E. A. and L. Wilson 1999. A plinian treatment of Fallout from Hawaiian Lavafountains. *J. Volcanol. Geotherm. Res.* 88: 67-75.

（ウェブサイト）

UNESCO, World Heritage List, https://whc.unesco.org/en/list/（2022年8月25日閲覧）

●読書案内●

『世界地誌シリーズ7　東南アジア・オセアニア』
菊地俊夫・小田宏信編，朝倉書店，2014年
海洋を介して隣接する東南アジアと比較しながら，オセアニアの地理的な特徴（自然環境保護と開発の問題や，グローバリゼーションと伝統文化の共存などの問題）を把握できる，初学者には最適な作品。

『世界遺産――理想と現実のはざまで』中村俊介，岩波書店，2019年
「人類の顕著な普遍的価値」を保存するという目的の下，地域の観光開発にも一助になっている一方で，登録をめぐる各国の政治的介入や危機遺産の増大など，今日の世界遺産をめぐる光と影を紹介している。

『スタディガイドSDGs』黒崎岳大，学文社，2021年
2030年の達成期限を前に，世界各国が持続的可能な社会を目指して関心を高めているSDGs。環境や貧困，都市化などの様々な課題をSDGsの視点から整理。太平洋諸島における各SDGs別の取組事例をコラムとして紹介。

食 文 化
オセアニアのモチ料理

野嶋洋子

　太平洋の島々ではヤムイモ，タロイモをはじめとするイモ類，パンノキの実，バナナなどのデンプン質食料を主食とする。乾燥した環境でよく生育するヤムイモは焼畑，湿潤な環境を好むタロイモは湿地や灌漑水田，パンノキやバナナは耕作地や集落近辺の利用しやすい場所に植えておくなど，作物の特性や環境に合わせて栽培し，利用している。ヤムイモはヤマイモの仲間，タロイモはサトイモなので，私たちにも馴染みのある食材だが，その食べ方には大きな違いがある。ヤマイモもサトイモも私たちにとっては「おかず」だが，島に生きる人々にとっては「ごはん」，主食なのである。とくにヤムイモ・タロイモは社会文化的価値が高く，儀礼や祭宴には欠かせない。

　その調理の方法は独特で，そもそも伝統的に鍋をもたなかった太平洋の多くの島々では，石蒸し焼き料理法によって様々な食物調理を行っていた。握り拳程度の石をたくさん集めて焚き火で焼いて温め，そこに食物を投入してバショウ科植物などの大きな葉で覆い，石に蓄えられた輻射熱を利用して蒸し焼きにするのである。この石蒸し焼き料理は，オセアニア食文化の中心にあるといっても過言ではない。主食のイモ類を加熱するだけではなく，大量の魚や貴重な家畜であるブタをまるごと調理することもできる。また，日々の食事をまかなうだけではなく，結婚式や葬式，誕生日のお祝いなど，人々が集まる特別な機会には，2mを超えるような大型の石蒸し焼き炉で大量の食物が調理される。ハレの日の特別な料理を作り出すのもまた，この石蒸し焼きである。

　そうしたハレの日に作る料理に，モチ状の食べ物がある。つまり，イモ類をそのままイモの塊として食べるのではなく，形状や舌触りのまったく異なる食品へと加工するのである。その方法は，大きく分けて二通りある。バヌアツの事例からその特徴をみてみよう。

　バヌアツ各地でみられるのは，生の状態のイモ類をすりおろしてペースト状にしたものを，バショウ科植物の葉で覆って石蒸し焼きにする方法で，ラプラプと呼ばれる。チマキのように小さな包みをいくつも作る場合もあるが，直径

写真1　焼石を中央に入れるマラクラ島独特のラ
プラプ・ソソール（2001年，筆者撮影）

写真2　タロイモを搗いてナロットを作る（2000
年，エスピリトゥサント島北西部にて筆者撮影）

が1m近くにもなる平たい包みを作るのが最も特徴的である。ヤムイモを素
材として作る場合が多いが，バナナや南米原産のキャッサバ，アメリカサトイ
モなども使われる。ココナッツミルクで味つけしたり，ならしたペーストの上
に葉野菜や肉・魚をトッピングしたり，島や地域によって様々な種類のラプラ
プがある（写真1）。北部の島々では，水田栽培したタロイモを用いたナロット
料理が発達している。石蒸し焼きなどで加熱調理したイモを，大きな木皿の上
で搗いたものである（写真2）。タロイモのほか，直火焼きしたパンノキの実を
搗いたナロットも各地でみられる。ラプラプとナロットの違いは利用する食材
の性質と関わっている。ヤムイモはすりおろしやすいが，柔らかすぎて搗いて
も粘り気が出ないし，タロイモやパンノキの実はすりおろすのは難しいが，搗
くと独特の風味を醸し出す。北部では，このようなナロット作りに特に適した
タロイモの品種を選択して栽培する傾向があり，料理としての価値が農耕活動
にまで大きな影響を与えている。
　バヌアツの島々だけみても様々なモチ料理があり，各地の食文化を代表する
が，このようなイモをすりおろす，搗くといった技術はオセアニア各地にみら
れ，生きていくための技術にとどまらない豊かな食文化を彩っているのであ
る。

第3章

島　　嶼

島景観にみる自然と人間の営み

山口　徹

ラパ・ヌイの草原景観（2016年，イースター島ラノララクにて筆者撮影）

ラパ・ヌイといえばモアイ像。その切出し場として知られるラノララク山から見下ろすと，緩やかな起伏が連なる丘陵の大部分が草原だと分かる。乾燥した気候がその一因だろう。しかし，800年ほど前にポリネシアの人々が住み始める前は，チリヤシの近似種やマメ科の高木が繁茂する緑豊かな島だった。自然の営力と人間の営為のどのような絡み合いがこの景観を生み出したのだろうか。

1 「失われた大陸」言説の系譜

　大学生だった1980年代を思い返すと，ニューエイジ運動の影響を受けて「ムー大陸」や「失われた大陸」といったトピックがテレビ番組や雑誌で頻繁に取り上げられていた。未確認飛行物体やオカルトなど，人知を超えた存在への興味が盛り上がった時期で，太平洋に沈んだ古代文明説もそのなかに位置づけることができる。たとえば，ディビッド・チャイルドレスが1988年に出版した『古代レムリアと太平洋の失われた都市』はよく売れた一冊である（Childress 1988）。ところが，そのページをめくっていくと，ジェームス・チャーチワードによる1926年出版の『失われたムー大陸』が参照され，その図版が転載されていることに気づく。どうやら，際モノだと思っていた言説にも歴史がありそうだ。

　そもそも古代ギリシャの学者たちは，世界は丸い円盤のようなものと信じていた。それゆえ，北半球の陸地と釣り合う大きさの大陸が南半球にもあるはずだと考えた。いわゆる平衡概念であり，その仮説が大航海時代の地図にも継承されていった。たとえば，アブラハム・オルテリウスの世界地図『世界の舞台』では，巨大な南極大陸が南半球に描かれていた。1595年に出された『アメリカ／新世界』という分図では，南極からオーストラリア，そしてニューギニアまで一続きで描かれ，高緯度から赤道付近にのびるその巨大な陸塊は「未知の大陸テラ・オーストラリス」と名づけられている（図3-1）。

　存在すれば莫大な富をもたらすに違いないテラ・オーストラリスを求めて，大航海時代の探検家たちが15世紀から18世紀前半にかけておよそ300年にわたって南太平洋を航海した。ところが，陸地の見えない太平洋の真ん中で正確な経度を測るすべがなかったために流言飛語が蓄積し，その未知性がますます膨らんでいった。

　こうした不確かな情報をしらみつぶしに確認していった一人がジェームズ・クックである。1768年から80年にかけて3度の世界周航を率いた英国海軍の英雄で，広大な南太平洋が冒険から科学査査の海域へと変わるまさにその扉をクックが開いたといっても過言ではない。クックの第2回航海（1772〜75年）

はとくに重要である。南緯71度付近の高緯度に沿って南極圏を世界で初めて一周した探査航海で、これによって南極とオーストラリアが別の陸地だと明らかになった。すなわち、テラ・オーストラリスの存在が実証的に否定されたわけである。

それでも、すべての疑問が解消されたわけではなかった。何よりも、この大海原に広がって暮らしてきた文化的・言語学的

図3-1　オルテリウス『世界の舞台』の分図（アメリカ／新世界）に描かれたテラ・オーストラリス（地図左端）
出所）マリオデアンドラーデ図書館蔵。

に同質な島の人々をどのように理解したらよいだろうか。西洋の航海技術をもたない人々が、南太平洋の隅々までどうやって辿り着いたのだろう。もちろん今では、西洋の帆船よりずっと前に大型カヌーで波濤を越えたオセアニアの人々が暮らしてきたことを私たちは知っている。しかし、18世紀のクックらにその偉業が想像できなかったとしても不思議ではない。

平衡概念に発する仮説も完全には片づいていなかった。クックの第2回航海に同行した博物学者のヨハン・フォルスターは1778年の著作『世界周航の記録』のなかで、「それゆえ私は、平衡概念のシステムがまさに必要だとすれば、大地の不足分に相当する何らかの重りを南海の海底に備えることによって、自然はこの欠陥を補っているのではないかと考え始めている。しかし、この不足を不要にする何らかの仕組みがあるのかもしれない。我々の狭い知識と経験では思いもよらない何かが」（Forster 1996: 60）と記している。

「失われた大陸」言説の系譜は、少なくともこのあたりまでは遡れそうである。少し時間があいて19世紀に入るが、フランス人探検家のモーレンナウトは『大洋の旅』（1837年）のなかで、クックが発見したポリネシアの文化的・言語学的同質性は超大陸の住民が生き残ったと考えるほか説明がつかないと記し、南太平洋の島々を失われた大陸の峰々とみなした。それからしばらくして、米国の探検写真家だったプロジョンが『ムーの女王とエジプトのスフィンクス』

を出版した。彼はそのなかで，大西洋をはさむエジプトとマヤがどちらも失われた古代文明に由来すると考え，ユカタン半島沖に沈んだ一つの国の名が「ムー」だったと主張した。根拠に乏しいこうした疑似科学的な言説が積み重なるなかで，先述のチャーチワードが，「ムー」という名称を太平洋に転用したというわけである。

　広大な海洋世界，点在する島々，先住の島民たち，そしてラパ・ヌイのモアイ像といった巨石文化によって，18世紀後半から20世紀前半の西洋の好奇心と想像力が掻き立てられたのだろう。しかし，大陸や陸塊の分布に平衡関係が存在しないことは今では常識である。そう考えると，南太平洋の島嶼世界の成り立ちを理解するためには，先述のフォルスターが残した最後の一文，「（平衡概念で想定される）不足を不要にする何らかの仕組み」の科学的な解明こそが重要だったと分かってくる。

2　海洋島の成り立ち

　2004年から 5 年間，ツバルのフナフチ環礁を調査したことがある。地球温暖化による海面上昇問題でメディアに取り上げられてきた島だから，ご存じの方も多いだろう。その最初の年に，島民が「ダーウィンの穴」と呼ぶ場所に案内してくれた。砂地に埋まった金属管は蓋でふさがれていたが，ボーリング調査の跡だと分かった。調べてみると，19世紀末の1898年に，英国学士院の調査隊が当時最新鋭の掘削機でフナフチ環礁の地下堆積物を採取したことが明らかになった。その報告書には，1897年に600フィート（183m），翌年に1114.5フィート（340m）まで掘削したとある。

　ダーウィンといえば『種の起源』が有名だが，1831年から 5 年に及ぶビーグル号の世界周航探検に参加し，南太平洋やインド洋で様々な島を実見することで，サンゴ礁の発達を理論化した博物学者でもある。たとえばタヒチの島々（ソサエティ諸島）をグーグル・アースで眺めると，南東から北西にむかって島の高さが小さくなる一方で，周りを囲むサンゴ礁と本島の間のラグーンの幅が広がる傾向を確認できる。本島に接するサンゴ礁は裾礁（フリンジング・リーフ），本島から離れて周りを囲むサンゴ礁は堡礁（バリア・リーフ），そして本

島の島影がまったくないサンゴ礁だけの島々は環礁（アトール）と分類される（第12章2節参照）。

ダーウィンはこれら3タイプのサンゴ礁を，本島の沈降に伴う時間的な変化として理解した。「ダーウィンの沈降説」として知られる仮説である。この説が正しければ，環礁の地下には沈降した本島の基盤岩があるはずで，英国学士院によるフナフチ環礁のボーリング掘削は，それを確かめる調査だった。基盤の玄武岩には達しなかったが，礁性石灰岩が分厚く積み重なることは明らかとなった。本島が完全に沈降しても，造礁サンゴが太陽の光を求めて上方成長するため，海面近くにサンゴ礁が残ることを示唆する所見となった。

ところで，南太平洋の島々はなぜ沈降するのだろうか。また，タヒチやハワイといった島嶼グループをみると，南東から北西にむかって島が低くなるのはなぜか。こうした課題の解決には，1960年代に発展したプレート・テクトニクス理論を待たねばならなかった。

プレートとは地球の表皮のようなもので，地殻と上部マントルを合わせた厚さ100kmほどの岩盤のことである。地球の表面は14枚もしくは15枚のプレートで覆われており，これらは大陸プレートと海洋プレートに分かれる。南太平洋の海底下は大半が後者の太平洋プレートであり，地球の外核から下部マントルを突き抜けて上昇するスーパー・ホット・プルームの熱対流によって，南東から北西方向に動いている。ホット・プルームの出口の東太平洋中央海嶺で生成された太平洋プレートが西進し，オーストラリア，フィリピン海，ユーラシアの各プレートとぶつかって沈み込む。こうしたプレート境界に沿って形成された火山起源の島の連なりを島弧と呼ぶ。西ポリネシアのトンガ諸島や，メラネシアのソロモン諸島，西ミクロネシアのマリアナ諸島などがこのタイプの島々である。

しかし，太平洋プレート上にも多くの島々が点在する。スーパー・ホット・プルームから枝分かれしたマグマがプレートを突き破って噴出した島々で，島弧タイプとは区別して海洋島と呼ばれる。マグマが噴出するホット・スポットの場所は長期にわたって変わらないが，形成された海洋島は太平洋プレートにのって北西方向に移動する。ホット・スポットではふたたび新しい島が形成され，また移動してゆく。

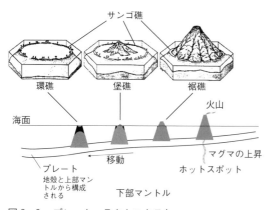

サンゴ礁

環礁　　　　堡礁　　　　裾礁

火山

海面

プレート
地殻と上部マントルから構成される

移動

マグマの上昇
ホット・スポット

下部マントル

図3-2　プレート・テクトニクスと
　　　サンゴ礁地形の変遷過程

出所）Hopley 1982とScott and Rotondo 1983の図を筆者改変・合成。

ハワイ諸島を例にとると，70万年前に形成が始まったハワイ島は今も活火山だが，その南東沖では最も新しい海底火山のロイヒがすでにマグマを噴出している。ハワイ島の北西に目を向けると，マウイ島は130万年前，その先のオアフ島は340万年前に噴火が止まっている。こうして，ホット・スポットを起点に一定方向へ島が点々と連なる島嶼グループが形成されてきた。ちなみに，4000万〜3000万年前までは太平洋プレートが今より北寄りに動いていた。ハワイ諸島やその先の海山を北西に辿っていくと，クレ環礁の先で北寄りに折れ曲がり，さらに天皇海山列がアリューシャン列島まで連なるのはこのためである。

　ホット・スポットから離れて噴火が止まった海洋島は，熱源を失って島本体と直下のプレートも次第に収縮する。収縮が進むほど，島自体が沈降してゆく。その先はダーウィンの沈降説通りで，年平均海水温が18度を下回らない南太平洋では，島の周りの造礁サンゴが本島の沈降に合わせて上方成長し，平均低潮位に礁地形を形成する。沈降が進むにしたがって，本島とサンゴ礁の間のラグーンが次第に広がり，サンゴ礁地形は裾礁から堡礁へと変化する。最後は周りのサンゴ礁だけが残り，大きなラグーンを取り囲む環礁になるというプロセスである（図3-2）。

　本節の冒頭で紹介したフナフチ環礁の周辺海域をみてみよう。南緯10度から北緯20度の3500km余りにわたって，南南東から北北西方向に，ツバル，キリバス，マーシャル諸島の島々が点々と連なっている。環礁が最も多く，残りはラグーンをもたないサンゴ礁の島（リーフ島）である。そのうちの一つ，原水爆の実験地として知られるマーシャル諸島ビキニ環礁では，米軍による科学調査が集中的に行われた。1950年の調査では，外洋側礁斜面の最深部から玄武岩

が採取された。深度はなんと1800〜3700mを測ったという。調査の経緯が軍事目的だったことは皮肉だが，このとき初めてダーウィンの沈降説が実証的に裏づけられたのである。

3　環礁州島の景観史

　オセアニアの海域には，南北貿易風帯を中心に170以上の環礁が分布する。オセアニアの地理区分であるミクロネシアとポリネシアの境界を越えて，マーシャル諸島，キリバス，ツバル，北部クック諸島，ツアモツ諸島（仏領ポリネシア）の10以上の環礁をこれまで調査してきた。これだけの環礁を渡り歩いた日本人研究者は多くなく，ちょっとした自慢だ。

　飛行機の窓から眺めると，幅数百mから1km程度の礁原がラグーンを環状に取り囲んでいる。その上には，砂礫の陸地が点々と連なる。有孔虫の殻やサンゴ片といった炭酸カルシウムの砂礫からなる州島で，大部分は海抜2m前後である。今みる低平な州島は完新世中期以降の地形で，その始まりは遡っても5000年前の若い陸地である。とくに2000年前頃から砂礫の堆積が進んだ。およそ1万年前に最終氷期が終わり，完新世の温暖化によって高緯度の氷床が融けて海水量が急増した。太平洋の海底には巨大な荷重がかかり，押されたマントルが島々の下にゆっくりと移動したことで，陸地が隆起した。この作用をハイドロ・アイソスタシー（海水荷重地殻均衡）と呼ぶ。多くの環礁もこの作用を受けて2000年前頃から少しずつ隆起し，これによって離水した礁原上は，砂礫の堆積しやすい環境になったと考えられる。

　生まれたての州島は不安定で，ちょっとした波浪で一夜のうちに消失することもある。そこに海流が運んだ海浜植物が根づき，ウミドリが羽根を休めにやってくると，トゲミウドノキの種が落ちたりする。油分のある種がウミドリの羽毛にからまって分布を広げるオシロイバナ科の樹種で，成長すると樹高20mを超える高木となる。環礁州島では単純林を形成することがあり，その樹冠がウミドリの新たな営巣場所となる。だから，林床には鳥糞が厚く堆積する。ウミドリは小魚を餌とするため，その糞にはリン酸や窒素が豊富に含まれている。トゲミウドノキの林に入ると，そこが環礁州島であることを忘れるほ

写真3-1　プカプカ環礁のトゲミウドノキ林。
赤白ポールの長さは2m（2017年，筆者撮影）

ど鬱蒼としている（写真3-1）。

　それでも，自然の営力で作られる景観はこのあたりが限界である。ところが，そこに人間が住み始めると陸上の生物相がとたんに多様化してゆく。そのなかには，ココヤシやパンノキ，バナナ，サトイモ科根茎類が含まれる。環礁に渡った人々が運び込んだ植物で，「旅行カバンの生物相」の好例といってよい。

　ところで，我々の調査成果を含め，考古学のこれまでの知見をまとめると，環礁の人間居住は東ミクロネシアのマーシャル諸島やキリバスで約2000年前，東ポリネシアの北部クック諸島やツアモツ諸島では約600年前に遡る（第1章参照）。このように人間居住史の長さは海域で異なるが，多くの環礁で共通する文化景観がある。それは何といっても天水田だ。祖先が故郷から運んだサトイモ科根茎類のタロイモやミズズイキ類（キルトスペルマ）を水耕栽培するために，人々が造り上げてきた景観である。

　環礁州島の天水田は，地下の淡水資源を利用する伝統的な農耕である。環礁州島の地下堆積物は多孔質の礁性石灰岩や砂礫であるため，周囲の海水がそのすき間に入り込んでいる。砂礫の陸地に降った雨は地下にしみこむと，海水より比重が軽いためその上に浮かぶ。年間降水量が2000mmを超える幅広の州島なら，淡水の地下水層が恒常的に形成される。断面が上下に膨らむため淡水レンズとも呼ばれる。環礁には河川や湖沼といった地表水はないが，こうした州島を1～2mほど掘り下げることで，淡水レンズの水資源が利用できるようになる。

　たとえば，マーシャル諸島マジュロ環礁のローラは最大幅1.2km，面積2.1km^{2}の大型州島で，その中央部に195基もの天水田が掘削されていた（図3-3）。掘り上げられた廃土が天水田の周りに積み上げられ，もともと低平で単純な州

島地形に人為的な凹凸が変化をきざむ。廃土堤には，ココヤシやパンノキ，パンダナスといった有用樹が繁茂し，天水田に緑陰を落としている。環礁州島を構成する炭酸カルシウムの砂礫からは土壌が形成されないから，人々はトゲミウドノキの林床からウミドリの糞を運び，樹木の落葉とともに踏み込むことで天水田の土作りを続けてきたのだろう。そのなかで，サトイモ科根茎類のスペイド形の葉が貿易風にそよいでいる。

州島ローラの廃土堤を発掘することによって，天水田の掘削が遅くとも1700年前には始まっていたことが分かった。環礁州島の景観は，自然の営力と人間の営為の絡み合いによって多様性が増してきた歴史的産物と考えてよい。

ただし，こうした天水田の連なりは完成した景観ではなく，変動の一場面であることを忘れてはならない。たとえば，2017年から

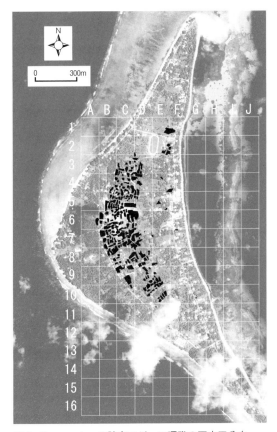

図3-3　マーシャル諸島マジュロ環礁の天水田分布
出所）Yamaguchi et al. 2009, Fig.4を筆者改変。

写真3-2　プカプカ環礁の天水田（2018年，筆者撮影）

調査を続けている北部クック諸島のプカプカ環礁で，興味深い歴史的事象を知った。プカプカ環礁の主島ワレにも数多くの天水田が掘られている（写真3－2）。ところが，2005年2月末の熱帯サイクロンによって，ラグーン側の海岸を乗り越えた高波が天水田に入り，タロイモの水耕栽培は塩害によって壊滅的な打撃を受けた。その被害から12年たっても，かなりの天水田が放棄されたままで，アカバナ科の多年草キダチキンバイで田面が覆われていた。

　調べてみると，同様の被害が過去にも繰り返し生じていた。記録に残る最も古い被害は1914年1月初旬の熱帯サイクロンによるもので，このときも天水田が海水で冠水してしまった。その10ヵ月後に，支援物資としてミズズイキ類の種イモが届けられた。キダチキンバイはこのときの種イモに付着して，はからずも入ってきたとする情報がある。そうだとすると，プカプカ環礁の天水田景観は気象災害と復興活動の動態のなかにあり，新たな生物種が時々に入り，島の景観に根づいてきたことになる。

　外来種のキダチキンバイはプルムと呼ばれる。箒を意味する英単語 broom からの借用語である。島の人々は，この多年草の木質の茎を乾燥させて束ねることで箒を作っており，クック諸島ではプカプカの特産品として知られている。調査を終えて島を離れる日に，お世話になった方々からこの箒を3本お土産にいただいた。「身の回りを清潔に保ち，健康でいなさい」との思いが込められていることを，手に取るたびに思い出す。

4　ラパ・ヌイの歴史生態学

　生態学はかつて人間の営為を生態系の攪乱要因とみなしていたが，1970年代頃から人為的な環境改変を扱う研究が増えてきた。とくに1990年代以降は，自然と人間の関係史に関心が集まり，学際領域としての歴史生態学が盛り上がってきている。オセアニアの島々，とくに海洋島は大陸と陸続きになったことがなく，本来の生態系は単純で，しかもミクロネシアやポリネシアでは人間居住の歴史が3000年前以降と短い。それゆえ，人々が移住先の島に持ち込んだ「旅行カバンの生物相」とその影響を特定しやすく，早くから歴史生態学的研究が進められてきた。地球科学，考古学，歴史人類学，文化人類学の知見を総合

し，先史から現在に至るまで，自然の営力と人間の営為の歴史的産物として環礁景観を捉える研究もその流れのなかにある（読書案内参照）。

ところで，近年の歴史生態学では，景観を形作る人間の営為と人間の経験を形作る景観という二つの側面の通史的な把握が議論されている。たとえばオセアニアで探すなら，ラパ・ヌイ（イースター島）の事例はこの視点を理解するうえで示唆に富んでいる。

東ポリネシアの東南端に位置するラパ・ヌイは，タヒチから東へ4000km，チリから西へ3700km離れた文字通りの孤島である。オセアニアの海洋島でただ一つ，太平洋プレートではなくナスカ・プレートにのる。ラパ・ヌイといえばモアイ像だが，その切出し場として知られるラノララク山から見下ろすと，緑豊かなポリネシアの島々とは対照的に，緩やかな起伏が連なる丘陵の大部分が草原だと分かる（章扉写真）。南太平洋亜熱帯高気圧帯にあるため降水量が少なく，乾燥した気候であることがその一因だろう。

しかし，ラノララク山の火口湖で行われたボーリング調査はまったく別の島の姿を明らかにした。湖底堆積物に含まれる花粉化石の分析によると，西暦13世紀頃までチリヤシ近似種やマメ科の高木などでうっそうと覆われていたというのである。ところが，800年ほど前にポリネシアの人々が住み始めたとたん木本類は後退し，イネ科やカヤツリグサ科の草本が卓越する植生へ急速に変化した。山地斜面や丘陵の崩落土からは西暦13〜17世紀の年代を示す炭化物が数多く検出されているから，木本類の後退は伐採と火入れによる開墾が原因だったと推定できる。また，3cmほどのチリヤシの小さな内果皮が島のあちこちから見つかっており，その多くにはネズミの噛み跡があった。ポリネシアの人々がはからずもカヌーにのせてきた太平洋ネズミがチリヤシの再生産を妨げた可能性もある。

前節で紹介した環礁の景観とは逆に，人間の居住を契機に陸上生態系の多様性が失われた事例といえる。『文明崩壊』の著者として知られる文明史家のジャレド・ダイヤモンドは，この人為的な環境改変を「エコサイド（生態学的自滅）」と呼んだ（ダイヤモンド 2005）。環境破壊で自分たちの首がしまることに気づいていながら，最後の樹木さえ切り倒してしまった島社会というイメージを端的に表現する造語である。そこから，食料を求める争いで社会全体が崩

壊し，敵対する集団の祖先神たるモアイ像が次々に引き倒され，紛争と飢餓によって人口が激減したというシナリオへ続く。しかし，ラパ・ヌイの先史社会は本当に自滅したのだろうか。考古学の情報と歴史資料を丹念に読み解いたハントとリポの『歩いたモアイ像——イースター島の謎の解明』は，まったく別の可能性を提起する（読書案内参照）。

ラパ・ヌイを初めて訪れたヨーロッパ人はオランダのヤーコプ・ロッヘフェーンで，1722年のことだった。彼の記録によると，樹木は確かに少なかったが，バナナ，サツマイモ，サトウキビがあちらこちらで栽培されていたという。実際，考古学者の踏査によって，草原のなかからラパ・ヌイ独自の農耕の痕跡が発見されている。一つは石や礫を積み上げたマナバイと呼ばれる小規模な囲いで，風害を防ぐ工夫だと考えられている。もう一つは石敷き耕地で，一見すると石ころだらけの荒れ地のようだが，土壌水分の蒸散を防ぐとともに土壌の保温効果があるといわれる。森林後退や山地斜面からの土壌崩落が人為的に生じたことは間違いないが，それによって自滅したのではなく，ラパ・ヌイの人々はその景観を経験するなかで，新たな暮らし方の知恵を獲得してきたことになる。

ロッヘフェーンが訪問した1722年から19世紀末にかけて，西洋帆船の来島はたった7回で，しかも滞在期間はそれぞれ数日と短かった。それでも，島の人々は西洋の船員たちとまちがいなく接触し，その出会いが島社会に大きなインパクトをもたらしたと考えられる。ハントとリポは，測定年代を伴う住居址の分布傾向から，3000〜5000人の島内人口が1750年頃に急減したと推定し，性病を含む疫病の蔓延にその原因を求めた。他の島々の歴史研究でも同様の指摘があり，孤島のラパ・ヌイではなおさら，西洋の船員が外からもたらしたウィルスや病原菌の影響が大きかったのではないだろうか。

1862〜64年と時期は下るが，南米ペルーの鉱山や農園の労働力としてオセアニア島嶼民が数多く連れ去られる事件が頻発した。ブラックバーディングと呼ばれる労働徴発業者の仕業で，1400人以上のラパ・ヌイ島民もペルーのカラオへ運ばれた。その数は，全島民の34%強と見積もられている。ちょうど同じ時期に，ボニエというフランス人が，残っていた島民をタヒチの農園の年季奉公に追い出すことで，1875年には人の少なくなった島の8割を手中におさめ，4000

68

頭のヒツジ，300頭のブタ，70頭のウシ，20頭のウマの牧場に変えてしまった
ことが分かっている。追い打ちをかけるように，ブラックバーディングの生存
者が島へ送還され，そのときの帰還者が天然痘を島に持ち込んでしまった。こ
うした悪い出来事が重なることで，1877年までに島内人口は110人まで落ち込
んだという。

　今みるラパ・ヌイの景観は，自然と人間の絡み合いだけではなく，西洋を含
め島外からやってきた多様な思惑をもった人々との出会いと絡み合い，そして
せめぎ合いの歴史的産物なのである。

5　アイランドスケープ・ヒストリーのすすめ

　これまで行ってきた発掘調査を振り返ると，やみくもに島の陸地を歩き回る
うちに，いつのまにか，行きかう島の人々と同じように道を選んで歩く自分が
いたことを思い出す。そのうち掘り下げる地面が決まり，人々からの同意が得
られると，住民になったわけではないのに，少なくとも発掘の間はその場所を
占有することになる。

　狭い発掘トレンチを掘り下げていくうちに目線が低くなり，深さが1.5m を
超えてくると地表で生きる人々の生活を見上げるようになる。すると，それま
でとは異なる，島と同化したような妙な感覚におそわれる。もちろん，トレン
チの外では訪問者の一人として島の人々と対話を繰り返しているのだが，自ら
が掘り下げたトレンチのなかでは地表のすべてを島の視点で眺め始める。そし
て，空に伸びるココヤシも，餌をあさりながら歩き回る子ブタも，そこに暮ら
す島民も，すべてが島の外に由来しながら，なおかつ全体として島景観をなす
という事実に思い至る。

　島を取り囲む海洋は障壁ではない。海流が植物の種子を運び，風にのってウ
ミドリが飛来する。海は島々を孤立させるのではなく，島と島，人と人をつな
ぐ路になる。しかし，人間も含めて陸棲の生物は海洋のただなかで途中下車す
るわけにはいかない。生命あるかぎり島の陸地を目指し，また別の島に渡って
ゆく。だからこそ，様々なモノやコトや生物や人が島に凝集し，そして島はみ
ずからの景観を更新してゆく。その歴史をアイランドスケープ・ヒストリーと

呼んでみよう。もちろん，アイランドスケープは単に「島景観」を意味する造語ではない。自分の視線を島にあわせ，その地表面の上で繰り広げられてきた自然と人間，そして多様な人々の出会いと絡み合いとせめぎ合いを，通史的に読み解くために考え出した言葉である。その視座のなかには，地球温暖化の影響で迫りつつある気象災害の連鎖や海面上昇の問題への関心も含まれていることを最後につけ加えておこう。

参考文献

ダイヤモンド，J　2005『文明崩壊——滅亡と存続の命運を分けるもの』楡井浩一訳，草思社。

Childress, D. H. 1988. *Lost Cities of Ancient Lemuria & the Pacific*. Kempton: Adventures Unlimited Press.

Forster, J. R.（eds. N. Thomas, H. Guest and M. Dettelbach）1996. *Observations Made during a Voyage round the World*. Honolulu: University of Hawaii Press.

Hopley, D. 1982. *The Geomorphology of the Great Barrier Reef: Quaternary Development of Coral Reefs*. New York: John Wiley & Son.

Scott, G. A. J. and G. M. Rotondo 1983. A model to explain the differences between Pacific Plate Island-Atoll Types. *Coral Reefs* 1: 139–150.

Yamaguchi, T., H. Kayanne and H. Yamano 2009. Archaeological investigation of the landscape history of an Oceanic Atoll: Majuro, Marshall Islands. *Pacific Science* 63（4）: 537–565.

Wikimedia Common, https://commons.wikimedia.org/wiki/File: 1595_-_Americas_-_Abraham_Ortelius_-_Theatrum_Orbis_Terrarum.jpg（2021年9月12日閲覧）

●読書案内●

『アイランドスケープ・ヒストリーズ——島景観が架橋する歴史生態学と歴史人類学』
　　山口徹編，風響社，2019年
　　海を渡り空を超えて，様々なモノやコトが寄り集まることで生成変化して
　　きた島々の景観史。それを読み解くために，考古学，地球科学，歴史人類
　　学，文化人類学が文理の枠を超えて交わした対話の成果である。

『ハワイの自然——3000万年の楽園』清水善和，古今書院，1998年
　　植物生態学の視点でハワイ諸島の景観史を俯瞰できる。海洋島の形成期か
　　ら18世紀以降の外来植物に至るまで，様々なトピックが紹介されている。
　　ハワイを旅する前に読んでおきたい。

The Statues that Walked: Unraveling the Mystery of Easter Island.
　　T. Hunt and C. Lipo, New York, London, Toronto, Sydney: Free Press, 2011
　　考古学の発掘成果を中心に，地球科学や古植物学の証拠，18世紀以降の歴
　　史資料を駆使しながら，自然の営力と人間の営為が織りなしてきたラパ・
　　ヌイの景観史を紹介する良書。モアイ像の謎も解き明かされる。

探検航海
18世紀の絵画にみる西洋との接触

山口　徹

《イースター島民とモアイ像》（慶應義塾大学メディアセンター所蔵，144Y@9@1）'Insulaires et Monumens de L'Ile de Pàque' in "*Atlas du voyage de La Pérouse*"（Paris: s. n., 1790-1799）

　フランス海軍士官だったラ・ペルーズによる太平洋探検航海の記録として出版された紀行図譜の１枚。一行は２年半の航海を経て，シドニー近くのボタニー湾へ1788年初頭に立ち寄ったのち消息を絶ってしまったが，その直前に本国へ送った航海記録が1797年にパリで刊行された。

　この銅版画には，1786年４月８日に上陸したラパ・ヌイ（イースター島）との出会いが描かれている。銅版画の元絵を制作したドゥ・バンシーはフランスのサロン・ド・パリやイギリスのロイヤル・アカデミーに出入りしていた絵師で，当時流行していた新古典派の影響を受けて古代ギリシャ・ローマの楽園のように島民を描いている。ところがよく見ると，半裸の美しい女性たちがラ・

ペルーズら一行の気を逸らす間に，島の男たちが物陰から帽子やハンカチを盗み取ろうとする場面だと気づく。航海記には，盗むや否や蜘蛛の子を散らすように駆け逃げたとある。

　オランダ人航海者のロッヘフェーンが初めて島を訪れてからすでに64年が経ち，クック船長の訪問から数えても12年が過ぎていた。巨大な帆船に乗り，まれにしか姿を現さず，それでいて見たこともない珍しい物品をもたらす西洋の男たちに，島の人々はモアイとは異なる神々の姿を見ていたのかもしれない。この頃に多くのモアイ像が引き倒されたようで，かわりに，船乗りたちの格好や所作を演じる船形の儀礼場が作られていた。玉石を敷きつめた長楕円の基壇があちこちに残っていて，大型のものは長軸42mを測る。

　ポリネシアの神話には，神々と人間の祖先が兄弟として対立しあう宇宙論的構造を認めることができる。ハワイの訪問神ロノはマカヒキの儀礼が行われる１月末から２月上旬に海の彼方からやってきて，その強力なマナ（聖なる力）で収穫後の農地を再生してくれる。それゆえ人々は，豊穣の神としてロノをへりくだって出迎える。しかし，再生した農地を再び耕すには，ロノのマナを打ち破らねばならない。だから最後はロノ神を島から追い出すことになる。

　ラパ・ヌイの人々は，思いもよらなかった西洋との出会いという出来事を，神話や儀礼のなかで繰り返してきた神々と人間の関係を通して理解したのではないか。歓待しながら神々から豊かさを盗み取り，その怒りを恐れて一目散に逃げつつ，盗む行為を不道徳とは感じていない。島の人々のそんな視線がこの図譜から浮かび上がってくる。

第4章

海　洋

漁撈，交易，航海術

後藤　明

ソロモン諸島マライタ島ランガランガラグーン（1990年，筆者撮影）

太平洋の島社会の民にとって海は生活の場として最も重要であった。海は食料資源の確保，他島との交易，そして人々の信仰やコスモロジーの基礎として多方面での役割をもっていた。本章ではアジア大陸を起源とし，海を越えて島々に移住して社会を営んできた人々の日常生活や交流，そして儀礼などにおいて海が果たした役割を考察する。

1　オセアニアの自然と海の生活

　四方を海に囲まれ，常に潮の匂いのする島で生きるということは，どういうことだろうか。

　私が留学中にハワイのオアフ島で暮らしていたとき，東西南北以外に日々の生活にとって重要な方位があることを知った。それがマ・カイとマ・ウカ，すなわち海側と山側の違いである。日常的に建物の位置や進む方向を表現するとき，この海側・山側という表現がよく使われる。当然，島の反対側では海側・山側は絶対方位では逆になる。このような海側・山側の対照は世界の島世界ではよく見られるようである。

　島を取り巻く海は人類にとって，①食料供給源，②道，③権力手段，④体験という四つの側面がある（大林 1996）。海が食料供給源であることについては説明は要しないだろう。次に道とは，海は交易や貿易，あるいは移住の場となるということである。とくに島で生きる場合は，他の土地に行くためには海を越えざるをえない。さらに政治権力の維持のため食料や資源を確保する必要があり，ときには他地域からの資源の確保を目的として海を支配する必要があった。そして体験としての海とは，海や関連する自然現象を概念化し漁や航海のための指標とする，さらにその背景に様々な物語や神話あるいは芸術を創ってきた側面を指す。

　以下，このような考えに沿って，食料供給源としての海，交易と支配の場としての海，そして航海術からみた海の概念化（コラム④も参照）という視点から論じていきたい。

2　食料供給源としての海

(1)　オセアニアの漁撈

　島々に住み着いた人々にとって，日常の食料，とくにタンパク源やミネラル類の大部分は海から来ていた。すなわち海藻および魚，貝，タコやイカなどの海産動物の利用である。

オセアニアの島々のうちニューギニアから西に連なる島々，ビスマルク諸島やソロモン諸島は島の面積が大きく，一つの島が日本の県くらいあり，島同士の間隔も近い。しかしその東，ポリネシアやミクロネシアに行くと面積の小さな島が多くなる。これらの島では熱帯の気候を反映してサンゴ礁が発達することが多い。島の岸に連続して発達する裾礁，さらに海底火山の上に発達したサンゴ礁から円環状となる環礁もみられる（第3章2節参照）。

　一般にサンゴ礁と岸の間にはサンゴ礁で外海から守られた礁湖（ラグーン）が存在し，安定した漁業の場となる。サンゴ礁内は生産力が高いと同時に地形が複雑なために海洋生物の絶好の住処となり，生物多様性が高い。またサンゴ礁の外は急に深くなって外洋の魚が泳ぐ。

　また，ニューギニア島からメラネシアの大きな島々を中心に海岸にはマングローブ帯が発達する。マングローブは特定の植物ではなく，熱帯・亜熱帯のサンゴ礁域に接する潮間帯や河口域に発達する独特の生態系である。そこでは日々，潮の満ち干が繰り返され，多様な海洋生物の「ゆりかご」として，人々の生活の場として，また様々な伝承の舞台として重要である（後藤2000）。

　このように太平洋の人々は複雑な地形やそこに住む多様な生物の生態の違いをよく認識し，生物学とは異なった分類を行って生活をしていた。それは，たとえば魚の形や色だけではなく，逃げ足が素早いとか，どこに隠れるかなどという実践的な分類である（秋道1976）。

　さてオセアニア派の言語では魚を表す語彙が共通しているが，たとえばこの語彙の系統を引くハワイ語のイア（*i'a*）は，魚だけではなく，タコやイカ，貝，カメ，さらにクジラ，またサンゴ虫などを総称する言葉で，「海の動物」を意味していた。これに対立する概念はリムすなわち海藻あるいは「海の植物」であった。海藻の利用は世界的にみると意外に例が少なく，ケルト人や日本人以外では東南アジアの一部，アリューシャン列島やアメリカ大陸の太平洋岸の先住民，それにオセアニアの人々がその代表である。オセアニアで利用の多かった海藻類はアオサ，ミル，イソノハナなどの類である。

　サンゴ礁の魚類は多様性が高い一方，中緯度地方以北にみられるような季節性が小さい。しかし月齢や潮汐パターン，さらに産卵時期などに沿って漁撈活動が行われるので季節性がまったくないわけではない。

まず網漁であるが，とくにサンゴ礁で使われる漁法は多様で，巻き網，刺し網，引網，投網，敷網など，日本の網と同じ原理をもつ網が使われている（Anell 1955；秋道 1995）。これらは魚の生態に合わせてサンゴ礁の切れ目や水路部に仕掛けられる。とくにサンゴの切れ目を塞ぐように網を仕掛けておいて，カヌーで音を立てたり泳いだりして魚を追い込む「追い込み網」は暖かい海である南太平洋特有の漁法であり，沖縄でも行われる。ただしポリネシアやミクロネシアでは網の代わりに椰子の木の葉をつないだものを海に入れておき，魚の動きを遮断して捕らえる追い込み漁法がある。また外洋で使う網漁としてはトビウオ漁が知られている。

　またサンゴ礁に沈めておいて魚をおびき寄せる筌（罠）にも様々な形や構造のものが発達している。日本語ではウケ，英語では fish trap や fish basket と呼ばれる漁具がある。筌とは，竹や籐（ヤシ科）などの硬い植物の枝や皮を円筒型，半円形あるいは箱型に編んで，海や川あるいは湖に沈めておき，入ってきた魚を捕らえる罠漁である。通常，中に入った魚が出られないように入口はV字状になっている。また，魚をおびき寄せるために餌を入れることもある。様々な形や構造があるが，いずれも中に入って出られなくなった魚を捕らえるというのが特徴である。ビスマルク諸島では人間が入るくらい巨大な筌が使われる。

　これらの漁法に加えて，釣り漁，ヤスや銛などの刺突漁，さらに手づかみ漁などがみられる。釣りには岸から行う竿釣り，カヌーに乗ってサンゴ礁の深みあるいは外洋で行う手釣りがあるが，詳しくは以下でみよう。また突き漁ではカヌーや岸の岩の上から突くための長い柄のヤス，さらに潜水をしながら魚を追うための短めのヤスなどを用いる。

　以下，オセアニアの島々で使われているユニークな漁具や漁法，その「オモシロ漁法」のいくつかを紹介しよう。

(2)　回転型と突出型の釣り針

　オセアニアの人々は，動物の骨や貝殻，あるいは石で作った釣り針を使っていた。これらには餌をつける，いわゆる餌鈎（えさばり）（baited hook）と餌が要らない擬餌針（じばり）（ルアー）の両方があった。日本の縄文時代の釣り針（多くは鹿角製）のよ

うに，針の内側や外側にカエシ（アゲ）がついているものも多い。

　餌鈎の形であるが，一つは突出型，もう一つは回転型に大別される。突出型は，ジャビング・フック（jabbing hook）と呼ばれ，この名称はボクシングのジャブのようにまっすぐ突き出すイメージで，全体がJ型で鈎が突き出るような形である。この形は魚の口に深く刺さらないので，比較的浅いところに住む魚を竿釣りなどで素早く釣り上げるために使われる。

　もう一つの回転型はオセアニア特有の形態で，ローテーティング・フック（rotating hook）と呼ばれる。この種類は全体が丸く鈎部の先端が軸の方に曲がっている。この釣り針はカエリをもたなくても，魚の口に掛かったとき魚が逃げようとすると，鈎部が軸を基点に回転し，ますます深く突き刺さり逃げられないようになる。ちなみに日本の漁師が使う釣り針でも，日本のマグロ延縄用のネムリ針のように，深いところに沈めておいて魚が掛かるのを待つ延縄式の釣り針は回転型に近い丸形である。

(3)　カツオの擬餌針

　日本ではカツオの漁法として有名なのは一本釣り，つまり漁船からイワシなどの餌をまき，寄ってきたカツオをカエシ（アゲ）のない釣り針をつけた竿で釣り上げる漁法である。

　オセアニアでは，カツオは竿ではなく，カヌーから糸を流して釣る方式をとるが，軸には真珠母貝が使われる。このような軸は海のなかで輝き，カツオはそれを餌の小魚だと思って食いつく。つまり擬餌針（ルアー）である。針の部分には真珠母貝以外に，島によっては鼈甲あるいは動物の骨なども使われる。カエシはないのが普通である。

　オセアニアの島々ではカツオ漁は単に食料を得るためだけではなく，男子のイニシエーション，つまり大人になる儀礼として行われることが多い。つまり男性は一人でカツオを釣り上げることで一人前の男として認められるのである。

　カツオの擬餌針はオセアニアで最も広く使われる漁具で，遺跡からの出土も多い。そしてその形態の類似や変化によって島々の間の人の交流や文化の新旧を推し量ることができる。つまり土器がないポリネシアの多くの地域では，日本の考古学における土器が果たす「編年」の指標ともなる。

(4) タコ釣り用擬餌針

タコ釣り用の擬餌針もある。これは，まっすぐな木軸に茶色い宝貝（子安貝）を縛り，下に鈎状の針をつけるものである。宝貝には重りのために平たい石を抱き合わせるようにくくりつける。針はタコの口に引っ掛かるわけではなく，タコがこの擬餌針を餌だと思って抱きついたところを釣り上げるものである。同じような原理のタコ用釣り道具は日本の三陸地方でも使われて「イシャリ」と呼ばれる。ただしイシャリには餌をつける。

ところで，なぜ宝貝の疑似餌にタコが抱きつくのか。この背景に次のような民話がある。あるときネズミが向こう岸に渡ろうと思ってタコに頼んだ。タコはネズミを渡してやったが，ネズミはお礼を言うどころかタコの禿頭を笑った。そのためタコは今でもネズミを恨んで復讐するため狙っている。タコには茶色の宝貝がネズミに見えるので抱きつくのだという。

(5) 凧揚げ漁と蜘蛛の巣漁

この漁は，海上のカヌーから凧を揚げて，その下に吊るした糸に食いついた魚を釣り上げるものである。オセアニアでは一般的に凧や綾取りなど，日本の文化と共通するものが少なくない。オセアニアの凧は，ココヤシやタコノキ（パンダナス）の葉を菱形あるいはイカのような形に整え，その下に長い紐をつなげ，紐の先が海面下に沈むようにする。インドネシアの一部では紐の途中に餌の魚をつけることもあるようだ。凧が風に舞って紐が上下すると魚が食いつくというものである。

こうした凧の紐の先にはサメの皮が装着される場合もあるが，最もユニークなのはソロモン諸島で使われるクモの糸を利用したものである。紐の先にクモの巣からとった糸を巻き付けておく。すると海面を飛ぶように泳ぐダツ類が突き刺さってくる。ダツは鋭い嘴をもっており，ナイトダイビングなどをすると明かりに突進してきて人間が怪我をすることもある危険な魚である。この漁法ではその性質を利用して，堅いサメの皮やクモの糸に突き刺さって逃げられなくするのである。

⑹　シャコでシャコ釣り

　日本にもシャコエビという種類の甲殻類がいる。正確にはエビではなく，堅いとげのある殻をもつので網に掛かると外すのに難儀する。また，エビのような二股の鋏ではなく，鍵状の鋏をもち，英語では Manthis shrimp，つまりカマキリエビと称される。シャコエビは砂地に穴を掘って餌を狙って生活するが，自分の巣穴への侵入者には全身で攻撃をする。太平洋にはその性質を利用した漁法がある。採ってきたシャコエビの鋏を棒の先にくくりつけて巣穴に差し込むのである。すると巣穴にいるシャコエビが巣を守るために鋏で攻撃してくるのだ。棒を引き上げるとそのまま巣穴にいたシャコエビが釣られてくる。筆者はソロモン諸島のマライタ島ランガランガでその仕掛けを作ってもらったことがある。

⑺　サメ招き

　ニューギニア島の東に浮かぶ島々からポリネシアのサモアにかけて，サメ招き漁（シャーク・コーリング）が行われている。これは，ココヤシの殻を半分に切って穴を開け，籐の棒に数個通したものを，カヌーから降ろして海水面で上下させ，ガラガラ音を立ててサメをおびき寄せる漁である。サメは，餌の魚が海鳥に食べられそうになって騒いでいる音だと思って水底から浮上してくるのだという。多くの島ではガラガラと釣り針を併用して，釣り上げたサメを叩き殺して仕留めるが，ビスマルク諸島のニューアイルランド島では，最も原型的な形で行われている。

　漁師は片手でガラガラを上下させ，サメが浮上してくるかどうか，カヌーの前後を注意深く観察する。サメが寄ってきたらガラガラを置き，先に餌の魚をくくりつけた棒を海面に入れてカヌーの横にサメを呼び寄せる。一方の手では籐で作った大きな輪縄を持っている。捕らえたサメが潜らないように輪縄には羽状の浮きがついている。そして餌のついた棒を操って輪縄にサメをおびき寄せ，その頭が通った瞬間，輪縄を力いっぱい絞ってサメの首を締める。そして餌棒を棍棒に持ち替えてサメの頭を叩いて仕留めるのである。サメを捕らえると法螺貝を吹いて村の人々に獲物を捕らえたことを知らせる。村人はすぐに炉

を準備してごちそうを待つ。

　島中央南岸にあるコントゥー村ではこの漁が著名な映像作品として記録されている。筆者もこの村で調査を行って漁を目撃したことがある。対象となるサメはイタチザメである。人を食べることで有名なホオジロザメほど大きくはないが，間違うと指や腕を食いちぎられる危険性がある。

　この村は母系制であり，生まれると人は母方の氏族に属することになる。そして海のサメは死んだ祖先であり，それぞれ氏族に属している。サメは自分と同じ氏族の子孫のカヌーに寄ってくるのだが，漁師が自分と異なった氏族のサメを捕まえようとすると事故が起こるとされる。

　村には男衆小屋（現地のピジン語でハウスボーイ）が立っており，男たちはサメ漁に出る前はこの小屋で身を清める必要がある。小屋のある空間は元来，男子のみ入ることができた。中には祭壇があり，サンゴ石で作られたサメの像とミニチュアの浮き付き輪縄，棍棒などが供えてあり，ここで漁の成功を祈るのであった。

⑻　棘ウケ漁

　筌は日本はもちろんや世界中にあるが，ここで紹介するのは棘ウケという漁具である。まず鋭いトゲのついた籐の枝を切ってくる。それを20cmくらいにそろえ一端を束ね，入口にリング状の軸を入れ，円錐形にする。そして根本に木で作った浮きを紐でくくりつけ，中に餌を入れて川や海などに流すのである。餌を食べに魚が頭を突っ込むと棘に引っ掛かって抜けられなくなる。「頭隠して尻隠さず」状態である。漁師はこのような棘ウケを船から一度に何個か流して待ち，浮きが上下したら魚が掛かったことを知り，捕らえるのである。

　この漁具は文献によるとラオスなど東南アジア大陸部からインドネシア，そしてニューギニア島東方のビスマルク諸島（海工房 2004）と特有の分布を示す。人類の最初のオセアニアへの移住に伴う古い漁法ではないかと推測される。

⑼　石干見漁

　この漁法は，遠浅の砂浜の上に石を円形に並べて石垣を作っておく漁法である。潮が満ちると石垣は海面下になり，その中に魚が入ってくる。潮が引くと

石垣が海面に現れて中に入った魚は逃げられなくなる。それを捕まえる漁法である（田和 2007）。

　石垣の形は千差万別で，魚が入りやすく逃げにくいようにハート型の真ん中に魚を導く通路を作る場合もある。筆者がソロモン諸島で見た（正確には，使われなくなったものを修復し実践してもらった）石干見は，陸側にロート状の逃げ口を作り，魚を捕まえるときは石干見の中に石を投げて逃げ口の方に追い込み，逃げ口には網を張って魚を待つ，というものであった。

　海洋民族学の先駆者，西村朝日太郎はこれを「石器時代の漁法」と呼んだ（西村 1977）。石干見は魚垣とも呼ばれ，日本の五島列島，琉球列島，台湾から東南アジア，そしてオセアニアへと広く分布し，時代は特定できないものの，西村のいうように，古くから存在する漁法のようである。ポリネシアのハワイではこのような構造物が罠というより養殖池（fish pond）として新たな意味をもっていた。それは首長階層が魚類資源を確保しておくための養殖施設として利用された。

3　交易の場としての海

(1)　交易の始まりとその意義

　第1章「考古」で，オセアニアに進出した人々の祖先はラピタ土器をもつ人々であったということを学んだ（第1章2節参照）。彼らは数百 km 以上離れた島との間で黒曜石や貝あるいは土器などをやりとりしていたことが知られている。彼らの一部が東に進み，ポリネシアに到達した。ポリネシアでは島と島との間が数千 km 離れていることは珍しくないので，各島に散っていったあとは，比較的孤立して生活を営んでいたと考えられていた。

　しかし最近，遺跡から出土する石材の産地同定の研究が進み，ポリネシアの島々への居住が始まった西暦10世紀から14世紀頃は，海を越えて盛んに石材がやりとりされていたことが分かってきた。たとえばサモア産の玄武岩（basalt）がクック諸島やカロリン諸島へ，あるいはハワイ産の玄武岩がマルケサス諸島まで，1000km 以上も渡って運ばれていたようだ。

　さて，ここで改めて交易とは何であろうか。交易と対比されるのが交換であ

り，それと対比して考えるとよい。たくさん魚がとれたとき村のなかで互いにおすそ分けするとか，ごちそうのブタを解体したので村の皆に振る舞う，などが交換である。メラネシアのトロブリアンド諸島では，ヤムイモがたくさんとれたとき，妻の兄に贈るという決まりがある。この社会は母系制であるので，子どもは母方に属し，子どもからみると，母方の叔父が父親のような役割をもつことになる。だから夫はつねに妻の兄に一目おくのである。逆に，妻の兄は妹夫婦を様々な形で援助するのである。

　このような村のなかの者同士，あるいは親戚同士，つまり知った者同士の間のモノのやりとりが交換である。一方，普段は会わない者同士，場合によっては他の部族，さらに言葉の通じない相手と互いの産物をやりとりすることが交易である。ただしこのような活動は一度きりでは交易にならない。つまり同じ相手とのやりとりがしきたりとして成り立たないと交易とはいえない。そのためには互いの信頼関係も必要である。たとえば異なったモノとモノとの交換レートが決まっている必要がある（ズルは許されない）。また交易は通常，山を越えたり，海を越えたりするので，そのためのルートの開拓と交通・運搬手段の発達も必要である。大量に重いものを運ぶには船が一番であったことが推測されるだろう。

　このような交易はメラネシアに多く，ポリネシアではあまり発達していない（後藤 2001）。人類学者マーシャル・サーリンズは，交易は平等な関係をもつ集団間で発達した，そして交易の基準として貝貨などの原始貨幣が発達したという（サーリンズ 2012）。一方，ポリネシアの首長制社会では身分差が固定されているので，モノのやりとりは交易というよりも貢納，あるいは首長階層による再分配という性格を帯びると指摘した。

(2)　クラ交易

　パプアニューギニア東方の海上，マッシム（Massim）地方に交易網クラ（*kula*）という人類学的にはきわめて有名な交易システムがある。クラはトロブリアンド，アムフレット，ダントルカスター諸島（ドブー語圏），トゥベトゥベやミシマ，ウッドラーク諸島などの広範囲にわたる慣習や言語の異なる部族社会を環とし，その圏内を時計回りに赤色の貝ビーズ首飾りソウラヴァ，逆方

向に白色の貝製腕輪ムワリの二種類の装身具が贈り物として，リレーのバトンのように回り続けることを特徴とする。装身具は身を飾るというよりも一種の財物であり，また贈り物には石斧の刃などの貴重品も加わる。これらは，長期間個人がもつ場合もあるが，基本的には1～2年以上は保有せず，次の相手に贈らねばならない。

　クラを最初に研究したマリノフスキは名著『西太平洋の遠洋航海者』（マリノフスキ 2010）のなかで，クラの財宝を優勝カップに例えている。もっている間はとても名誉なことであるが，いつかは手放さないといけないからである。ただし優勝カップや優勝旗は「連覇」すれば同じ集団が保持できるので少し違うわけであるが。

　さて，この地域ではモノを所有する者は他の人にそれを分配し共有することが期待されており，立派な贈物を早く与えることで富者あるいは有力者としての名声を得る。クラは男が行い，その社会的地位により相手の数は2人から100人以上と大きな差があるが，一度クラの仲間となるとその関係は終生続く。

　財宝はこちらから贈り物などを持って取りにいくのであり，先方が持ってくるのではない。だから逆に次回は，それに対応する財宝を求めて先方がやってくるのである。またこの際の贈り物はクラの財宝以外のもので，腕輪と首飾りは原則として比べて交換されるものではない。

　残念ながら日本語の訳書は原著の抄訳で，クラの財宝作りや土器作りなど，物質文化の記述をほとんど省略している。我々はクラとは「非実用品」の儀礼的交換であるとの印象をもつ。しかし貝製品の儀礼的交換の背景には，数々の実用的な物品，食料，土器，木器などの交易があったことが詳しく書かれているので，ぜひ英語の原著に挑戦してほしい（後藤 2002）。

　クラ交換の航海に出るためにはマサワ（*masawa*）という特別なカヌーが使われる。このカヌーは，普段は使われず大事にとっておかれる。そして数年に一度のクラの大航海のときに化粧直しが行われ，人々の威信をかけて海に漕ぎ出される。この波除けと舳先板は彫刻が施され赤と白で鮮やかに飾られる。このように飾られた舳先で交易相手の村の浜に乗り上げると，相手はその美しさに魅了され，保持していたクラの財宝を気前よく渡してくれるというのだ。また乗組員の男たちも髭を剃り，顔に化粧をして自分の魅力をアピールする。こ

うしたことから交易は単なる産物のやりとりではなく，社会的な行為，コミュニケーションであることが分かるのである。

(3) ヴィシアズ交易網

　ヴィシアズ交易網とは，ニューギニア島とその東にあるニューブリテン島の間の交易網である。この活動は海峡の真ん中に浮かぶシアシ諸島の人々が中心となっている交易システムである。シアシをはじめ離島の集団の多くはオーストロネシア系言語を話すが，ニューギニア島の海岸から内陸にかけては圧倒的に別系統のパプア語系言語が分布する。言語が通じない集団間の場合，いわゆる「沈黙交易」によって物々交換がなされる場合もあった。

　沈黙交易とは言葉を使わない交易活動である。これが行われる場所と時は決まっていて，両者がその場所にそれぞれの産物をもちよる。まず一方が真ん中に産物，たとえば山でとれるイモを置いて，席を外す。するともう一方が来て，それを見て，満足すればそれを受け取り，自分たちの産物，たとえば魚を置いて席を外す。最初の集団が来て，それに満足すれば，交易は成立する。このような交易が成立するためには，言葉は通じなくても，互いに信頼関係がないといけないことは分かるであろう。「席を外す」というのは立ち去るのではなく，互いに相手の良心を確認するためである。

　私はソロモン諸島で海の民と山の民が決まった場所で産物を交換する場面を観察したことがある。彼らの間では今は言葉は通じるので沈黙交易ではないが，決まった日に決まった場所で女たちが産物をやりとりするのを見たことがある。男たちはそれを周りで見守るのがしきたりである。これは争いが起こらない仕組みなのであろうか。

　ヴィシアズ交易網では東のニューブリテン島からも産物が来る。この島は九州と同じくらいの大きな島なので産物が多様だが，最も珍重されるのは黒曜石や貝ビーズである。ガラス質の黒曜石は日本でも広く交易の対象となる石材であるが，この付近では入れ墨を入れたり髭をそったりする刃として使われたようだが，威信財としても扱われた可能性がある。また貝ビーズは装飾品としてだけではなく，しばしば婚資（結納）としても欠かせないものである（後藤2004）。一方，ニューギニア本土から来るもので貴重なのは土器である。

さて交易を牛耳るシアシは小さな島で，生産力もたいして大きくない。しかし彼らはこの海峡で最も力をもっていた。たとえば彼らに頼らないと妻をもらうのに必要な貝ビーズが手に入らないからである。以下，シアシ諸島民が行う交易の技をみてみよう。まず彼らは付近からココヤシを手に入れるところから始める。そしてそれをもってニューギニア（NG）のシオ地方とニューブリテン島（NB 島）を往復する。

ココヤシ 6 ～12個 ⟶ 土器 3 個 ⟶ 黒曜石 1 塊 ⟶ 土器10個 ⟶ ブタ 1 頭
　シアシ　　　　　　 NG　　　　　 NB 島　　　　　 NG　　　　　 NB 島

　すなわちシアシ諸島民はココヤシ数個を 3 個のシオ式土器に換え，それをニューブリテン島で黒曜石 1 塊と交換する。さらにそれを再びシオにもっていって土器10個に換えて，再びニューブリテン島にもってきて今度はブタ一頭と交換するのである。この地方では珍しくないココヤシ数個がシアシ島民の手にかかると，あーら不思議，いつの間にかブタ一頭になるのだ！（サーリンズ 2012）

⑷　王権や支配のための海上交易

　これ以外の独特の交易網としては，メラネシアのフィジーとポリネシアのトンガおよびサモアの間で行われた習慣が挙げられる。これは必要物資のやりとりというより，王族同士の交易といった側面が強い。とくにトンガ王国には首長制が発達し，社会の頂点に立つ王が今日まで存在する。トンガ王族の女性はフィジーの位の高い男性と結婚するが，その婚資としてフィジー製の土器がトンガにもたらされた。それ以外のフィジーの産物もトンガに来たが，一方，トンガの男性はサモアの位の高い女性を妻とした。そのためトンガからはフィジー産の土器を含めて，サモアへ婚資を送った。逆にそのお返しとしてサモアから精巧なゴザがトンガに送られ，それがまたフィジーへ運ばれた。他島からもたらされた貴重品は島内では王族から配下のものへと与えられた。
　ミクロネシア・カロリン諸島では貢納システムがあった。諸島の西端にあるヤップ島は現在に至るまで首長のいる島として権威をもっているが，ヤップか

ら東に連なる中央カロリン諸島の島々から，定期的にヤップ島へ産物がもたらされた。逆にヤップからはウコンの粉や土器などが持ち帰られた。ウコンは島々で成人儀礼や航海士の儀礼に欠かせない貴重なものなのである。またカロリン諸島のサンゴ島では日常的にも人的交流や産物の交易がある。それらは台風の被害などが起こったとき，互いにカヌーで行き来できることが生存ラインとして機能しているのだ。

　さてフィジー・トンガ・サモアあるいはカロリン諸島はオセアニアで最も航海術が長く残った地域である。中央カロリン諸島はその技術が今でも使われ，ハワイのホクレア号など1970年代から始まるカヌールネサンス（文化再生運動）の原動力ともなった。航海術が長く残された背景には，このような交易活動があったのである。

4　航　　海

(1)　海を越えた謎

　オセアニアでは，漁撈活動や移動そして交易や戦闘に使われる乗り物はカヌーであった。カヌーの定義は諸説あり，通常，丸太を割り貫いた小型の舟であるが，外洋に出るために舷側が足される場合もある。さらにオセアニアのカヌーにおいて最も特徴的なのはアウトリガーである。これは丸木舟に浮き木を自転車の補助輪のように平行に備え付けるものである。オセアニアではアウトリガーは片側（シングル・アウトリガー型式），東南アジアでは両側（ダブル・アウトリガー型式）である場合が多い。さらにポリネシアやメラネシアの一部ではアウトリガーではなく，丸木舟を二本（あるいはそれ以上）ならべて双胴式にしたダブルカヌーが発達する。ダブルカヌーは双胴の上に甲板を作り，小屋を設けることも可能なので，ポリネシアの長距離の移動に使われたのではないかと考えられる。

　さてオセアニア研究において最大の謎は，なぜ人類は前人未踏の太平洋の小島に渡っていったかである。それは，島々では資源が限られ，けっして豊かな環境とはいえないからである。さらにポリネシアでは2000km以上離れた島にも人類は渡っている。島が見えるから行ってみよう，というのではなく，見え

ないはずの島にも確かに人類は渡り，生活を築いてきた（後藤 2003）。

　ここで，なぜ島が見えない水平線の先に島があると思ったのか。渡り鳥が来る方向あるいは飛んでいく方向には陸があるだろうという推測は経験上できたかもしれない。またハワイ島のように火山のある島なら，ときおり噴煙が上がるので島の存在を知ったのかもしれない。島の上には海上とは違った雲が立つので，それも推測の根拠になったであろう。

　神話では，最初に英雄が新境地を目指して船出し，誰もいない島を発見したので故郷に戻り，改めて大きなカヌー，とくに甲板の上に小屋が作れるダブルカヌーを新造して，家族を連れて移住して新しい生活を始めたと語られる。実際に最初の発見は偶然あるいは冒険的であったかもしれないが，ポリネシア人たちはアジア起源作物（タロイモ，ヤムイモ，バナナなど）や家畜（ブタ，イヌ，ニワトリ）を連れて移住しているので，本格的な移住は計画的に行われたであろう。

(2)　海を越える技と知恵

　では彼らはそのように航海する方向，あるいは故郷に戻る方法をもっていたのであろうか。海の上で今自分がいる位置や方角を推測するには自然のサインを読む必要がある。島の存在は，島の上にかかる雲の形，また白い雲に反映するサンゴ礁の色などから知ることができる。また島が近くなると匂いがする，あるいは海の塩の味が変わるとミクロネシアの航海士から聞いたことがある。

　さらに恒常的なうねり（＝ swell，波＝ wave ではない）や，定まった季節に吹いてくる風の向きも参考になる。計器を使わないで航海の実験をした，カヌー研究家で冒険家のデヴィッド・ルイスは，目をつぶって顔に当たる風を感じ，両頬に当たる風の違いでどの方向から風が来ているかを知ったと語る。また海域によってうねりは複数方向から来て複雑なパターンをとるが，ミクロネシアの航海士はカヌーの揺れを通して海のうねりを体で感じるという。

　また，鳥は種類によってテリトリーの範囲が異なるので，その飛来によって何 km 以内に島があるかが推測できる。多くの海鳥は陸の上に巣があるので，朝なら飛んでくる方向，夕方なら飛んでいく方向に島があることを知るのである。また特定の海域では漂流物，あるいは季節によっては特有の動物を見るこ

とで，どの海域にいるか推測できる。

　さらに太陽が昇ったり沈んだりする位置が方位を知る目印になる。ただし太陽は季節によってその出没位置が移動する。たとえば，いわゆる春分・秋分あたりでは，太陽は真東から昇り真西に沈む。月や明るい金星も使われたが，これらも異なった周期で出没位置を変えるので，天体運行についての複雑な理解が必要である。

　そして何より重要だったのは夜の星座の観察であった。まず北半球であれば，北に動かない北極星がある。南半球では北極星は見えないが，南十字座などが参照される。南十字座は他の星と同じように昇っては沈み，その位置を変えるが，十字の長軸の先が南を向きながらメトロノームのように動くので，南の目印になる。そして子午線（天の南北線）を越えるときに十字はほぼ直立する。それ以外に，西北西から昇り，西南西に沈むプレアデス，ほぼ東西を動くアルタイルやオリオンの三ツ星，南東から昇り，南西に沈むアンタレス（さそり座の主星）などが最もよく参照される天体である。ポリネシアではこれらの星が昇り，あるいは沈む地点を「穴」という名称で表現していた。

　ただし星は出現直後ないし没入直前，仰角10度くらいまでしか使えない。高く昇ると方位の目印とはならない。ある季節のある時刻にこれらの星が見えるとは限らない。曇っている場合もある。星は1時間に15度も動くので，一晩で少なくとも10個の星を参照する必要がある。そのため航海士はこれらの星と同じ軌道を通る一連の星を覚える必要がある。それらは必ずしも明るい星（等級の高い星）とは限らないが，一連の星が通る軌道をポリネシア語で「道」あるいは星をつなぐ「紐」と呼んで記憶していた。

　ミクロネシア南端キリバスのアロラエ島の西岬には「航海石」という石が置かれている。この石はいろいろな方角を向いているが，航海士が目指す島の方位に昇り，あるいは沈む星座を覚えるための教育施設であったと考えられる。

　また天頂星という概念もあった。天文学的には星にはそれぞれ天空の位置を示す赤緯・赤経という属性がある。赤緯は星の南北の位置，したがって方位と関係する。赤経は東西，したがって昇ってくる順序や季節と関係する。ここで赤緯に関して詳しく考える。まず赤緯の近い天体は軌道が近いので，一連の「紐」を形成することになる。また，自分のいる位置の緯度と同じ数値の赤緯

をもつ天体が天頂を通るという関係になる。もし北極点（北緯90度）にいるなら赤緯90度の北極星は真上になる。北緯20度付近のハワイだと赤緯20度の牛飼い座のアルクトゥルス，南緯20度付近のフィジー付近だと赤緯マイナス20度（南の20度）のおおいぬ座のシリウスが天頂星となる。航海士は自分の目指す星を毎夜眺め，しだいにそれが高くなるのを観察する。もし直上に来たら目指す島と同じ緯度にあると知り，あとはその高さを保って東か西かのどちらかに進めばよい（後藤 2003）。

(3)　実験航海からの知見

　ポリネシアの島と島との間を渡る長い航海は，これまでに重ねられてきた航海実験の実績から，1ヵ月が限度であったと考えられる。航海に際しては多くの食料が積まれたであろう。調理したタロイモ，パンノミ，バナナ，そしておそらくヤムイモやサツマイモ。さらに，それらを食べ尽くしたときのために，発酵したパンノミ，葉に包んだタロイモのペースト，鳥の卵，乾燥した魚やサツマイモ，両端をパンノミの樹液で封鎖したサトウキビの茎などであろう。

　水分はココヤシの汁を飲むことで補充されたであろう。大型カヌーに20人乗ったとして，若いココヤシだと一個あたり300〜600ml の水分があるので，12個あれば10日はもったであろう。しかし1ヵ月生き延びるためには半トンもの積載量となる。もしココヤシだけでそれをまかなうとすると600個も必要となる。

　しかし航海中，最も厳しい条件は，むしろ寒さである。熱帯の海で凍え死ぬなど想像できるだろうか。ハワイの復元古代カヌーホクレア号の実験でも，ニュージーランド近くのケラマディック諸島では乗組員は寒さに悩まされた。シミュレーションによると，海上では風が15ノットになったり雨が続いたりすると体温が失われる。体温が32度以下になると死ぬ危険性が高まる。それを防ぐためには震えて体温を上げる必要があるが，これこそがポリネシア人の大きくて筋肉質の身体を説明しており，北方イヌイットとの体型の類似性もそれで説明される。今日では，このような体型とおそらく航海中に効率よく栄養を摂ることができる体質が災いし，食生活の変化によって肥満や第二種糖尿病などの成人病が増えているという皮肉な結果となっている。

参考文献

秋道智彌　1976「漁撈活動と魚の生態——ソロモン諸島マライタ島の事例」『季刊人類
　　　学』7（2）：76-128。

──　1995『海洋民族学』東京大学出版会。

──　2016『サンゴ礁に生きる海人——琉球の海の生態民族誌』榕樹書房。

海工房　2004『バハリ・シリーズ No.01「パプアニューギニア・ニューアイルランド島
　　　から」』（DVD）。

大林太良　1996『海の道・海の民』小学館。

後藤明　2000『「モノいう魚」たち——鰻・蛇の南島神話』小学館。

──　2001『民族考古学』勉誠出版。

──　2002「クラ交換の舞台裏——その物質文化的側面」『物質文化』73：1-16。

──　2003『海を渡ったモンゴロイド』講談社。

──　2004「黒曜石の旅——民族誌に見るビスマルク諸島・ニューブリテン島産黒曜
　　　石の交易」『東南アジア考古学』24：1-18。

サーリンズ，M　2012『石器時代の経済学』山内昶訳，法政大学出版局。

田和正孝　2007『石干見——最古の漁法』法政大学出版局。

西村朝日太郎　1977『海洋民族学』日本放送出版協会。

マリノフスキ，B　2010『西太平洋の遠洋航海者』増田義郎訳，講談社学術文庫。

Anell, B. 1955. *Contribution to the History of Fishing in the Southern Seas.* Studia
　　　Ethnographica Upsaliensia.

●読書案内●

『海を渡ったモンゴロイド——太平洋と日本への道』後藤明，講談社，2003年
　　　アジア大陸を出て，メラネシアからポリネシアやミクロネシアのリモート・
　　　オセアニアに進出した過程を，考古学，言語学，遺伝学，神話学などの成
　　　果を俯瞰し，カヌー技術や航海術などを介して総合的に論じた著作。

『楽園考古学』篠遠喜彦・荒俣宏，平凡社，1994年
　　　ハワイで活躍した考古学者篠遠喜彦の，遺跡の大発見に満ちた冒険的研究
　　　人生と，彼が先鞭をつけたポリネシアの釣り針研究の系譜の魅力を，作家
　　　の荒俣宏が伝える対談である。

『海洋民族学——海のナチュラリストたち』秋道智彌，東京大学出版会，1995年
　　　南太平洋を中心に海で暮らす人々の漁撈技術や様々な民族集団が関わる交
　　　易（エスノネットワーク）を論じた著作。南の海で漁撈活動や生業活動を研
　　　究しようとする人がまず読むべき教科書となるであろう。

天　文
海のナヴィゲーション，天文学，暦

後　藤　　明

　太平洋の多くの低い島では空を遮るものがないので，ドーム状の星空を眺め，それを横切る天の川や降るような星を見ていた。オセアニアでは天の川を夜の雲と考えていた人たちがいたが，天の川がどのように空を横切るかで，季節風の変化を対応させる考え方もあった。

　「日」や「月」という表現が天体を意味する語彙であるのと同様，オセアニアの人々の暦も天体の観察に基づいていた。まず「日」は月齢の観察に基づき，しばしば一日の始まりは夜であった。ハワイでは新月から始まる一月の間，月が尖っている期間（三日月），全体が見える時期，満月前後，月が細る時期など月齢を区分する概念があり，それぞれの時期に対応する神に対して儀礼が行われた。このような太陰暦は太陽暦との間にズレが生じるので，閏月によってその調整が行われた。また月齢は潮汐とも関係するので重要であった。

　また，一年の季節の区分には太陽の出没位置なども使われたが，最も信頼できる指標は星座であった。一番使われたのがプレアデスであった。オセアニアの島々に人々が渡った時代と今では地球の歳差運動の結果，時期や方位がずれている。しかし時間をもどしてみると彼らの暦の原型にはプレアデスが見え始める時期と重要な作物であるヤムイモの植え付けや収穫の時期が一致していた可能性がある。またプレアデスとほぼ逆の動きをするさそり座の主星アンタレスが対照され，これら二つの星（星座）が一年を区切る指標として広く使われていた。これらの星座の動きが雨季と乾季，季節風の変化，さらにパロロと呼ばれる食用のゴカイの出現などの自然現象と重なって，カレンダーが作られていた。

　オセアニアの赤道に近い島々では，天体が垂直に近い角度で昇り降りする地点を方位の目印にした航海術が発達した。また北半球では北極星の高さ（仰角）が観察地点の緯度とほぼ同じことから，その高さを保って東西に移動する緯度航法，あるいは目標地の天頂を通る星の南中時の高さによって緯度上の距離を測る航法などが取られた。

　参考文献　後藤明　2013『天文の考古学』同成社。

第 5 章

言　　語

在来言語とピジン語・クレオール語

岡村　徹

ゴトミ小学校で学ぶ生徒たち（2015年，パプアニューギニア・ゴロカにて筆者撮影）

　パプアニューギニアのゴロカ近郊には，フィマ村と呼ばれる小さな村がある。この村では，ピジン英語が「かっこいい言葉」として映り，在来言語であるヤガリア語は「お年寄りが使う言葉」として捉えられている。このピジン英語には，トク・ピシンという正式な名称がつけられており，文化的にも社会的にも十分機能するほど勢いがある。

1 オセアニアの言語的多様性

(1) 在来言語の世界

オセアニアには世界の言語の4分の1があるといわれるほど言語が密集している。一般にオセアニアには，オーストロネシア語族と呼ばれる，系統的に何らかの親縁関係にある言語集団が存在する。平たくいえば，言葉の家族のようなものである。

この語族は大変広範囲にわたっており，西はアフリカ南東部のマダガスカル島から東はイースター島まで，さらに北はハワイ諸島から南はニュージーランドにまで至っている。ただし，ニューギニア内陸部のパプア諸語およびオーストラリア先住民諸語はこの語族に含まれない。これらの地域は人類の到達から万年という単位が経過しているため，まだ言語の系統関係がオーストロネシア語族ほどよく分かっていない。

(2) 接触言語の世界

このオセアニアの世界に19世紀，欧米からの進出があり，オセアニアの分割競争が始まった。英国はニューギニア南部，フィジー諸島，ソロモン諸島など，ドイツはナウル島やニューギニア北東部など，スペインはグアム島など，オランダはニューギニア島西部など，そして少し遅れてアメリカもサモア諸島に触手を伸ばした。当然，人の移動を伴い，在来の言語も影響を受けた。人の移動によって，ヨーロッパ系の言語と在来の言語が混交し，新たに言語が誕生することになった。

一方で，危機に瀕した言語もあり，今日その言語の維持のための様々な工夫が施されている地域もある。このように，消滅する言語もあれば，新たに誕生する言語もある。新たに誕生した言語としては，パプアニューギニアで話されているトク・ピシンがある。この言語はピジンとも呼ばれる。異なる言語を話す人々が接触し，意志の疎通を可能なものにする力が双方で働くと，簡略化された共通語が生じるが，これをピジンという。そして，このピジンが，ある社会集団の母語となるとき，そのピジンはクレオールと呼ばれる。

⑶ 言語に対する態度

　いずれにしても，オセアニア世界は欧米が進出する以前の状態に戻ることはできない。伝統回帰という発想は困難であると考える。そのようななかで，いかにして，太平洋諸島民としてのアイデンティティを確立していくかが今日問われている。たとえば，ミクロネシア地域の高齢世代のなかには，孫の前で自分の日本語能力を誇示するといった場面もみられる。本章ではこのような，言語を通して，人々がどのようにアイデンティティを確立するかということに焦点をあてて考えたい。

　オセアニア世界が言語学的に非常に雑多な世界であることが分かったところで，次に，言語と社会の関係性や言語の変化の諸問題を通して，オセアニアの言語的世界をさらに深く掘り下げていく。

2　言語と社会の関係性

⑴　ナウル共和国のナウル語とピジン英語の関係

　ここではまず，南太平洋の小国ナウルで話されているナウル語およびピジン英語の例を紹介する。ナウル共和国といっても，一般にはあまり知られていない。赤道直下の，わずか面積21km²の島だが，日本とのつながりは決して小さくはない。まず，第二次世界大戦下，旧国策会社の一つ，南洋拓殖株式会社がこの島で燐鉱資源の開発に着手した歴史がある。日本は，農業用の化学肥料として純度の高い燐鉱石を欲しがった。もう一つ忘れてはならない不幸な歴史がある。それは，戦時中この島を守備していた日本海軍第67警備隊が，食料問題を解決するために，島民の3分の2に相当する人々をトラック（現チューク）諸島に移送した事実である。戦後無事にナウル島に帰還できた者もいたが，多くの島民が命を落とした。さらに戦時中，39名のハンセン病患者が療養所にいたが，日本兵の衛生状態を保つ目的で，彼らを海上で虐殺した暗い歴史がある。

　ここで紹介するピジン英語はかつて中国沿岸で話されていたが，それはいくつかの言語学の書籍ではすでに消滅したと報告されている。もともと英国人と上海の商人とが交易上必要とした言語であった。しかし，オーストラリアの

ニューイングランド大学のJ・シーゲル博士が1990年代にこの言語がナウル共和国で話されていることを報告した（Siegel 1990）。その後筆者も，現地に何度か入り，ピジン英語の資料を収集した（Okamura 2020）。何とそのピジン英語は，その姿形を変えながらもナウル共和国で今日でも社会的に機能しているのである。たとえば島内にはいくつか中華レストランがあるが，そこでナウル人と中国人がこのピジン英語を使って食事のメニューを注文する。

　いくつか例文を紹介したい。

(1) big (fela)　kumo
　　大きい　　　豚　　　　　　　　　　　　　　　「大きい豚」

(1a) ikumo　　　ouwak
　　豚　　　　　大きい　　　　　　　　　　　　「大きい豚」

(1b) ouwak　　kor　　bita　ikumo
　　大きい　　とても　冠詞　豚　　　　　　　　「大きい豚」

(2) Mi　　　gat　　tu　　piecee　gadudu
　　私　　　もつ　　2　　量子　　子ども　「私には子どもが2人います」

　例文(1)はピジン英語と呼ばれる。*fela* は形容詞を表す接尾辞であるが，あまり生産的ではない。*kumo* はナウル語で「豚」を意味する。ナウル語で「大きい豚」は二通りの語順が可能である。それぞれ，例文(1a)と(1b)である。じつは多くのオーストロネシア諸語でも，被修飾語＋修飾語，修飾語＋被修飾語の語順が可能である。ナウル語の場合，上記(1b)には，冠詞 *bita* や 強調 *kor* が含まれているが，(1a)には含まれていない。したがって，(1a)の方が無標の，つまり，より基本的な語順といえる。

　次に例文(2)だが，どのような構造を成しているか。文中にある，*tu piecee gadudu* を見ていただきたい。その部分は「数詞＋量詞＋名詞」の構造を成しており，これは中国語の語順と同じである。なかでも *piecee* はかつて中国沿岸で英国人との交易の際，実際に使われていたものであり，それがオセアニア地域では唯一，ここナウル共和国で使用されていることが確認された。*gadudu* は現地ナウル語で「子ども」を意味する。ナウル共和国で話されてい

るピジン英語の全体的な語順の類型については，中国語の語順に近いといえる。歴史的・社会的な成立の背景としては，20世紀初頭に中国および香港から３年契約で毎年ナウル島に燐鉱石採掘労働者として来島した中国人の存在が挙げられる。燐鉱石は農業用の化学肥料として大変貴重なものだが，ナウル島の燐鉱石は純度も高く，当時，英国，オーストラリア，ニュージーランド，日本などが必要とした。

　オセアニア地域を研究対象とした言語学の研究は多岐にわたるが，とりわけ言語の消滅および保持の研究は有意義なものと考える。この地域は多様な言語的世界を形成している。これらの地域では，多くの在来言語が危機に瀕している。その一方で新たに誕生する言語もある。これらの言語が危機に瀕する要因を考察することは重要である。同時にそれは地球規模的な課題であり，早急にその解決のためのモデルを構築する必要がある。そのためにはまず，オセアニア地域における言語の衰退に関するメカニズムを解明し，世界の他の地域で話されている危機言語の保持にも貢献する考え方かどうか検討する必要がある。

　多様性の消失は文化の消失であるといえるが，これは言語だけの問題ではない。上記のピジン英語を話す，ナウル島の中国人には，社会のなかで様々な制限があった。たとえば過去には，夜９時から朝５時までの外出禁止，ナウル人との結婚の禁止，住宅所有の禁止など，一定の制限があった。しかし彼らの居住環境は大きく変化せず，その結果，ピジン英語も約１世紀の間，社会的な機能を可能にしている。上記の *piecee* は，ナウル島民とアジア世界に暮らす人々との接触を意味するものであり，かつ，言語学的にもきわめて珍しい知的財産であるといえる。

(2)　オーストラリアにおけるカナカ英語の興亡

　次に，19世紀後半から20世紀前半にかけて，オーストラリアのクイーンズランドのサトウキビ農園で話されていた，カナカ英語を取り上げる。この言語を話す人々はカナカと呼ばれた。カナカとはポリネシアの言語で「動物」を意味する。2000年以降の行政文書では，南太平洋諸島系オーストラリア人（Australian South Sea Islanders）と呼ばれている。彼らはオーストラリアの砂糖産業に多大なる貢献をした。当時農園には，カナカのほかに中国人，インド

人，アボリジニ，そして日本人らがいた。

　日本人全体の63％を，熊本県，和歌山県，広島県出身者が占めた。日本人契約労働者は当時着実に労働をこなし，賃金も高く，今日オーストラリアで改めて日本人の勤勉さが高く評価されている。こうしてみると，多種多様な人々がオーストラリアの建国に関わったことが分かる。

　まず，いくつか例文をみてみよう。

(3)　Yu　bin　long　Bandabaag.
　　　君　過去　〜に　バンダバー　「君はバンダバーに居た」
(4)　wanfala　bigbla　man.
　　　一人の　大きい　男　　　　「一人の大きな男」

　例文(3)の *yu* は英語の *you* に相当する。*bin* は英語の *been* に由来するが，ここでは標準英語の *were* の意味になる。*long* は英語の様々な前置詞に対応するが，ここでは *in* である。*Bandabaag* はクイーンズランド州にある都市名で，かつてここのサトウキビ農園で多くのカナカの人々が働いていた。今日でも多くのカナカ系の人々が暮らしている。

　例文(4)の *bigbla* は *big* のことだが，*-bla* が形容詞を表す接尾辞として，後続の名詞を修飾している。*man* は標準英語の *man* である。

　これはニューヘブリデス諸島（現在のバヌアツ共和国）やソロモン諸島から来た契約労働者と，英語を話す少数のオーストラリア（豪州）人らとの間で使われた言葉であった。労働者は英語が話せず，豪州人も彼らの言葉を理解することができなかった。そこで，初めは簡単な英語の語彙を使ってやりとりをしていた。そのうち，労働者らの母語からも語彙や表現が取り込まれ，カナカ英語は語彙の数を増やし，文法も成熟していった。ところが，1901年の連邦法の成立により，これらの地域から来た労働者は皆，もともといた島に戻らなければならなくなった。ただ，人道的な観点から，豪州人と結婚した人や豪州の州立の学校に子どもを通わせている人は豪州での滞在を許可された。それからあまりはっきりとしたことは分かっていないが，約4000人のカナカ人労働者がクイーンズランド北部に逃走したとされている。

このように政治的な決定によってカナカ英語はどんどん衰退していった。サトウキビ農園という働き場所を失った彼らは，仕事を求めて他の土地に移動していった。これは経済的な要因であると同時に居住環境の変化をも意味する。子どもたちが学校でカナカ英語を使うと馬鹿にされたり，社会生活のうえでも多くの不利益を被ったりした。しかしどんなに社会で排斥されても，言葉はそう簡単には消えてなくならない。この言語はその後1960年代まで，小規模ではあるが豪州で使用された。カナカ英語を話す最後の話者は，トム・ラモン（Tom Lammon）という人物であったが，オーストラリア国立大学のダットン博士が彼の使用するカナカ英語をテープレコーダーに録音し，書籍化した（Dutton 1980）。カナカと呼ばれる人たちは，2000年に至るまで，オーストラリアの人口統計に入っていなかったが，今日国内に約２万人いるとされている。オーストラリアで社会的幸福を得るためには英語を使わざるをえなかったという現実もある。こうして彼らは，サトウキビ農園の契約労働者としてのアイデンティティを失っていき，カナカ英語も消滅してしまった。

　しかし，海を越えてニューヘブリデス諸島に渡ったこのピジン英語は，その後ビスラマ語として文化的・社会的に機能している。クイーンズランドに暮らすカナカの人々も，祖先・祖国とのつながりを維持するために，この言語を学習している。

⑶　ノーフォーク語のポリネシア的要素

　上記のカナカ英語話者とは別に，社会で排斥されたことにより，逆に結束を強めた人々がいる。それは言語の保持にも寄与した。その言語は，オーストラリアの海外保護領の一つであるノーフォーク諸島で話されている。その島はシドニーの北東約1700kmのところにあり，飛行機ならシドニーやブリズベンから約３時間30分で到着する。面積がわずか35km^{2}の島だが，こんな小さな島でも日本との関わりがある。行政の中心であるキングストンには第二次世界大戦で犠牲になった兵士らの慰霊碑が建立されている。日本から訪れる観光客はほとんどいないが，ロータリークラブという組織が日本人とノーフォーク島民の親交を深めている。また，日本人と結婚した島民もいる。

　このノーフォーク島と呼ばれる島ではノーフォーク語と呼ばれる言語が話さ

れている。この島はもともと無人島だったが，19世紀半ばに英国が囚人たちを
この島に移送したのである。そのうちタヒチの南島2160kmのところにあるピ
トケアン島と呼ばれる島から，数家族がノーフォーク島に来島した。これはピ
トケアン島での水不足を解消するために，英国政府の説得に彼らが応じたもの
であった。現在のノーフォーク島には，英国史に残るバウンティー号の反乱と
いう歴史的大事件を引き起こした人たちを祖先にもつ島民が約500人暮らして
いる。当時のエリザベス女王の命を受け，ブライ艦長らがタヒチにあるパンノ
キを南インド諸島に移植する予定であったが，途中フレッチャー・クリスチャ
ンなる船員が自分に賛同する仲間とともに反乱を起こし，かねてから口やかま
しい存在であったブライ艦長らを別のボートに乗船させ，自分たちは逃亡を企
てたのである。そしてタヒチから，当時は無人島であったピトケアン島に逃
げ，そこで英国人とタヒチ人の共同生活が始まった。その島で成立した言語を
話す人々がノーフォーク島にやってきたのである。どんな言語かみてみよう。

⑸a Himii   gwen   naawi.
     私たち   行く   浜辺   「泳ぎに行きましょう」
⑸b Miienhem gwen   naawi.
     私たち   行く   浜辺   「泳ぎに行きましょう」
⑹   Demtu   kamen, anieh?
     彼ら2人   来る   か   「彼ら二人は来ますか」

　例文⑸a の *himii* と⑸b の *miienhem* はどちらも英語の *we* に相当する。前者
は，聞き手を含む *we* なので，包括複数と呼ばれる。後者は，聞き手を含ま
ないので，除外複数と呼ばれる。じつはこの文法装置は，オーストロネシア諸語
では一般的であり，タヒチ語にも備わっている。包括複数の例として *tatou*
（*we*），除外複数の例として *matou*（*we*）がある（Tryon 1970: 30）。*gwen* は英
語の *going to*，*naawi* はタヒチ語の *naue*（高台から海に飛び込む）に由来する。
　例文⑹の *demtu* は英語の *those two*，*kamen* は英語の *coming*，*anieh* はタヒ
チ語の *anei*（付加疑問小詞）に由来する。英語のように形式上，主節が肯定か
否定か，主語の人称や数はどうなっているか，動詞の種類は何かなどに留意す

る必要がない。つまり，付加疑問小詞の種類は一つでよく，付加疑問文の迷路を回避できているわけである。

　この言語は20世紀の前半に，ニューサウスウェルズ州教育省によって，島内にあるパブリックスクールでの使用が禁止されたことがある。違反をすれば数々の罰則が子どもたちを待っていた。当時の校長先生も，何世代か経過すれば，この言語は消滅すると考えていたようである。ところが，子どもたちの親はこの措置に反発し，結束を図ったのである。彼らは「ノーフォーク語を話そう」運動を展開した。その後，何度かオーストラリア政府から政治的・経済的な圧力を受けたが，島民はそのたびに独立運動を展開し，国際世論に訴えかけようとしてきた。

　ノーフォーク島の人口は約2000人だが，島民の３分の１が今日でもこの言葉を話す。この島の経済はバナナや農産物の輸出で成り立っていたが，今日では観光業が島の経済を支えている。すでに他界したが，アリス・バフェット（Alice Buffett）さんのノーフォーク語ツアーは大変人気があった。アリスさんは文法書と辞書がセットになった書籍も出版している（Buffett 1999）。バウンティー号の反乱という，歴史的大事件を観光の目玉にしたわけである。島内にある観光客用の宿泊施設のなかには，フレッチャー・クリスチャン・アパートメント（Fletcher Christian Apartment）があるし，道路の名前として，ジョン・アダムズ・ロード（John Adams Road）がある。電話帳には，クリスチャン（Christian）やアダムズ（Adams）など，バウンティー号の反乱に関わった人物の名前がたくさん見られる。

　英語とノーフォーク語がノーフォーク島で共存できているのも，大陸ではなく，島という環境がそうさせているのかもしれない。人は結束することによって言語を保持できるのである。この言語のなかにタヒチ語というポリネシア的要素が含まれているのは，こうした歴史があるためである。

3　言語の変化

⑴　言語変化の様式

　「言葉は変化する」とよくいわれる。その変化の方向性は二つある。それぞ

れ言語内的変化と言語外的変化である。

　前者はたとえば，音位転換という現象が相当する。これは語中の二つの音が，言い誤りなどが原因となって，その位置を取り換える現象を指す。日本語のなかの有名な例として「茶釜」（チャガマ）があるが，これはもともと「チャマガ」と呼ばれていた。また，フィジー共和国のピジン英語では *ask* が *aks* となって定着している。じつはこの例は世界中で散見される。

　後者の例としては，石川県奥能登の親族呼称が挙げられる。とある地域においては，家格による社会階層区分が明確なところがあり，父や母を表す言葉に多様性がみられた。たとえば「父」を表す言葉として，「オヤッサマ」「パッパ」「チャーチャ」「トッツァマ」などがあった。ところが「昭和23年の農地改革によって地主と小作人の関係が変わり，宮米割り当ても均等割になり，社会階層の変化は言葉の面にも影響を及ぼし」（新田 1991：102），現在ではほぼ「（オ）トーチャン」または「（オ）カーチャン」のように標準語化している。

⑵　パプアニューギニアのトライ語とトク・ピシン

　ここでは言語の変化について，パプアニューギニアのトライ語と呼ばれる在来言語と，トク・ピシンと呼ばれるピジン英語を取り上げたい。パプアニューギニアは鉱物資源や海産資源が豊富なところなので，歴史的に日本との関係は深い。最近では液化天然ガスが輸出されている。むろん第二次世界大戦の激戦地であったこともあり，多くの現地住民や日本人が戦死したところでもある。

　じつはこの言語も，先に取り上げたカナカ英語と同様，クイーンズランドのサトウキビ農園で成立した。カナカ英語は消滅してしまったが，この言語は1901年の連邦法成立以降，ニューギニアに帰還した人たちがその言語の有用性に早くから気づき，広めていった。パプアニューギニアは多言語社会であり，じつに700を超える言語が話されている。したがって，同じニューギニア人であっても言葉が通じないのである。そこで，このトク・ピシンの出番となる。異なる部族間の共通語として急速に広まっていった。今日では，新聞やラジオ，テレビといったマスメディアの世界でも活用されている。街中にある看板や聖書にもトク・ピシンがみられる。文法書や辞書もたくさんあり，世界中の言語学者がこの言語を研究している。いったいどんな言語なのであろうか。

(7)　Mi　　　opim　　dua.

　　　私　　　開ける　　扉　　　　　　　　　　　　　　「私は扉を開けた」

(8a)　Graun　bilong　mi　　i　　　no　　　gutpela.

　　　土地　　の　　　私　　PM　否定　　よい　　　「うちの土地はよくない」

(8b)　Kaugu　pi　　vakir　i　　boina.

　　　私の　　土地　　否定　PM　よい　　　　　　「うちの土地はよくない」

　例文(7)の語順は英語と同じだが，他動詞を表す接尾辞 -im に特徴がある。英語は他動詞を表すのにこのような形態を付加したりはしない。em は英語の him，op は英語の open，dua は英語の door に由来する。このように，英語から多くの単語を借用しているが，その文法性は在来言語の性質に近い。たとえばニューギニアのニューブリテン島にはトライ語と呼ばれる在来言語がある。いわゆる自動詞的な文脈では，Iau iliba 'I will gather' だが，他動詞的な文脈では Iau ilibe ra purpur（I am gathering the flowers）となり，-a が -e と交替していることが分かる（Franklin 1968: 52）。つまり，形態でもって他動性を表しているのである。この言語はトク・ピシンの成立に大きく寄与している。トク・ピシンの語彙の約10%がこの言語に由来する。

　例文(8a)はトク・ピシン，(8b)はトライ語である。(8b)のトライ語は，日本に留学していた，ニューブリテン島のココポ出身のニューギニア人から筆者が採取した用例である。ここで注目してもらいたいのは，例文(8b)における範疇詞 ka- である。これはメラネシアの諸言語では一般的で，後天的に獲得されるものにつけられる。つまり，土地の所有者は変わることがあるので，譲渡可能所有と呼ばれる。一方，生まれたときから備わっている先天的なものには，この範疇詞 ka- はつかない。したがって，譲渡不可能所有と呼ばれる。たとえば「私の父」は tamagu と表現し，ka- がつかない。興味深いのは，「私の妻」の場合，範疇詞 ka- がつくことである。これは将来離婚する可能性があるためである。たとえば This is my wife は Go kaugu taulai. と表現する（Franklin 1968: 28-29）。

　「ゲゲゲの鬼太郎」という漫画を描いた水木しげるは，戦時中，ラバウルにいたことで知られている。ラバウルやココポではこのトライ語が話されてい

る。1990年代にラバウルで火山の噴火があったが，日本からも大量の援助物資が届けられた。

⑶　トク・ピシンの四つの変種

　さて，ここからトク・ピシンの変化について観察してみよう。すでに述べたが，クイーンズランドのサトウキビ農園で成立したピジン英語を，自分たちの村に持ち帰ったニューギニア人はその有用性に気づき，多くの場面でそれを使うようになった。ニューギニアは村落社会を基本とし，その差異を強調することでそれぞれの部族のアイデンティティを確立してきた。それが言葉にも表れ，トク・ピシンには四つの変種が存在する（Mühlhäusler 1975: 59–75）。その四つとは，それぞれトク・マスタ（Tok Masta），奥地型ピジン（Bush Pidgin），田舎型ピジン（Rural Pidgin），都会型ピジン（Urban Pidgin）である。トク・マスタは，首都のポートモレスビーやマダンやラエといった都会で，おもにヨーロッパ系住民によって話されるピジン英語を指す。奥地型ピジンは，英語の知識をもたない，奥深い村で生活している人々が使うピジン英語，そしてその間に，田舎型と都会型がある。山や川といった自然環境も異なるし，都会と村落社会では社会生活そのものが異なっている。もとを辿れば同じクイーンズランドという場所で成立したピジン英語でも，その使われ方および言語特徴がニューギニアで異なってくるのは当然のことであろう。

　一例を示すと，英語の *pilot* は，田舎型ピジンでは *draiwa bilong balus*，都会型ピジンでは *pailot* になる（Mühlhäusler 1975: 73）。そして英語の *string bag* は田舎型ピジンでは *bilum* だが，都会型ピジンでは *strinbek* となる。やはり都会型ピジンの方が英語の語形に近いが，都会では英語の情報に接する機会が多いからであろう。

　パプアニューギニアのマダン市にあるディバイン・ワード大学（Divine Word University）で教鞭をとるアイメ氏は，同じパプアニューギニア人同士でも，田舎型と都会型では意思疎通がうまくいかないことがあると報告している。それは，上に挙げた表現ばかりでなく，綴り字の問題が固定していない点や，メディアが英語色の濃い表現構造を用いるため，若者の間で混乱が生じている点などを指摘している（Aime 2012: 98）。現地紙『ワントク（Wantok）』に

おける文体については，筆者が分析を加えている（岡村 2013：100-133）が，ここでは深入りしない。

　このトク・ピシンだが，若者には大変人気がある。しかし困ったことに，彼らは在来の言語を話す能力が低下している。在来の言語は彼らからしたら年寄りが使う言葉に思えるようである（章扉写真参照）。

4　言語とアイデンティティ

⑴　多様性の消失は文化の消失

　これまで私たちは，オセアニア地域の言語的多様性，言語と社会の関係，言語の変化のありようについて観察してきた。

　冒頭で，オセアニア地域は言語文化的に雑多な世界であることを学んだ。その多様性が，オセアニアに暮らす人々の生活を長い間可能にしてきたと考えられる。

　次に，言語と社会の関係のところでは，人は移動する存在であることを学んだ。20世紀の前半に，中国からナウル島にやってきた人々の話すピジン英語は，その現地語の影響を受けながら，今日でもナウル島でしっかりと社会的に機能している。

　19世紀後半，カナカ英語話者がオーストラリアで経験したことからも，人は移動する存在であること，そして移動することによって新たに誕生する言葉があることを知った。同時に，政治的・経済的な要因，さらには居住環境の変化や学校での差別体験から，カナカ英語離れが進行したという事実についても学んだ。

⑵　オセアニア島嶼民とアイデンティティ

　一方で，たとえ過去の言葉であっても，その記録があれば後世に人類の知的財産を残すことができる。言葉を文化の中核的な産物として捉え，それを必死に守ろうとしている人たちがいることも観察できた。そこから，どの地域・国で話されているピジン語・クレオール語であっても，言葉というのはオセアニアの人々にとってアイデンティティを確立する手段となりうるということを理

解した。ノーフォーク語はその好例である。しかし一方で，その言葉を使うことでアイデンティティを確立していた人々が，言語外的な要因により，言葉を維持しようとする意識が希薄になっていく現実があることも分かった。カナカ英語話者がその典型例である。

　最後に，言語は変化するということを，パプアニューギニアのトク・ピシンを通して学んだ。言語が変化する要因には，言語内的要因と言語外的要因があった。パプアニューギニアの高地ゴロカにあるフィマ村では，トク・ピシンが，在来の言語であるヤガリア語を駆逐する勢いが観察される。生活の様々な場面で，トク・ピシンの有用性が目立つため，若者のヤガリア語離れが進行している。たとえどのような形であっても，言語は人間の基本的人権であり，アイデンティティと一体である。

(3)　外部世界への渇望意識

　いずれにしても，オセアニアの人々は，過去に不幸な歴史があったとはいえ，伝統回帰という発想ではなく，新たなオセアニア世界の構築に目を向けていると考えられる。一般に島世界に暮らす人々は，外の世界に対する渇望意識が高いように思える。島の外側には自分たちの知らない世界があり，それが何なのか知りたいという欲求が強いのではないか。その試みが，オセアニアに暮らす人々にとって，生産的かつ持続的なものであってほしい。

参考文献

岡村徹　2013「トク・ピシンの無生物主語構文」岡村徹／A・ヤラペア編『オセアニアの言語的世界』渓水社，100-133頁。

新田哲夫　1991「言語変化と方言」徳川宗賢・真田信治編『新・方言学を学ぶ人のために』世界思想社，92-116頁。

Aime, A. 2012. The changing nature and styles of spoken Tok Pidgin and it's influence on the written Tok Pidgin. *Language and Linguistics in Oceania* 4: 91-99.

Buffett, A. 1999. *Speak Norfolk Today: An Encyclopaedia of the Norfolk Island Language*. Norfolk Island: Himii Publishing Company.

Dutton, T. 1980. *Queensland Canefields of the Late Nineteenth Century*. Pacific Linguistics D-29. Canberra: Australian National University.

Franklin, K. 1968. *Tolai Language Course*. Department of Information and Extension Services Territory of Papua New Guinea in co-operation with The Summer Institute of Linguistics.

Mühlhäusler, P. 1975. Sociolects in New Guinea Pidgin. In K. A. McElhanon (ed.), *Kivung: Special Publication Number One, Tok Pisin I Go We*. Journal of the Linguistic Society of Papua New Guinea. Ukarumpa: Summer Institute of Linguistics, pp. 59–75.

Okamura, T. 2020. Preserving the Nauruan Language and Pidgin English in Nauru. In T. Okamura and K. Masumi (eds.), *Indigenous Language Acquisition, Maintenance, and Loss and Current Language Policies*. PA: IGI Global, pp.103–123.

Siegel, J. 1990. Pidgin English in Nauru. *Journal of Pidgin and Creole Languages* 5(2): 157–186.

Tryon, D. T. 1970. *Conversational Tahitian*. Canberra: Australian National University.

●読書案内●

『言語学者のニューカレドニア──メラネシア先住民と暮らして』
　　大角翠，大修館書店，2018年
　　　著者の研究対象であるニューカレドニア先住民の言語を通して，彼らの言語観や世界観に迫る。とくに文法に関する記述は，言葉の「面白さ」や「不思議さ」を十分に伝えている。

『オセアニアのことば・歴史』岡村徹，渓水社，2006年
　　　著者の調査地であるナウル共和国やパプアニューギニアに暮らす人々の，生き生きとした言語生活を，歴史や社会や文化をふまえ，エッセイ風にまとめている。とくにピジンやクレオールと呼ばれる言語について詳述している。

『ある言語学者の回顧録──七十蹣矩』崎山理，風詠社，2017年
　　　著者のこれまでの調査記，報告，エッセイ，講演などを，一般読者向けに分かりやすい言葉でまとめている。とくに日本語の系統に関する記述は，それを南島語族と関連させ，説得力のある説明を行っている。

口頭伝承
言葉を食べる？

紺屋あかり

　みなさんは言葉を食べたことがあるだろうか。ミクロネシアのパラオには「ご飯と一緒に言葉を飲み込みなさい」ということわざがある。これは口頭伝承を学ぶ際の心得として言い伝えられてきたもので，両親らが語る言葉をご飯と一緒に自分の胃のなかに飲み込んで記憶しなさいという教えである。文字文化に慣れ親しんでいると，言葉を食べるということをイメージするのはなかなか難しいかもしれない。しかしこれは，口頭伝承のもつ身体知としての性質をよく言い当てている表現であるだろう。口頭伝承は食べられることによって人々の身体の一部となり，身体からまた別の身体へと住処を移動・拡張させながら，長い時間をかけて次世代へと継承されていく。

　元来の無文字社会であるオセアニアの島々には，あらゆるストーリーが宿っている。口頭伝承と一口でいっても，神話，伝説，歴史語り，親族の系譜，慣習法，生業に関わる在来知など，じつに様々な種類の伝承がある。それら口頭伝承は，語るという実践によってだけではなく，時には踊りとなって，あるいは図像として具現化されたりもする。みなさんも一度は見たことがあるだろう，ハワイのフラは，じつは口頭伝承の一形態である。フラには詠唱（口頭伝承の一説）がつけられており，踊りとともにストーリーが表象されているのである（第14章参照）。また，近年アボリジナルアートと呼ばれるようになったオーストラリアの先住民たちの民族図像も，もともとは彼らの歴史や物語を具現化する実践であった（コラム⑭参照）。

　このようにオセアニアの人々は，身体的な表象として，また形を帯びたものへと，言葉の形態を自在に操りながら，様々なストーリーとともに生活を営んでいるのである。

第Ⅱ部

歴史と社会

第6章

歴 史 (1)

イギリス系入植とオーストラリアの「誕生」

木村彩音

2019年の全国「先住民の日」遵守委員会週間（National Aboriginals and Islanders Day Observance Committee Week）にオーストラリア・ケアンズで行われた行進。先住民だけでなく多様なバックグラウンドの人々が，先住民アボリジニの旗（写真中央）とトレス海峡諸島民の旗（写真左）を手に町を練り歩く（筆者撮影）

オーストラリアは連邦結成からまだ120年ほどであり，イギリスの入植から数えてもわずか230年ほどの若い国である。その短い歴史のなかで，イギリスからの入植者と為政者，はるか昔からそこで暮らしてきた先住民，新たな生活を求めてやってきた移民の三者は，オセアニア唯一の大陸を舞台に，自身の居場所を獲得するために奔走し，そして互いの存在に翻弄されてきた。本章では，この三者が織りなしてきた歴史の一端を紐解いてみたい。

1 流刑植民地の形成

(1) 流刑植民地の始まり――「無主の土地」の「発見」から

　明文化されたオーストラリア史が始まったのは，今から250年ほど前のことである。イギリスの海軍士官であり探検家のジェームズ・クックが，太平洋の調査航海のなかでオーストラリア大陸の東海岸に辿り着いたことによって，それは本格的に幕を開けた。科学者でもあった彼は王立協会から金星の太陽面通過観測，そして未確認の南方大陸発見の命を受け，1768年から79年の約11年間，計3回にわたって太平洋を航海した。その第1回目の航海で辿り着いたのが，現在のオーストラリア大陸である。その陸地の全貌も解明しないまま，彼は1770年にそこを「無主の土地（テラ・アウストラリス）」であるとして，東海岸すべてを大英帝国国王キング・ジョージ3世のものと宣言した。これがイギリスによる，オーストラリア領有の始まりである。

　欧米諸国が太平洋各地へ勢力を広げようとするなか，フランスの南太平洋への進出を危惧したイギリスは，1786年からオーストラリア大陸の専有植民地化に本格的に乗り出した。そしてクックの領有宣言から18年後の1788年，オーストラリアへの本格的な入植が開始され，最初の植民地，ニューサウスウェールズ植民地が形成された。フィリップ総督率いる第一船団がポート・ジャクソン湾内のシドニー・コーブに辿り着き，入植を開始した1月26日は，現在オーストラリア・デーと呼ばれ，入植を記念する祝日となっている。多くのオーストラリア国民にとってこの日は，勇敢な祖先による開拓が始まった，建国記念日のような意味をもつ。一方，イギリス人の目には「無主の土地」と映ったその地に，はるか昔から暮らしていた先住民にとっては，侵略の始まりの日であった。ジェームズ・クックは「無主」の大陸を「発見」して領有したのではなく，単にそこに「到達」し，もとから暮らしていた先住民を無視してその土地を強奪したにすぎなかったのである。

　イギリスの入植から今日に至るまでのおよそ230年間，「無主」とみなされた土地は，常に人々の関心の的であり，それゆえにオーストラリアの社会と経済の命運を左右してきた。この章では，入植以来オーストラリアという国家がど

のような歴史を辿ってきたのか，土地をめぐる人々の動きに焦点をあてながら提示する。

(2) 土地の開拓と羊毛産業の広がり

　一度入植が開始されると，イギリス人たちはこの未知の大陸を掌握するために，瞬く間に全土へ広がっていった。1803年には，マシュー・フリンダーズが初めてオーストラリア大陸の周航に成功し，それによってニューホランドとニューサウスウェールズが巨大な大陸の一部であることが証明された。また1813年にグレゴリー・ブラックスランドがシドニー西部のブルーマウンテン越えを果たすなど，内陸探検が進んだことで，植民地の開発はますます進行した。1804年には後のタスマニアであるバンディーメンズランドのホバート，24年にはクイーンズランドのブリスベン，同じく24年に後のパースとなるウェスタンオーストラリアのスワン・リバー，35年にメルボルンの前身であるビクトリアのポート・フィリップ，そして36年にサウスオーストラリアのアデレードで入植が開始され，それぞれ複数の独立した植民地が形成された。

　初期の植民地を構成したのは，おもに囚人たちであった。アメリカの独立により，新たな流刑植民地を必要としていたイギリスは，オーストラリアに囚人を送り込み，刑罰として植民地開拓に関わる労働に彼らを従事させた。そのため，1830年までは植民地の人口の約7割が流刑囚であったが，その多くは窃盗などの軽犯罪者で，一般的なイギリス人と大きな違いはなかった。彼らは，初期の植民地形成事業の主要な労働力であった。彼らが従事したのは，土地の開墾，公共施設や道の整備，農場・牧場での仕事だった。そのうち彼らのなかから，条件つき恩赦を与えられ市民権を獲得した，エマンシピストと呼ばれる者も登場し，他の囚人を雇用して土地を得るなど植民地で勢力を伸ばした。

　生まれて間もないこの植民地の経済発展を支えたのは，牧羊業であった。1820年代半ば頃，ジョン・マッカーサーは，ナポレオン戦争でスペインから流出したメリノ種の羊をオーストラリアの風土に合うよう品種改良し，羊毛産業の最初の礎を築いた。またイギリスの羊毛法廃止が産業の発展をさらに後押しした。1830年代半ばには，羊毛が植民地最大の輸出産品となり，オーストラリアは本格的に羊の国となったのである。

羊毛産業の発展によって弾みがつき，流刑囚をおもな労働力とする自給自足型植民地は，自由移民を主体とする自立型植民地へと移行していった。一方で，東から西に人々が居住地を広げるにつれ，公有地を不法占拠し牧畜をする人々，オーストラリア史でいうスクウォッターが現れるようになった。植民地総督は対応に手を焼いたが，最終的には年間の使用料を課すことで決着をつけた。こうしてスクウォッターは内陸部の大規模牧畜業者となり，その後の植民地の保守的支配層を形成することとなる。土地の不法占拠は，牧畜業がおもな産業となりつつあった初期の植民地において，土地の所有が彼らの貧富を左右していたことを示している。すでに土地をめぐる競争は始まっていた。

(3)　先住の人々──土地をめぐる衝突と抑圧

　オーストラリアは最も乾燥した大陸といわれており，乾燥気候帯地域は57％と六大陸中で最大の割合を占めている。降水量と地形の条件から，とくに内陸では恒常的に水を得ることが困難で，間欠河川か地下水以外に利用可能な水資源がない。その一方で地域と季節によっては洪水が起こることもあり，生物にとっては過酷な環境の土地である。

　その厳しい自然環境のなかで，イギリスが入植するはるか前からこの地で暮らしてきたのが，今日のオーストラリア先住民，アボリジニである。彼らの祖先がこの大陸にやってきたのは，考古学的証拠から約6万年前と推定されている（印東 2000）（第1章1節参照）。その長い時のなかで，彼らは狩猟採集や野焼きによる土地管理など生きる術を確立し，恵みを与えてくれる大地や自然と精神的に深い結びつきをもっていた。また，現在のインドネシアにあたるマカッサルの人々などとの限定的な接触を除き，彼らは入植開始時までほとんど外部と隔絶されていた。一方，入植側のイギリスは，当時産業革命のただなかにあり，近代化と工業化の最前線を走っていた。このように社会状況が極端に異なる両者の出会いは，必ずしもすべてが悲惨だったわけではない。しかし，その多くは決して幸運なものではなかった。

　入植者は羊の放牧地として広大な土地を欲していたし，彼らの目には，アボリジニが近代的な意味において土地を「所有」しているようには映らなかった。入植者は当然のごとく彼らの土地を無断で開墾し，羊を放った。また初期

の入植者人口は男性が大きな割合を占めていたため，アボリジニの女性も彼らの略奪の対象となった。多くのアボリジニが入植者による略奪に抵抗し，各地で大小様々な争いが起こった。アボリジニが入植者を傷つけたり殺害したりすることはあったものの，銃などの近代的な武器には対抗しきれず，一方的に虐殺されることが多かった。また彼らにさらなる壊滅的なダメージをもたらしたのは，外から持ち込まれた疫病であった。アボリジニは長く外界から隔絶され，様々な病に対する免疫を十分に備えていなかったため，梅毒，インフルエンザ，天然痘などが彼らの多くの命を奪った。こうしてアボリジニの人口は激減した（Broom 2002）。入植とともに訪れたキリスト教宣教師は，こうした暴力や病魔からアボリジニを積極的に保護しようとした。その一方で，キリスト教やイギリス式教育を彼らに強制し，その独自の言語や文化，儀礼などを野蛮なものとして禁止した。アボリジニ社会は外側だけでなく内側からも破壊されたのである。オーストラリアはこうして，実質上イギリスの土地へと変貌しつつあった。

2　フロンティアの消滅と「白いオーストラリア」

(1)　金と真珠貝——アジア系労働者の流入

　19世紀後期に入ると，オーストラリアの経済事情を大きく変える二つの宝ともいうべき資源が発見された。一つ目は金である。1851年にビクトリアとニューサウスウェールズで金脈が発見されたことをきっかけに，空前のゴールドラッシュが幕を開けた。その後各地で次々に金脈が発見され，一攫千金を夢みた鉱夫が国内外から現地に殺到した。瞬く間に金は羊毛をしのぐ最大の輸出産品となり，莫大な富がオーストラリアに舞い込んだ。

　二つ目は真珠貝である。1860年代，オーストラリア北部の海で高瀬貝，白蝶貝，黒蝶貝などの真珠貝が発見されたことによって，真珠貝採取業が始まった。真珠貝は，プラスティックボタンの普及によって廃れるまで，婦人服の高級ボタンの材料として重宝されていたのである。クイーンズランドのトレス海峡諸島とウェスタンオーストラリアのブルームに漁場拠点が形成され，真珠貝産業は両州の一大産業になった。トレス海峡諸島は，アボリジニとは別のオー

ストラリア先住民，トレス海峡諸島民が暮らす地でもあった。真珠貝産業は彼らを下働きの労働力として取り込むとともに，アジア諸国の移民を主たる労働者とするようになった。こうして真珠貝産業は，当時「有色（coloured）」と呼ばれた非ヨーロッパ系労働者によって支えられ，1960年代頃まで続いた。トレス海峡諸島やブルームの墓地では，アジア系移民の多くを占めた日本人の墓が，その歴史を今も物語っている。

　このように，二つの宝は全世界から大量の移民を引きつけた。1850年に40万人余りだったオーストラリア国内の人口は，10年ほどで約3倍の120万人にまで達し，囚人と元囚人によって賄われていた労働人口はほとんど自由移民に入れ替わった。なかでも著しい人口増加を遂げたのがアジア系移民である。金の採掘業への中国系移民の流入はとくに目覚ましく，1857年にはビクトリア内の中国人人口は4万人を超えた。植民地政府は国内外から無尽蔵に流入する労働者をコントロールしようと，採掘税をかけたり土地を区画分けして労働者ごとに割り当てたりするなど，様々な策を講じた。しかし1854年にビクトリアのバララットで，高額な採掘税に不満を募らせた鉱夫たちによるユーリカ砦の反乱が勃発するなど，混乱も生じた。

(2)　フロンティアの消滅

　ゴールドラッシュは，オーストラリアに政治的にも経済的にも大きな変化をもたらした。金が発見されたことにより，薄れつつあったオーストラリアの流刑地としての位置づけは完全に消失し，イギリス本国に莫大な富をもたらす自治植民地の性格を強めていった。1852年には，イギリス政府はオーストラリア東部の植民地に自治権を与え，二院制議会と憲法をもつ自治政府が発足した。

　また金は，オーストラリア経済に長期的な好況と発展をもたらした。自由移民の流入に伴い国内人口は急激に増加したが，その多くがメルボルンやシドニーなどの大都市に流入した。これは，当時の自由移民が地方で農業や牧畜業に新規参入するには，様々な障壁があったためである。まず農業や牧畜業を始めるには多大な資本を必要としたが，彼らの多くはそれほどの資金を有していなかった。もう一つの大きな障壁は，スクウォッターの存在である。彼らはすでに安い賃料で土地を占有し，牧畜業を展開していたため，新規参入者が手頃

な価格で土地を得ることは困難であった。不満を募らせた人々が土地解放運動を起こし，いくらか改善はみられたものの，根本的な解決には至らなかった。地方に定着できなかった自由移民が都市部に集中したことで，建築業や不動産業などが発達した。また同時期に，蒸気エンジンが動力として導入され，製造業や軽工業，印刷業も飛躍的に発展した。

大都市の拡大と並行して，交通や通信のインフラストラクチャーが短期間で飛躍的に発達した。1850年代には初の鉄道が開通し，19世紀末までには総延長1万7000kmにまで達した。メルボルンを皮切りに電信線が引かれ，各大都市は交通だけでなく通信のうえでもその間の距離を縮めた。こうした通信技術の発展は，その後ヨーロッパ諸地域やイギリス本国との通信速度をも格段に速めた（藤川 2000）。

南部に遅れて入植が始まった北部でも，19世紀半ば頃から開拓が進行しつつあった。1859年に独立植民地となったクイーンズランドでは，その熱帯気候を活かしたサトウキビ生産と前述の真珠貝産業が大規模に展開されたほか，南部から牧畜業者も参入し始めるようになった。さらに新たな金鉱が複数発見され，ゴールドラッシュが北部で再燃した。これらの産業にはアジア系移民に加え，先住民のアボリジニとトレス海峡諸島民，さらには太平洋諸島民の契約労働移民も動員され，その発展を下支えした。

こうして広大な土地のほとんどが制覇され，未知の大陸であったオーストラリアのフロンティアは消滅した。一方で，人々の進入を容易には許さない大自然を有する土地を意味する，ブッシュあるいはアウトバックという概念は，さらに開発の進んだ現在においても，都市部と対照的な地域を象徴するものとして人々の意識に根づいている。

(3) 移民制限法と白豪主義

ゴールドラッシュとともにやってきたアジア系移民は，賃金が安く，重労働にも耐える労働者として当初は歓迎すべき存在であった。しかしその著しい人口増加は，イギリス系，いわゆる白人にアジア系移民への恐れと反感を抱かせる結果をもたらした。それは1901年，オーストラリア連邦発足とともに，移民制限法の成立という形で表出した。この法律は，非白人系の移民を全面的に排

除するものであり，アジア系，太平洋諸島系，アフリカ系，中東系，さらに当時イギリス領だったインド出身者でさえその対象となった。彼らには永住権が与えられなかったほか，滞在目的と期間を申告し，許可が下りなければ短期滞在も認められなかった。こうしてオーストラリアは，白人を主たる国家の構成員とする「白いオーストラリア」を標榜し，いわゆる白豪主義へと舵を切った。

　一方で，こうした措置の人種差別的性格は，あからさまに表明されていたわけではない。それを明示しないで，非白人の移民希望者をはじくために用いられていたのが，ディクテーションテストであった。非白人の移民希望者全員に英語のディクテーションテストを課し，人種ではなく言語能力を表向きの基準として移住希望者をふるいにかけていたのである。英語に堪能な移住希望者の場合，試験官が独断で他のヨーロッパ言語によるテストを課すことができたので，必ず落とされる仕組みであった。

　こうした白豪主義の台頭には，当時全世界的に広がっていた黄禍論（yellow peril）が関係している。黄禍論とは，中国人や日本人などのアジア人を黄色人種と捉え，彼らによってその他の国が脅かされるとする主張である。オーストラリアは地理的に本国イギリスから遠く離れているばかりか，むしろアジアと近い位置にある。そのためすでに世界の総人口の約半分を占めていたアジア人が大量に押し寄せ続け，オーストラリアがアジア化することが恐れられたのである。こうした流れは，オーストラリアではとくに労働問題と結びついており，本来リベラルであるはずの労働党が，アジア人の安価な労働力が流入することによる労働条件の低下や経済危機を恐れ，真っ先に白豪主義を支持した。そのため白豪主義への傾倒は，移民の制限だけでなく，国内産業と労働者の保護，保護貿易関税の課税などを伴うものであった。連携と支援を通じた本国イギリスとの一体化を「外向きのナショナリズム」とするのに対して，白豪主義は，連邦内部で国民としての結合と同質性を高めようとする「内向きのナショナリズム」の発露として展開したのである（竹田 2000）。

　白豪主義によって非白人系移民は激減し，1930年代には全人口のおよそ9割をイギリス出身者が占めるようになった。ただし，アボリジニ，トレス海峡諸島民は当時の人口調査に含まれておらず，実際にイギリス出身者が全人口に占

める割合はこれより低かったと推測される。白豪主義下では，純血の先住民は
いずれ絶滅すると推測されており，混血の先住民には白人社会への同化を促進
する制度が採られていた。いずれにせよ，彼らもまた「白いオーストラリア」
実現のために，最終的には完全に排除されるべき対象であったのである。

3　多文化主義の標榜とその反動

⑴　白豪主義の終焉

　第一次および第二次世界大戦は，近代国家としてのオーストラリアにとっ
て，大きな契機となった。第一次世界大戦では，オーストラリア・ニュージー
ランド合同軍，いわゆるアンザック軍によるガリポリの戦いなどを経て，オー
ストラリアのイギリス本国に対する連帯感は最高潮に達した。しかしその後の
第二次世界大戦では，本国との隔たりを否応なしに実感させられることにな
る。きっかけとなったのは，大戦中の日本軍による大陸本土攻撃だった。1942
年2月に日本軍はオーストラリア北部ダーウィンを爆撃し，3月には潜行艇に
よってシドニー湾を攻撃した。頼みの綱であったイギリス海軍があっけなく敗
れ，こうした日本軍の進撃を許してしまったのである。これを機に，本国に頼
らず，この広大な大陸の国防をいかに強化していくかということが喫緊の課題
となった。

　国防強化に加えて，他国の例に漏れず，オーストラリアも戦後の経済や社会
を復興させていく必要があった。この二つの課題を解決するための最善策が，
労働人口を増加させることであった。そこで連邦政府は，白豪主義を完全に撤
廃しないまま，大量の移民を受け入れる方針を採る。「人口を増やすか，さも
なくば滅びるか（Populate or Perish）」というスローガンのもと，移民も含め
て年2％の人口増加の目標が掲げられた。当初は移民の大半がイギリス系で
あったが，段階的に範囲が広げられ，バルト諸国，東欧，西欧からも移民を受
け入れるようになった。結果として，1948年から51年の間に18万人ものヨー
ロッパ人がオーストラリアに移民したが，イギリス系が移民全体に占める割合
は急激に縮小した。その後，専門資格や熟練した技術をもつ者に限定して，非
ヨーロッパ系にも移民対象が拡大された。こうして，戦前までのオーストラリ

アのイギリス的性質は薄れ，白豪主義政策と実態にねじれが生じ始める。

　状況は1950年代になるとさらに変化を遂げる。アメリカの公民権運動に代表されるように，国際社会で人権意識やマイノリティの権利向上の機運が高まったことで，オーストラリアでも，人種差別や移民規制に対する反対運動，後には先住民権利運動が全国規模で展開し，白豪主義の維持は困難なものになりつつあった。対外的な観点からみても，白豪主義は当時の状況には則さないものになっていた。1942年にウェストミンスター憲章を承認したことによって，オーストラリアはイギリス自治領から独立国家となった。これは，この国がアジア太平洋地域の独立国家の一員として，他のアジア太平洋諸国との経済的，外交的関係強化へ舵を切ることを決定づけた。そうした方針の転換には，アジア人排斥を掲げる白豪主義は大きな障壁となったのである。これらの複合的な要因が，多文化主義への機運の高まり，そして白豪主義完全撤廃へとつながった（藤川 2000）。

(2)　多文化主義の時代へ

　カナダが先駆けて多文化主義へ転換したことを契機に，オーストラリアでも1960年代半ば頃から，白豪主義の完全撤廃と多文化主義を求める声が高まりつつあった。その方向に踏み切ったのは，労働党のウィットラム政権であった。1972年，労働党が自由党を破り政権を奪取すると，73年には移民大臣グラスビーが援助移民制度をすべての移民へ適用することを決定し，国籍，人種，肌の色などの差別的な移民選定基準は撤廃された。また彼が同年に「多文化主義宣言」といわれる演説を行ったことで，オーストラリアにおける多文化主義導入が初めて明確に示されたのである。そして75年に人種差別禁止法が制定され，20世紀の政治的根幹であった白豪主義は，正式に撤廃された。ウィットラム政権が最初の一歩を踏み出したことで，以降オーストラリアは急速に多文化主義国家の確立に向かうこととなる。

　1978年，一般には「ガルバリー・レポート」と呼ばれる移民政策提案報告書が発行され，多文化主義が政府公認の政策であることが正式に示された。このレポートでは，移民が文化的・民族的アイデンティティを維持する権利を享受するために，政府がそれを援助する必要があることが明記され，そのための具

体策が57項目にわたって提言された。

　1989年に刊行された「多文化オーストラリアのための国家的アジェンダ（Commonwealth of Australia, National Agenda for a Multicultural Australia）」では，文化的独自性，社会正義，経済的効率という三つの目標に基づく多文化主義の基本理念が掲げられた。以来，これらの基本理念に基づいた社会制度の策定があらゆる方面で求められるようになった。具体的には，移民の定住，社会参加支援や，文化および言語の維持促進のための支援，ホスト国民と移民との相互理解を促すための多文化教育などの制度整備が，多文化主義推進のために進められてきた（関根 2010）。

　このように1960年代から80年代にかけて，多文化主義はオーストラリアという国家の基本方針として確立されてきた。80年代から90年代前半にかけて，ホーク首相，キーティング首相と続く労働党政権は，多文化主義のさらなる発展を目指した。とくに多文化主義を重視したキーティングは，立憲君主制から共和制への移行を提言し，それを決議する国民投票の実施を宣言した。それは，白豪主義を旗印に太平洋のイギリス社会を目指した過去から完全に脱し，アジア太平洋地域の国家としてのナショナル・アイデンティティ確立を目指すものであった。それは必然的に，アジア太平洋諸国との関係性がより緊密化することを意味していた。さらに彼は，先住民問題を多文化主義の枠組みに位置づけ，歴史的に植民地主義的支配を敷いてきた先住民との和解という課題に積極的に取り組んだ。

　しかし多文化主義は現在に至るまで，常に諸手を挙げてオーストラリア社会から歓迎されてきたわけではない。こうした社会の急激な変化に，不安を抱く国民は少なくなかった。その不安は多文化主義の推進と並行して生じたホワイト・バックラッシュ，1990年代後半のハンソン論争と多文化主義の退行として表出するのである。

⑶　反多文化主義の台頭

　1980年代は多文化主義が確立された時代であるとともに，移民制限論争や多文化主義批判論争が噴出した時代でもあった。その背景には，ベトナム戦争によるインドシナ難民の大量受け入れや，貿易や金融，外交分野におけるアジア

との関係緊密化などがあった。オーストラリア社会におけるアジアの存在感が急速に色濃くなったことへの反発が，多文化主義批判として現れたのである。

　代表的なものとして，メルボルン大学のブレイニー教授がアジア系移民の制限，多文化主義拡大への批判を唱えたほか，自由党党首ハワードが「一つのオーストラリア」というスローガンのもとに多文化主義を批判し，移民制限に対する国際的な批判は内政干渉であると主張したことなどが挙げられる（藤川2015）。1980年代のハワードの主張は差別的であるとして激しい非難を浴び，彼は党首辞任に追い込まれた。しかし96年の連邦総選挙では，状況が大きく覆された。多文化主義と新自由主義的経済改革の旗手であった労働党が敗れ，ハワードが自由党政権首相の座に着いたのである。彼は持論を全面的に出すことには慎重であったが，時勢は確実に反多文化主義へ向かっていた。

　それを象徴する出来事がハンソン論争である。1996年の総選挙で，先住民福祉政策の拡充や積極的なアジア系移民の受け入れを痛烈に批判するハンソン候補が，初当選を果たしたのである。彼女は，先住民やアジア系移民への待遇を厚くすることで，他の人々が蔑ろにされていると主張し，アジア系移民に対して人種差別的な発言をすることを厭わなかった。それに対して各方面から批判が上がったが，ハワード首相は彼女の発言を黙認した。1997年にハンソンが党首となって結党されたワン・ネーション党は，98年には15％もの支持率を得るまでになった。このように反多文化主義が席巻した背景には，多文化主義の推進と経済改革による国際化の急激な変化に対して，伝統的保守層が反発したためとされている。つまり，急速な社会変化を目の当たりにした人々の不安が高まり，その矛先が先住民やアジア系移民といったマイノリティに向けられたのである。最終的にハンソンの支持は急落したものの，2000年代以降も反多文化主義論は温存されていくこととなる。

4　一つの土地における共生と軋轢

⑴　それは誰の土地だったのか──続く先住民問題

　これまで概観してきたように，オーストラリアという国は，イギリスが先住民の土地を「無主の土地」とみなして入植し，多くの移民を呼び寄せることで

成立した。そのたった一つの土地を誰がどう利用し、そこで出自を異にする人々がいかに共生していくかということは、現在進行形の課題である。それは、先住民や移民をめぐる歴史の帰着点であり、これからの出発点でもある。

　まず先住民と土地をめぐる現代的な課題を概観したい。1960年代頃から、先住民は自らの権利向上運動のなかで、かつて奪われた土地に対する権利を主張するようになった。北部準州の北東部に位置するイルカラのアボリジニ、ヨルングの人々が起こしたボーキサイト鉱山開発差し止め訴訟や、グリンジによる土地返還要求など、各地で先住民による土地権を求める動きが活発になり、それが少しずつ特定の土地の返還や、土地に対する先住民の権利を保護するための法整備へと結びついていった。ウィットラム政権時には、土地権を扱う諮問委員会や先住民問題担当相などが新たに設置され、先住民の自主決定権拡大への大きな一歩となった。

　先住民の土地権をめぐる問題において革新的な出来事となったのが、1992年のマボ判決である。トレス海峡諸島民エドワード・コイキ・マボらが、トレス海峡諸島のマレー諸島に対して土地の集団所有権を主張した裁判で、連邦裁判所は画期的な判決を下した。それは、入植当時のオーストラリア大陸を、誰にも所有されていない土地とみなした「無主の土地」概念を否定するとともに、今もなお先住民が集団として、その伝統的慣習に基づいて土地を保有し、その土地と伝統的につながりをもっていることを認めたものであった。この判決は、その後の先住民の土地をめぐる議論において、重要なマイルストーンとなるものであった。一方でこの判決では、すでに私有地となっている土地や、企業にリースされ、鉱山や農地、牧地として開発が進んでいる土地と、先住民の慣習的に保有する土地が重なった場合、両者の権利がいかに調整されるのかについては言及されなかった。実際、産業開発が進んでいる土地は、先住民が土地権を主張しうる土地とかなりの部分重なりあっていたのである。この点をめぐってオーストラリア社会は一時混乱状態に陥ったが、マボ判決の翌年、先住権原法が制定され、先住民の先住権原を尊重しつつ、現行の土地利用との共存を目指す枠組みが示された。

　こうして、ジェームズ・クックの到来に端を発する「無主の土地」という見方は、約200年の時を経て覆され、先住民がこの土地に慣習的な権利をもつこ

とが認められた。しかしこれですべてが解決したわけではない。むしろ先住権原の解釈をめぐって新たな議論が生まれ，そこからさらに，先住民への植民地主義的暴力に対して，いかに謝罪と補償をするのか，先住民社会とどう和解していくのかという議論にまで発展している（窪田 2021）。

この土地が，たとえ先住民のものであった／あるということが認められたとしても，それをそのまま彼らに明け渡すというわけにはいかない。すでにそこには別の社会が築かれているのである。現状の社会のあり方と先住民の権利保障をどう併存させていくかということが，今後のオーストラリアの課題といえよう。

(2)　誰と土地を分かち合うのか──移民・難民問題

反多文化主義論を温存したまま突入した2000年代に待っていたのは，大量の中東系難民やボートピープルの到来であった。それ以前にもボートピープルはオーストラリアに訪れていたものの，ニューヨークで起きた9.11同時多発テロに代表されるイスラム原理主義の台頭によって，1990年代後半頃からその数が急増したのである。ハワード政権は国境の防衛を強化し国外で難民審査を受けさせるという策で，これに対処しようとした。そうしたなか，2001年に中東からのボートピープルを海上で救助した貨物船タンパ号が，オーストラリア連邦政府に入港を拒否されるという事態が発生した。そのボートピープルは，ニュージーランドやナウルなどが受け入れを申し出たことでことなきを得たものの，オーストラリアの難民に対する強硬姿勢が浮き彫りになった出来事であった。さらにこうした対応は，パシフィック・ソリューションとして制度化され，以後難民の入国審査をオーストラリア国内ではなく，近隣の太平洋島嶼国で受けさせる措置が採られるようになった。ハワード政権時には，高い技術や教育，資産をもった，経済的利益をもたらす移民は増加したが，難民の受け入れなどは抑制された（塩原 2017）。連邦政府のこうした対応は，中東からの難民やボートピープルのなかに，過激派イスラム原理主義のテロリストがいるのではないかというオーストラリア国民の疑念と不安に沿うものでもあった。

2010年代にラッド，そしてギラードの労働党政権が成立し，難民に対する規制はわずかに緩和され，国外での難民審査も撤廃された。そうしたなかでイス

ラム教徒に対する風当たりを強くしたのが，2014年，シドニーでイスラム国支持者を自称するイラン人の男がカフェに人質をとって立て籠もり，犯人を含む3人の死者を出した「リンツ・ショコラ・カフェ」テロ事件である。犯人とイスラム国の直接的な関係は確認されなかったものの，それでもこの事件は人々にイスラム教徒への反感を抱かせるには十分であった。それを示唆するように，2016年総選挙では，ワン・ネーション党が59万以上の票を得て，再び議席を獲得したのである。かつてアジア人排斥を唱えた党首のハンソンは，議会演説でイスラム教徒排斥を主張した。メディアや他の政治家は彼女の発言を批判しているが，一方でワン・ネーション党が一定数の国民の支持を受けていることは選挙結果からも明らかであり，現代のオーストラリア社会に漂う反イスラム感情の存在を否定することはできない。

　こうした先住民および移民をめぐる歴史に代表されるように，この土地で誰と共存し，誰を拒絶するのか常に選択し続けることで，オセアニアの大国としてのオーストラリアは成立した。その一方で，その選択の連続が先住民の権利を阻害し，移民をめぐる人種差別的分断を生んできたこともまた事実である。今オーストラリアは，その選択の力が，先住民や移民を含めたあらゆる人々に対する社会正義を阻害しない道を見出すことを迫られているのかもしれない。

参考文献

印東道子　2000「先史時代のオセアニア」山本真鳥編『オセアニア史』山川出版社，17-45頁。

窪田幸子　2021「先住民族との和解にむけて——謝罪，補償とトラウマの修復」『アイヌ・先住民研究』1：67-82。

塩原良和　2017『分断するコミュニティ——オーストラリアの移民・先住民政策』法政大学出版局。

関根政美　2010「白豪主義終焉からシティズンシップ・テスト導入まで——多文化社会オーストラリアのガバナンス」『法學研究——法律・政治・社会』83（2）：1-38。

竹田いさみ　2000『物語オーストラリアの歴史——多文化ミドルパワーの実験』中央公論新社。

藤川隆男　2000「オーストラリア史」山本編，前掲，78-167頁。

──　2015「オーストラリアにおける歴史教育の統一的・全国的カリキュラムの導入──歴史戦争を終えて」『パブリック・ヒストリー』12：15-28。

Broom, R. 2002 (1982). *Aboriginal Australians: Black Response to White Dominance, 1788-2001*, 3rd edition. Crows Nest: Allen and Unwin.

●読書案内●

....

『多文化国家の先住民──オーストラリア・アボリジニの現在』
　　小山修三・窪田幸子編，世界思想社，2002年
　　オーストラリア先住民アボリジニについて，伝統的な暮らしから，彼らに
　　対する植民地支配の歴史，現代的な問題まで幅広く扱っており，先住民に
　　ついてより深く学びたい人のための最初の一冊として最適である。トレス
　　海峡諸島民についても扱われている。

『オーストラリア入門』第2版，
　　竹田いさみ・森健・永野隆行編，東京大学出版会，2007年
　　10章にわたって，歴史，社会，メディア，法律，文学，経済，そして日豪
　　関係など，オーストラリアを取り巻く歴史的，現代的状況を多面的に解説
　　した入門書。初学者向けだが，それぞれの項目が丁寧に掘り下げられてい
　　る。

『オーストラリアの歴史──多文化社会の歴史の可能性を探る』
　　藤川隆男編，有斐閣，2004年
　　オーストラリアの歴史を多角的に取り上げているほか，事典と年表のデー
　　タが付属しているので，広く歴史的概要を掴むには最良の一冊である。国
　　内の事象だけでなく日本や他のアジアの国々との関係性も扱われており，
　　アジア太平洋地域の歴史を知るうえでも有用である。

....

【コラム⑥】

二文化主義
警察で踊られる先住民のハカ

土井冬樹

　ニュージーランドの警察は，先住民マオリの踊り，ハカを踊る。ハカとは，もともと文字をもたなかったマオリが，先祖のことや歴史を次の世代に伝えるために踊る踊りである。現在も，ハカはマオリの誇りであり，民族的アイデンティティの拠り所となっている。そんなハカを，警察官が隊を組み，そろって腰を落とし，一定のリズムで地面を踏みながら，唸りや叫びに似た声を上げ，太ももや胸を叩いて演じる。しかも，その警察官のほとんどはマオリではない。いったい，どうしてこんな状況が起きているのだろうか。

　現在のニュージーランドには，紀元1000年頃から住んでいるマオリ（全人口の16%）と，18世紀後半から移住し始めたイギリス人を主とする西洋人（以降マオリ語でパケハ）（同70%），第二次世界大戦後に増加した，中国を中心とするアジア系移民（同15%），そしてサモア，トンガなどの太平洋諸島からの移民（同8%）などが居住している（ニュージーランドの国勢調査では一人が複数の帰属する民族集団を回答できるため，民族構成比を合計すると100%を超える）。複数の民族出身者がいるという意味では多文化国家であるが，政府は，多文化主義ではなく二文化主義を標榜している。その根拠になっているのは，1840年にマオリとイギリスの間で締結され，ニュージーランドの建国文書とされるワイタンギ条約である。

　二文化主義が明示されたのは，1980年代になってからだった。ワイタンギ条約では，マオリの土地や文化を保証することが謳われていたが，植民地政府はマオリ文化の抑圧政策を行い，その結果マオリの文化的慣習や実践は衰退した。第二次世界大戦後，マオリのエリートたちは，「ニュージーランド政府はワイタンギ条約を履行してこなかった」として，先住民運動を展開した。政府は，マオリ文化の存続のための責任を強く自認するようになり，その一環としてマオリ語を公用語化しようとした。その過程では「マオリ語を公用語化するなら，サモア人やトンガ人，中国人などの言語すべてを公用語化しなくてはならず現実的でない」という意見もあったが，「ワイタンギ条約はマオリとイギ

写真 1　警察学校の英語名（The Royal New Zealand Police College）とマオリ語名（Te Kāreti a te Karauna mō ngā Pirihimana o Aotearoa）が併記されている（2018年、ニュージーランドのポリルア，筆者撮影）

リス君主の間に締結された条約であり，それによってマオリ語は公用語化されるのであって，その他の民族の言語は同様の権利を享受しない」とされた。こうしてニュージーランドは，マオリとパケハの双方の文化を尊重する二文化主義を標榜するに至ったのである。

　二文化主義の実践は様々なところにみられる。たとえば省庁には英語名とマオリ語名がある（写真1）。国歌も英語とマオリ語で歌われる。学校の卒業式では，国歌とは別にマオリ語の歌を歌うことが求められる。こうしたなかで，警察もマオリの踊りを踊るようになっているのである。

　マオリに出自をもつ警察学校の副署長は，「俺たち国の組織は，いつも正しいことを率先してやらなくちゃいけない。ニュージーランドは二文化主義国家だろう。だから，マオリの文化を共有するんだ」と，警察がハカを踊る意味を筆者に説明した。国家権力でもある警察は，パケハ色の強い組織といえる。警察官も85％がパケハで，マオリは12％，そのほかわずかにアジア系や太平洋諸島民がいるのみである。しかし，全員でハカを踊る。しかもそのときにはマオリの警察官がリードする。警察で踊られるハカは，互いの文化を尊重し，文化を共有する二文化主義の象徴と考えられているのである。

第 7 章

歴 史 ⑵

植民地の記憶，島嶼国家の独立

飯高伸五

日本統治時代の南洋庁パラオ支庁跡。戦後はパラオ最高裁判所として利用された時期もある。オセアニア諸国は，植民地時代の遺産を抱きながら現在の国家運営にあたっている（2009年，筆者撮影）

オセアニアへのヒトの拡散が長期間にわたって進行し，地域的適応を通じて多様な文化を形成していったのに対して，大航海時代以降，オセアニアに到来したヒトやモノそして新しい概念は，比較的短期間に広まっていった。とりわけ19世紀後半以降の欧米列強や日本よる支配（植民地化）は，オセアニア社会のありようを強く規定していった。ここではオセアニアの人々の観点に留意しながら大航海時代から植民地化，そして国家形成に至るまでの歴史を概観していく。

1　オセアニアの「発見」

⑴　マゼランからクック船長まで

大航海時代

　ヨーロッパ人の観点からみたオセアニアの「発見」は，16世紀初頭，香辛料の産地として知られた現インドネシアのモルッカ諸島（香料諸島）を目指したスペイン人によって始まった。1520年，ポルトガル生まれでスペイン王朝に仕えていたフェルディナンド・マゼランは，初めてオセアニアを航海したヨーロッパ人となった。現在のマゼラン海峡を通って太平洋を横断していったが，上陸した島々はわずかで，人々との接触も限定的であった。

　1521年3月，グアム島に寄港して先住民チャモロと出会った際，人々が船上の品々や小舟を奪ったことに激怒したマゼランは兵士を上陸させ，男性を7人殺害，現在マリアナ諸島として知られる島々をラドローン（泥棒）諸島と名づけた（Lansdown ed. 2006: 37-41）。しかし，船上で飢えや病気に苛まれ，グアム島で略奪行為を行ったのはマゼラン一行であった。現在でも，グアム島のウマタックはマゼランの寄港地として記憶されている（写真7-1）。

　1564年から65年にかけて，ミゲル・ロペス・デ・レガスピがメキシコのアカプルコからフィリピン諸島に至る航海を成功させると，グアムを中継地とするガレオン船による交易が発達していった。ガレオン船はメキシコから銀を運び，マニラからは中国の絹や陶磁器，香料などを持ち帰った。17世紀後半には

写真7-1　グアム島のウマタックの湾（2016年，筆者撮影）

スペイン人宣教師がマリアナ諸島で布教を開始し，チャモロの生活様式はスペイン化した。ガレオン船は18世紀に至るまで海賊行為（バッカニア）の標的となった。フランシス・ドレイクのように海賊行為を行うイギリス人航海者も多かった（増田2000：59）。

　17世紀には，東インド会社を通じ

て香料貿易を手中に収めようとしていたオランダの航海者が到来した。1616年，ヤコブ・ルメールはホルン岬から太平洋に入り，トンガ諸島のほか，現在のビスマルク諸島とアドミラルティ諸島を回ってジャワに至った。1642年，アベル・タスマンはバタビアから南下そして東進して，現在のタスマニアおよびニュージーランドに到達，翌年にはトンガに上陸した。それでも当時のヨーロッパでは，オーストラリアとニューギニア島が地続きであるという地理観が根強く残っていた（増田 2000：62-63）。熱帯雨林に阻まれ，小規模な集団が割拠していたニューギニア島の内陸部では，1930年代になって初めてオーストラリア人に「発見」された人々もいた（豊田 2000：228）。

クック船長の航海

　1760年代以降，断片的で不正確であったヨーロッパ人のオセアニア認識は科学的探検を通じて刷新され，それまでとは比較にならないほど精緻な記録が残されていった（Thomas 2010: 13-14）。イギリス王立協会の要請で 3 度の世界周航に出たジェームズ・クックの航海の記録，そしてルイ・アントワーヌ・ド・ブーゲンヴィルによる航海記がよく知られている。

　クック船長の航海は，1768年から71年，72年から75年，76年から80年の 3 度にわたって行われた。第 1 回航海が大西洋からホルン岬を経由して太平洋を西へ横断したのに対して，第 2 回と第 3 回の航海はともに東回りでアフリカそしてオーストラリアの南を経由してタスマン海に入り，オセアニアの島々をめぐった。第 3 回航海では，北アメリカ大陸西海岸を北上して海図を作成，現アラスカのクック湾にも立ち寄っている。クックの航海は天体観測を名目に始まったが，大英帝国の海外領土獲得という野心をもっていた。オーストラリア東海岸はニューサウスウェールズと名づけられ，英国王ジョージ 3 世の名のもとに領有宣言がなされた。同時に，南方大陸がヨーロッパ人の幻想にすぎないこと，ヨーロッパから大西洋そして北アメリカ大陸の北方を通って太平洋へと至る北西航路開拓が氷河に阻まれて困難であることが確認された（Howe 1984: 82）。

　科学的探検を通じて蓄積された記録が，ヨーロッパの人々のオセアニア認識に与えた影響は甚大であった（Thomas 2010: 20）。クック船長の航海には，科学者や画家が同行していた。博物学者のジョゼフ・バンクスは，第 1 回航海で

膨大な動物・植物標本を採取した。ジョン・ウェッバー，シドニー・パーキンソン，ウィリアム・ホッジスらの画家は，エンクレーヴィングという手法による精巧な図版を作成したが，オセアニアの人々は古代ギリシャの彫刻のような理想的な肉体で描かれた。1768年から69年にかけてオセアニアを航海したブーゲンヴィルは，タヒチでの滞在後，サモアおよびソロモン諸島を経由して，現在のブーゲンヴィル島に至った。この航海にもまた博物学者，天文学者，画家が同乗していた。ブーゲンヴィルによる『世界周航記』は，文明に汚されない「高貴な野蛮人」が住むオセアニアのイメージを醸成し，ディドロやルソーなど啓蒙主義の哲学者にも影響を与えた。

　19世紀前半には，フランス人の探検家ジュール・デュモン・デュルヴィルによるオセアニアの3区分——ポリネシア，メラネシア，ミクロネシア——が，地域的区分として流布していった。航海者は島々を名づけ，各地で領有宣言をし，寄港先では局所的な戦闘があった。18世紀の探検はヨーロッパによるオセアニア世界の知的な占有（possession）であり，19世紀における世界経済編入とそれに続く植民地支配の前奏であった。

(2)　オセアニアの人々の対応

海の向こうから来た祖先？

　視点を転じて，オセアニアの人々の観点から，ヨーロッパ人の到来の意味について考えていこう。ヒトの拡散の歴史が示すように，オセアニアの人々は島々で孤立して生活していたわけではなかった。人々は航海術を通じて結びつき，交易や朝貢など様々な関係性のなかにあり，島の外の世界に対する豊かな認識をもっていた（第4章3節参照）。ヨーロッパ人との接触は概して，初めは緊張に満ちていたが，やがて儀礼的な作法で歓迎され，食料が差し出された。ヨーロッパ人は，島の人々が船上の品々を勝手に持ち帰ることに腹を立て，報復の暴力に訴えかけることもあった。これは，外来者がすべてを差し出すことで初めてその土地に庇護されるという他者歓待の作法に基づいた営為であった。しかし，オセアニアの人々に所有の観念がなかったというわけではなく，持ち去りが行われない場合も多かった（Meleisea and Scheffel 1997: 135–136）。

　伝統的首長制が発達したポリネシアには，既存の権力を転覆させるような新

しい権力は海の向こうからやって来るという外来王の観念があり，祖先や神々もまた海の向こうからやって来るという観念が広く認められた。実際，外見が異なるヨーロッパ人を初めて見たとき，オセアニアの人々が彼らを超自然的な存在であると認識したことを示す記録は多くある。ニュージーランドの先住民マオリは，1769年11月にクック船長らの一行に遭遇したとき，彼らを恐れと畏怖をもって人間ならざる存在（*tupua*）とみなした（Meleisea and Scheffel 1997: 131-132）。1778年と79年にハワイの人々は，収穫祭の時期にやって来たクック船長らをロノ神（*Lono*）として迎えて歓待したが，彼らが予期せず島に舞い戻って来たとき，今度は暴力で迎え，クック船長は命を落とした（サーリンズ 1993）。

　初期接触に関する文化的解釈は，西洋世界の学知による後づけに過ぎず，ヨーロッパ優越の承認と後の植民地支配の正当化につながるとして，手厳しい批判もなされている（e.g. Obeyesekere 1992）。しかし，当時文字記録を残さなかったオセアニアの人々の観点から初期接触の意味を検討するには手がかりとなる。また，オセアニアの人々は，ヨーロッパ人を超自然的な存在とみなし続けたわけではない。ヨーロッパ人が自分たちと同じように食べて排泄する人間であると気づき，彼らの到来が疫病の流行およびそれに伴う人々の死と深く関係していると疑うまで，さほど時間を要さなかった（Meleisea and Scheffel 1997: 127）。

海の向こうの世界へ

　オセアニアの人々は，ヨーロッパ人によってもたらされた事物に興味を示し，自社会の世界観に取り込もうとした。タヒチ島は，1768年にサミュエル・ウォリス，翌年にクック船長が到来して以降，文明に汚されない「高貴な野蛮人」の島としてヨーロッパでは知られるようになった。また，1789年にイギリス海軍のバウンティ号で起きた反乱（バウンティ号の反乱）で，反乱者がタヒチ人女性を連れて無人島ピトケアンに逃れたことも広く知られていた。この頃，タヒチの人々はヨーロッパ由来のモノを通して在来社会で権威や力（マナ）を獲得しようしていた。高位首長が身にまとう赤い羽根の腰巻（*maro ura*）には，ウォリスが上陸を記念して立てたイギリスの国旗や，バウンティ号の理髪師・スキナーの髪の毛が織り込まれていた。タヒチ人にとって，髪の毛に触るというタブーに挑んでいたスキナーは，特別な存在だった（Denning

1996: 133)。ヨーロッパ人が航海記録を通じてオセアニア認識を作り上げていったように，オセアニアの人々もまた，ヨーロッパ由来の事物を占有し，自社会のなかに取り込んでいったのである（Denning 1996: 167）。

　オセアニアの人々は，ヨーロッパ人の船に乗って航海し，海の向こうの世界に対する認識を広げていった。ヨーロッパの航海者にとって，オセアニアの人々の航海術は頼りになった。クック船長は第一回航海でタヒチに立ち寄った際，ライアテア島出身のトゥパイアを乗せて太平洋を西へ航海した。トゥパイアは130近くの島を説明し，そのうち74を海図に示すことができ（増田 2000：47），ニュージーランドではマオリからも一目おかれる存在であった（Thomas 2010: 19）。1769年3月，タヒチのアフトルは，ブーゲンヴィルとともにフランスに到着し，ヨーロッパを見た最初の太平洋島嶼民となった。1774年10月，ライアテア島出身でフアヒネ島に住んでいた青年マイは，クック船長の第二回航海に参加していたアドベンチャー号に乗ってイギリスに到着した。アフトルは帰路に客死したが，マイはクック船長の第三回航海に同乗し，帰還した（Thomas 2010: 4−7）。

　オセアニアの人々にとって，ヨーロッパ人の船に乗ることは，ヨーロッパの「発見」とともに，従来認識のなかにあった他のオセアニアの島々を再発見することでもあった（Thomas 2010: 4）。18世紀末には，貿易船や捕鯨船に乗ったり，キリスト教の伝道団に同行したりしたオセアニアの人々が何百人もおり，航海を経て別の島に移り住む者もいた。19世紀初頭にイギリス東インド会社のジョン・ターンブルの世界周航に同行していたタヒチ人は，トンガやノーフォーク諸島で同胞と出会い，ハワイの人々とは文化的な親近感を感じて意気投合し，シドニーではロンドンに行ったことがあるマオリから刺激を受けている（Howe 1984: 102）。

2　オセアニアの植民地化

(1)　統一王朝の樹立

武器への欲望

　ヨーロッパ人に遭遇したオセアニアの人々は，彼らのもっていた鉄器や銃器

に強い興味を抱いた。伝統的首長制が発達していたミクロネシアやポリネシアでも，小規模集団に分かれて割拠していたメラネシアでも，新たな武器は競合する集団間の戦闘を優位に進めるために必要とされた。こうして，ヨーロッパ由来の武器の威力を借りて統一王朝が形成されたり，一部の伝統的首長に権力が集中したりするようになり，既存の均衡関係が崩れていった。武器は欧米の商船のほか，船を降りて島々に留まった人々（ビーチコーマー）からも持ち込まれた。

ビーチコーマーの先駆けは，バウンティ号の反乱のあとにタヒチやピトケアンで暮らした反乱水兵や，自発的ないし座礁などの事故によって商船を降りて島々に留まった商人であった。1840年代から50年代にはポリネシアとミクロネシアに約2000人のビーチコーマーがいたと推定されている（Howe 1984: 103）。『白鯨』を著したハーマン・メルヴィルのように，島々をめぐって帰国後に著名人となった者もいた。現地社会に留まった人々が島々に与えた影響は甚大であり，王や首長の助言者として重用されたビーチコーマーもいた。

ポリネシアの王朝国家

クック船長の訪問時，ハワイは三つの王国に分かれていたが，ハワイ島出身のカメハメハ1世は1795年，ハワイ諸島をほぼ統一した。カメハメハ1世は，欧米人との白檀交易を独占したほか，ビーチコーマーにヨーロッパ式の帆船を造らせ，軍事訓練を行った。船には大砲を積み，銃器も多数仕入れた。イギリス出身のアイザック・デイビスとジョン・ヤングは，マカオとヌートカ湾を往来するアメリカ商船に乗り，毛皮交易に従事していたが，カメハメハ1世の助言者となり，戦争や欧米との交渉に際して重用された（Howe 1984: 106）。

タヒチ島では，バウンティ号の反乱のあと，船を降りてマタバイ湾に住み着いたビーチコーマーがいた。ライアテア島出身のポマレ1世は彼らを取り込み，銃器の提供や戦術の助言を受け，ソサエティ諸島における首長国間の戦闘を優位に進めた（Howe 1984: 132）。1803年にポマレ1世は死去したが，息子のポマレ2世は，ロンドン伝道協会の伝道者が行っていたマタバイ湾での貿易を独占し，西洋由来の品々を手に入れるようになった。また，伝道者たちは布教活動の効率化のために，ポマレ2世を支持し，50トン級の大型船を与え，英語

での読み書きを教授した（Howe 1984: 137）。ポマレ2世は1812年に自ら改宗し，15年に統一王朝を樹立した。

　ハワイとタヒチの王朝が，欧米の植民地支配が進むなかで消滅したのに対して，トンガの王朝は現在まで存続している。もともとトンガには王の称号ツイ・トンガがあったが，10世紀半ばから三つの王朝に分かれ，トンガタプ諸島，ハアパイ諸島，ババウ諸島，ニウアス諸島を治めた。18世紀末には，これら王家のほか，地域社会の伝統的首長を巻き込み，戦闘状態が続いていた。1797年にロンドン伝道協会がトンガタプ島にやってきた頃，商船や捕鯨船を降りた多数のビーチコーマーがおり，銃器が持ち込まれたことで覇権争いが激化していた。このため伝道活動は進まなかったが，1820年，三王朝の一つツイ・カノクポルの称号を継承したタウファアハウは，ウェズリー派の宣教師を取り込んで改宗し，ジョージ・ツポウ1世を名乗った。そして，1852年にはトンガを平定，75年には憲法を制定して立憲君主制を敷いた（Howe 1984: 177-197）。やがて来る植民地化の波のなかで，トンガ王朝は一時期イギリスに外交権を委ねたが，オセアニアのなかで唯一，内政自治を守り続けた。

首長国の覇権争い

　ハワイ，タヒチ，トンガを除いてオセアニアに統一王朝は形成されなかったが，もともと伝統的首長が割拠し，対立や連帯の関係を通じて権力の均衡が保たれていた島々では，激しい覇権争いが繰り広げられた。サモアでは，高位の称号を独占していたマリエトア・バイイヌポーが1841年に死去すると，伝統的首長が覇権をめぐって争った（山本 2000：294）。

　マリアナ諸島を除き，ミクロネシアの島々と外世界との接触は限定的であったが，19世紀には商船や捕鯨船の寄港地となった。ポーンペイ島およびコスラエ島には，1840年代にビーチコーマーを介して銃器がもたらされ，首長国間の戦争が激化した。アメリカ海外伝道団は，捕鯨船の寄港地における売春や飲酒の横行が現地社会に与える悪影響を問題視し，1850年代から布教活動を開始した。やがて，ポーンペイ島の人々の改宗が進んで社会秩序が回復し，コスラエ島では1874年に改宗した平民層から首長が選出されたことで，より平等主義的な社会が到来した（須藤 2000：317）。

パラオ諸島は，1783年にイギリス東インド会社の商船が近海に座礁し，初めてヨーロッパ世界と接触した。このとき銃器がもたらされたことで，コロールとマルキョクの高位首長を軸とした対立が深まっていった。1866年にはナマコ交易に従事していたイギリス人のビーチコーマーが殺害され，翌年派遣されたイギリス軍艦は報復としてコロールの高位首長を殺害した（Hezel 1983: 196）。1883年にはイギリスの仲裁でコロールとマルキョクの間に和平協定が締結されたが，村落間の戦闘は植民地統治が始まるまで続いた（Hezel 1995: 112）。

(2)　世界経済への編入

白檀と豚

　19世紀以降，オセアニアは欧米を中心とした世界経済に組み込まれ，貴重な香料植物として中国で需要が高かった白檀（sandalwood），同様に中国や東南アジアで食材として広く需要があったナマコ，燃料油やコルセットの原料を抽出するために需要があった鯨などが乱獲された。

　オセアニアの白檀はクック船長の航海でも関心事であった。クック船長は豚，貝，鯨の歯，鼈甲を対価に，ニューヘブリデスで白檀の木を伐採する許可を得ている（鶴見 1993：63）。1804年，フィジーで初めて白檀が「発見」されると，オーストラリアから商人が押し寄せ，1810年代には伐採され尽くした。その後，白檀の産地としてハワイ諸島に関心が集まったが，ここでも乱獲が進み，1830年までには刈り尽くされてしまった。ハワイでは，統一王朝を築いたカメハメハ1世が白檀交易を独占し，ビーズ，絹織物，陶磁器，銀器などを得ていた。一方で，庶民は白檀探しに駆り出され，田畑は荒廃した（山本 2000：270-271）。

　18世紀末から19世紀初頭にかけて，食料自給体制が整っていなかったニューサウスウェールズでは，イギリスからの流刑者や入植者のための食料の確保が必要であった。この需要に応えたのが，おもにタヒチから輸入された豚肉であった。塩漬けの豚がシドニー港に大量に運び込まれ，その対価として，タヒチのポマレ2世は武器を手にした（Maude 1968: 178-232）。ポマレ王朝は貿易を独占して集権化を進めたが，同時にヨーロッパへの依存を高めていった。

ナマコと鯨

　白檀が枯渇した後に注目されたのが，ナマコであった。1810年代にはフィジーで干しナマコが生産され，マニラ経由で中国に運ばれていた。オーストラリアのトレス海峡では1860年代からナマコの採取が盛んになった。オセアニアの人々はナマコを食していたが，干しナマコの製法は知らなかった。スペイン船に乗ってマニラからフィジーにやって来た人々が，ナマコを燻して加工する製法を広めた（鶴見 1993：77）。フィジーを拠点にナマコを獲り，加工し，運んだのはアメリカ人であった。彼らは斧，ナイフ，銃器，ビーズ，衣類などを持ち込んだ。燻すために大量の木材が必要とされたため，フィジーの森は荒れ，持ち込まれた武器によって村落間の戦闘が激化していった。

　アメリカ船による捕鯨は，18世紀に太平洋に進出し，19世紀に最盛期を迎えた。アメリカ式の捕鯨は鯨油を採取するとともに，大量の鯨肉を廃棄したため，白檀同様に鯨の乱獲が進んだ。水や食料の補給地として，ハワイをはじめオセアニアの島々には捕鯨船が寄港するようになった。そして，オセアニアの人々も捕鯨船に乗った。マウイ島から二人のハワイ人が初めてアメリカ捕鯨船に乗り込んだのは，1819年のことであった（Lebo 2013: 52）。オセアニアの人々は航海のほか，船上での仕事に長け，重宝された。1840年代には，北米の毛皮交易に従事していたハドソン湾会社に約400人のハワイ人が雇われ，太平洋の捕鯨船には約600人のハワイ人が乗っていた（Howe 1984: 101）。

ブラックバーディング（奴隷狩り）

　資源が乱獲され尽くした19世紀後半，欧米の商人はプランテーション経営に重点をおくようになった。南北戦争（1861〜65年）の頃にはアメリカ南部の綿花栽培が壊滅的打撃を受けたことで価格が高騰し，フィジーでは綿花プランテーションが導入された。しかし，戦後に綿花の価格が下落すると，サトウキビ栽培が主流になった。また石鹸の原料となるコプラを生産するために，ココナッツ栽培も広く行われるようになった。クイーンズランド，フィジー，ハワイなどではサトウキビ・プランテーションが発達し，オセアニアの人々が契約労働で働きに来るようになった。同時に，ブラックバーディング（奴隷狩り）によって強制的に連れて来られた者も多かった。

19世後半から20世紀初頭にかけて，ニューへブリデス諸島，ソロモン諸島，ニューギニアなどからクイーンズランドおよびフィジーのプランテーションへ，約10万人の若年男性が渡ったと推定されている（Howe 1984: 329）。若者は島の外の世界で働くことを積極的に求めていたが，大半がブラックバーディングにより連れて来られた人々であった。人々の反発も強く，19世紀を通じて，ニューへブリデスではイギリス人およびフランス人の宣教師やプランテーション労働のリクルーターに対する攻撃が相次いだ（Henningham 1994: 124）。すでにイギリスやフランスの植民地で奴隷制が廃止され，南北戦争後に奴隷解放宣言が出された当時の世界において，オセアニアの人々はなおも有色人種として差別的な扱いを受けた。西部フロンティアが開拓し尽くされた後，アメリカの太平洋進出に伴ってオセアニアにも白人至上主義が到来したのである（Horne 2007）。

(3)　植民地主義の動向

帝国主義的拡張と分割

　世界経済に編入されたオセアニアには，欧米列強による帝国主義の波が容赦なく押し寄せてきた。19世紀は，イギリスを筆頭にフランス，オランダ，やや遅れてドイツやアメリカがオセアニアに進出し，勢力圏をめぐって争い，分割の取り決めがなされていった。ニュージーランドでは部族連合による独立請願がイギリス国王に出されていたが，1840年，ニューサウスウェールズから分かれてイギリス植民地となった。その10年後，イギリスはオーストラリア植民地政府を樹立し，1874年にはフィジーを植民地とした。ドイツがニューギニア島で経済活動を展開するようになると，オーストラリアの入植者はイギリスのニューギニア統治を強く望んだ。これを受けて1884年には，ドイツとイギリスの間でニューギニア島東部分割協定が結ばれた（Hempenstall 1994: 34）。1828年にニューギニア西部の領有宣言をしていたオランダは同地の支配を続け，1885年にオランダ領東インドに編入した。

　フランスは革命後の内政不安から，オセアニアの植民地争奪戦にはやや出遅れたが，1842年にマルケサス諸島を植民地化した。同年に，フランス太平洋艦隊の司令官アベル・オーベール・デュプティ＝トゥアールがタヒチを保護領と

宣言したが，フランス本国の承認と公式の植民地化は，現地首長層が弱体化し，フランスがパナマ運河建設を主導しようとしていた1880年のことであった。同様に実効支配していたニューカレドニアは，ナポレオン3世の即位後，イギリスによる反対を抑えて1853年に植民地化された。ニューヘブリデス諸島は，ニューサウスウェールズのイギリス人入植者がフランス進出に強く反対していたため，1887年に英仏両軍の共同統治下におかれることになった（Hempenstall 1994: 36-37）。

　アメリカはすでに捕鯨や伝道を通じてオセアニアに進出していたが，19世紀末には領土的野心を顕在化させた。1889年には，ドイツ，イギリスとともにサモアの政局に介入し，ベルリン条約を締結した（山本 2000：297）。米西戦争勃発と同年の1898年，アメリカ連邦議会ではハワイ併合が議決され，太平洋進出の足場が確保された。1899年には欧米列強で勢力圏の取り決めが再度行われ，イギリスがサモアから撤退してソロモン諸島の保護領化を進める一方で，西サモアはドイツ領，東サモアはアメリカ領となった。1900年には，イギリスがトンガの外交権を掌握し，翌年にはニュージーランドがクック諸島とニウエを併合した。

　ドイツは1860年代からマーシャル諸島でコプラ・プランテーションを運営していたが，マリアナ諸島およびカロリン諸島にも進出してスペインと対立を深め，1885年にローマ教皇による仲裁が行われた。イギリスは1892年にギルバート諸島を保護領とした。ミクロネシアにおけるスペインの勢力圏はその後，遅れてきた列強によって分割された。1898年に勃発した米西戦争のあとにはスペインが撤退し，アメリカがフィリピンとグアムを手中にした。スペインはグアムを除くマリアナ諸島，カロリン諸島，マーシャル諸島をドイツに売却した。ドイツは，ポーンペイ島およびヤップ島に支庁を設置し，ドイツ・ニューギニア政庁の管轄下で統治を行った。

　第一次世界大戦後，ドイツは西サモア，ニューギニアおよびミクロネシアの植民地を喪失した。戦後，国際連盟では民族自決の宣言がなされていたが，アフリカやオセアニアでは，文明化が進んでいないことを理由に，国際連盟による委任を受けた列強による統治が行われた。オセアニアにおける委任統治には，帝国日本による旧ドイツ領ミクロネシア（南洋群島）統治（第16章3節参

照）, ニュージーランドによる旧ドイツ領西サモア統治, オーストラリアによる旧ドイツ領ニューギニア統治, 英連邦三国（イギリス, オーストラリア, ニュージーランド）によるナウル共同統治など, それまで植民地の統治経験が浅い新興国が参入した。

未完のポリネシア連邦国家

　帝国主義的進出と植民地分割が進むなかで, オセアニア在来の王朝国家はトンガを除いて消滅した。タヒチでは, ロンドン伝道協会とカトリック伝道協会の布教をめぐるせめぎあいにより社会内対立が深まり, イギリスとフランスの勢力争いはポマレ王朝を弱体化させた。フランスによる保護領化はポマレ4世による宣教師追放を口実に断行された。一方的な保護領化宣言後の混乱のなかで, 女王ポマレ4世は捕らわれの身となり, 1847年に保護領化条約の締結を余儀なくされた。1877年に即位した息子のポマレ5世は, 80年にフランスによる併合協定に署名し, 王朝は幕を閉じた（Howe 1984: 151）。

　ハワイでは, 1874年に即位したカラカウアは王権強化を模索し, ホノルルにイオラニ宮殿を建設し, 外交にも惜しみなく国費を投入した。また, 世界一周の航海に出て世界情勢を見極め, 欧米への従属から脱しようと, アジア・オセアニア諸国との連帯に奔走した。1881年, カラカウアは, 日本を訪問して明治天皇と接見し, 条約締結を通じた日本からハワイへの移民の導入, 天皇家とハワイ王家との縁組などの構想を明かした。また, サモアの権力抗争で優位に立っていた高位首長マリエトア・ラウペパに対して, トンガのほかギルバート諸島まで含めた連邦国家の構想をもちかけ, 1887年にハワイ王朝の軍艦カイミロアをサモアのアピア湾に派遣した。しかし, この行為はサモアの利権に高い関心を寄せていたイギリス, ドイツ, アメリカを刺激し, カラカウアの助言者ウォルター・ギブソンがハワイ王朝の要職の座を追われたため, ポリネシア連邦国家の構想

写真7-2　イオラニ宮殿で行われたアメリカ併合への抗議（2010年, オアフ島にて筆者撮影）

は未完に終わった（Thomas 2010: 274）。

　カラカウアは1891年にサンフランシスコで客死した。その後，93年1月17日にアメリカ系住民による臨時政府樹立と王朝廃止が宣言され，94年のハワイ共和国樹立を経て，98年にハワイはアメリカに併合された（第14章3節参照）。少数派のアメリカ系住民による強引な王朝転覆は遺恨を残した。現在でも1月17日には抗議パレードが行われるなど，イオラニ宮殿は王朝廃止や併合に対する様々な抗議活動の舞台となっている（写真7-2）。

様々な統治形態

　オセアニアにおける植民地統治の形態は地域や宗主国によって多様であったが，ハワイのように少数のアメリカ系住民が実権を掌握した場合，またオーストラリアのように入植者が社会の多数派を形成した場合には，現地住民の権利は等閑視された。入植者が多数派を形成していなくても，ニューカレドニアやニューギニアのように，本国の国会に代議員を送れないことに不満を抱く入植者への対応が優先事項で，やはり現地住民の権利は等閑視された（Firth 1997: 274）。伝統的首長を介した間接統治は，植民地時代を通して広く行われたが，伝統的首長の権威がないがしろにされることもあった。メラネシアのように伝統的首長が不在で小規模集団が割拠している地域では，より直接的な統治が敷かれた。直接統治の形態であっても，ニューギニア内陸部など支配が及びにくい遠隔地もあった。

　間接統治が最も発達したのは，イギリスのフィジー統治においてであった（丹羽 2020：215）。初代植民地総督アーサー・ゴードンは，欧米との接触以降，急激な人口減少と社会変化を経験していた先住民を保護するために，先住フィジー人の土地権を保障し，プランテーションでの労働を禁じ，伝統的首長層が運営する大首長会議を介した統治を行った。間接統治は在来の社会制度を再生産したわけではない。争いが絶えず，流動的であった階層関係は間接統治を通じて固定され，同様に譲渡可能であった土地権も先住民保護の観点から固定された（丹羽 2020：219）。フィジーの伝統は間接統治を通じて創られたのである。同時にフィジーの有力首長がイギリスに主権を委譲したのは，英連邦内で所在を確保しようと試みたためであった。植民者と被植民者との相互作用や

「もつれあい」のなかで社会が構築されていった過程がみてとれる（Thomas 1997）。

　日本統治下のミクロネシアでは，オセアニアの植民地では最も強い統治が敷かれた。日本語教育を受けた若年層から任命された巡警を介した統治に重点がおかれ，伝統的首長制はないがしろにされた。伝統的首長は末端の行政職である村長に任命されることもあったが，意に添わなければ別の人物が選ばれた。それでも人々は，在来社会で権威を維持する伝統的首長と，日本統治と交渉する村長とを使い分けていた。ミクロネシアでは洗練された間接統治体制が敷かれることはなかったが，人々の柔軟な対応によって伝統的首長制が維持されたのである（Hezel 1995: 161–162）。

3　反植民地主義と国家形成

(1)　反植民地主義の動向

王と首長の反発

　アジア・アフリカ地域と比べて，オセアニアでは反植民地運動や独立闘争が顕在化しなかった地域が多いが，それでも植民地支配に抗する様々な動きがあった。メラネシアで広くみられたカーゴカルトと総称される宗教社会運動は，反植民地主義的な側面をもっていた（第8章2節参照）。王朝の廃止にあたっては強い抵抗があった。タヒチでは一方的に保護領化が宣言された後にも抵抗が続き，イギリス系の宣教師を取り込んでフランスに対抗しようとした。ハワイでは臨時政府樹立の翌年，1895年に王党派による武装蜂起があった。武装蜂起は失敗に終わり，すでに実権を失っていたリリウオカラニは退位に署名したが，それまでアメリカ国内の反帝国主義者と結託し，ハワイ併合を阻止しようと奔走していた。

　土地政策に対する現地社会の抵抗は広範囲にわたった。フランス領ニューカレドニアでは，ヨーロッパ人の入植に伴って土地を簒奪された先住民による抵抗が1878年から79年にかけて最高潮に達し，数百人のメラネシア系住民と200人以上のヨーロッパ系住民が死亡した（Henningham 1994: 125）。ドイツ統治下のポーンペイ島では，平民からの貢納を通じた祭宴が禁じられ，土地の私有化

が進められたことに対して，1910年に同島ソークス地区の伝統的首長ソウマタ
ウが反乱を起こした（ソークスの反乱）。ソウマタウらはドイツ人行政官を殺害
して抵抗を続けたが，翌年に降伏し，首謀者として処刑された（須藤 2000：
322）。

　ドイツは科学的植民地主義を宣言し，様々な社会改良や経済開発を導入した
が，各地で反発を招いた。西サモアの初代総督ヴィルヘルム・ゾルフは，伝統
的首長層を尊重する約束を反故にし，次第に現地社会への介入を強めていっ
た。このためラウアキ・ナムラウウル・マモエは戦闘カヌーを繰り出して示威
行動と意義申し立て（mau）を行った。これはマウ運動と呼ばれた。第一次世
界大戦後にドイツは撤退したが，続くニュージーランドの委任統治は不慣れ
で，初代総督ジョージ・リチャードソンはサモア人首長との対立を深め，1926
年には第二次マウ運動が起きた。第二次マウ運動には，ヨーロッパ系住民も参
加し，白人指導者のオラーフ・ネルソンは，横暴な植民地政府の実態を流刑地
から国際社会に訴えかけた。第二次マウ運動は，将来的なサモア独立を認める
方針が示された1936年まで続いた（山本 2000：299–300）。

植民国家への反発

　植民者が多数派を構成するようになったオーストラリアやニュージーランド
などの英連邦内の植民国家では，先住民が土地から追いやられていった（第6
章1節参照）。ニュージーランドでは，部族連合がマオリ王を選出して植民地
状況に対応しようとする動きがあったが，マオリも入植者への土地売却賛成派
と反対派で分裂していた。1860年には，土地の売買をめぐる論争に，当時の
ニュージーランド総督が介入したことで抗争が勃発し，やがてマオリ約1500
人，イギリス本国とニュージーランドの連合軍約3000人を巻き込んだ土地戦争
に発展，和解が成立したのは1881年のことであった。土地戦争の過程で反逆者
として土地を失ったマオリも多く，宗教的な色彩を帯びた抵抗運動が起きた
（青柳 2000：186）。土地をめぐる問題は，入植者と先住民の間の対立を深め，
現代における先住民の権利回復運動へと引き継がれている。

　強い統治体制が敷かれた日本統治下のミクロネシアでは，組織的な抵抗運動
はみられなかったが，日本人移住者が現地人を凌駕していた島々では，土地を

めぐる軋轢が顕在化していった。製糖業が大々的に導入されたサイパン島では，チャモロのアントニオ・カブレラという人物が，スペイン統治時代に発行された地券を根拠に，日本統治が不当に私有地を官有地に編入したと国際連盟に訴えている（矢内原 1935：216）。結局，この訴えは認められなかったが，ミクロネシアでは植民地時代の開発やそれに伴う土地権確定に端を発する土地紛争が現在でも絶えない。

(2) 太平洋戦争と戦後秩序の形成

太平洋戦争の経験

　欧米列強および日本の勢力争いの舞台となったオセアニアは，日米が対立を深めるなかで太平洋戦争の戦場となり，オセアニアの人々を巻き込んでいった。軍事要塞化や飛行場建設，そして戦闘は在来社会を容赦なく破壊した。1943年に日本軍が占領したナウル島では，多数の在来住民がチューク諸島へ強制移住させられたが，ナウルで徴用された人々は飢えと病気に苛まれた（Poyer et al. 2001: 37–38）。パラオ諸島のペリリュー島では現地住民が強制退去させられ，日本軍によって飛行場が建設された。1944年9月に米軍が上陸して激しい地上戦が繰り広げられ，戦後ペリリューの人々が帰還したとき島は焼け野原であった（Poyer et al. 2001: 166–167）（第16章3節参照）。

　オセアニアの人々にとって，太平洋戦争は台風のように不可抗力で，島々を根こそぎ破壊するものであった（Poyer et al. 2001）。同時に，アメリカが太平洋戦争に勝利し，ミクロネシアの島々を解放したという歴史観も浸透している。アメリカ領グアムは真珠湾攻撃とほぼ同時に日本軍によって占領されたが，1944年7月21日に米軍が再上陸し，奪還した。この日は現在でも，解放記念日として記念行事が行われている。同じく米軍が上陸したサイパン島のほか，パラオ諸島のペリリュー島やアンガウル島でも，米軍の上陸日が解放記念日として祝われている。

　メラネシアでは，ニューギニアを委任統治していたオーストラリア軍，フィジーに集結した米軍，そしてニュージーランド軍が，進出してきた日本軍に対峙した。日本軍は連合国軍を分断するために，ガダルカナル島を占領して飛行場建設を行った。こうした戦局のなかで，ソロモン諸島民は沿岸警備隊として

戦闘に参加し，先住フィジー人はフィジー国防軍に加わった。またメラネシアの人々は，莫大な援助物資を投下した米軍との接触を通じて，在来の植民地統治を相対化する視点を獲得し，宗教色を帯びた反植民地運動を展開するようになった（第8章2節参照）。宗主国からの独立を志向していたわけではないが，そこには民族主義的な意識の萌芽が認められた（豊田 2000：252）。

戦後体制

　太平洋戦争後のオセアニアにおける勢力図は，ミクロネシアから日本が撤退したことで，アメリカの存在感がより際立つ形に塗り替えられた。アメリカは，ミクロネシアを国際連合のもとで太平洋信託統治領として統治した。そのほか，ニューギニア地域はパプアニューギニアとして統合され，オーストラリアが信託統治下においた。戦前の委任統治に引き続いて，西サモアではニュージーランドが，ナウルでは英連邦三国が信託統治を行った。

　戦後，アメリカはミクロネシアの恒久的領有を構想し（小林 1994），ビキニ環礁とエニウェトク環礁で核実験を行った（コラム⑮参照）。また，フランスはニューカレドニアのニッケル鉱山開発と，戦後フランス領ポリネシアと呼ばれるようになったソサエティ諸島の軍事利用を進め，ムルロア環礁とファンガタウファ環礁で核実験を行った（桑原 2013：230）。しかし，その他の宗主国は，オセアニアに戦略的価値をもはや見出さなくなっていた。島々は経済的価値が少なく，統治コストの負担も大きいことから，植民地統治に終止符を打ち，独立させようとする動きが出てきた。

(3)　植民地の記憶と独立国家の形成

強いられた独立？

　戦後のオセアニア諸国の独立は，こうした宗主国の政治的思惑の産物であったため「強いられた国民国家」ともいわれる（小林・東 1998）（第11章1節参照）。また，独立後も温存された旧宗主国への経済的従属は，典型的な新植民地主義の一形態であった。実際に，独立闘争がないままに，宗主国主導で自治政府が樹立され，独立を果たしたものの，厳しい国家運営の現状から破綻国家の烙印を押されることもある。

1962年，西サモアはオセアニアで初めての独立国家となった。その後，英連邦統治下にあった地域では，68年にナウル，70年にフィジー，75年にパプアニューギニア，78年にソロモン諸島が独立を果たした。イギリス領エリス諸島は78年にツバルとして，同じくギルバート諸島は79年にキリバスとして独立を果たした。トンガは内政自治を維持していたが，70年に外交権も回復した。

　植民地統治や太平洋戦争の経験を経て，民族意識の萌芽がみられた地域もある。英仏共同統治下にあったニューヘブリデスはバヌアツとして1980年に独立しているが，民族主義的な政党バヌアアク党が独立にむけて大きな役割を果たした（豊田 2000：256）。もともと多民族構成であったために，オセアニアの新しい国家には共通のアイデンティティや国民文化が不在で，分離独立の動きなどを含めて国家運営は危機に晒されやすい（Foster ed. 1995）。フィジーでは，先住フィジー人とインド系住民との軋轢を残したまま国家運営がなされたことが，頻発するクーデターの背景に見え隠れしている。パプアニューギニアでは，豊富な鉱物資源を抱えるブーゲンヴィル州の分離独立問題が解決されていない。

　フランスの海外領土では，独立にむけた武力闘争や暴動が顕在化した。フランス領ポリネシアで1987年と95年に起きた暴動は，核実験に伴う健康被害や環境汚染に対する現地社会からの抗議であり，独立を志向した政治的な動きでもあった（桑原 2013：234-236）。しかし，タヒチを中心に軍関係の仕事や公的雇用の恩恵を受ける人々も多く，独立派は少数にとどまっている。ニューカレドニアでは，先住民カナクの独立運動が1960年代末から始まった。1984年にカナク社会主義民族解放戦線が設立され，ジャン＝マリ・チバウが代表に就任すると，独立闘争が顕在化した。しかし独立派と非独立派の対立も深刻になり，暴力の応酬が続いた。1988年にはマティニオン協定が締結され，脱植民地化への道が開かれたが，翌年チバウは独立過激派により暗殺された（尾立 2013：161）。その後，フランスからの独立の是非を問う住民投票が行われてきたが，独立派が過半数を得ることはなく，今日に至っている。

ミクロネシア連邦とトシヲ・ナカヤマ

　ミクロネシアでは，将来の政体をめぐるアメリカとの交渉過程で，当初構想

されていた統一ミクロネシアは解体した。北マリアナ諸島はグアムとの統合を模索していたが住民投票で拒否され，1986年にアメリカのコモンウェルスとなった。ヤップ，ポーンペイ，チューク，コスラエの4地区はミクロネシア連邦を形成し，1986年に独立を果たした。連邦から離脱したマーシャル諸島共和国も同年に独立したが，パラオでは憲法の非核条項がアメリカとの自由連合協定批准を遅らせ，独立は1994年までずれこんだ。独立したミクロネシア諸国はアメリカとの自由連合協定下にあり，同国からの経済的支援とともに，同国での就労や就学の機会を確保している。

　ミクロネシア連邦という国家は長い植民地統治の遺産であり，社会文化的に異なる島々の寄せ集めで，共通のアイデンティティがなく，脆弱な政体であると映るかもしれない。しかし，ミクロネシア連邦初代大統領トシヲ・ナカヤマは，ミクロネシアを植民地主義の産物とみなすことに異を唱えた。独立国家形成にむけて奔走するなかで，ナカヤマは島々のことを「小さい」などとは決して言わず，太平洋の広大な海域にわたる同国に可能性を見出していた。また，島々の文化的異質性は外来者によって過度に強調されており，島々のつながりや共通性こそ重要であると考えた（Hanlon 2014: 8）。ナカヤマはハワイ大学在学中および太平洋信託統治領のミクロネシア議会在職中に，他地域の出身者との交流を深めるなかで，虚構ではないミクロネシアを確かに実感していた。

　ナカヤマの考え方は，トンガ系のフィジー人エペリ・ハウオファが構想したような（Hau'ofa 2008），海でつながるオセアニアのありようとも共通している（第13章3節参照）。西はマダガスカル島から東はイースター島まで分布しているアウトリガーカヌー，ほぼ同じ領域に分布しているオーストロネシア語族など，長い時間をかけて行われたオセアニアへの人の拡散の歴史が，改めて想起される。オセアニア域内最大の文化イベントである太平洋芸術祭でも，カヌーの到着式を通して，海を通したつながりが再確認される一幕がある（写真7-3）。ナ

写真7-3　グアム島で開催された第12回太平洋芸術祭でのカヌー到着式（2016年，筆者撮影）

カヤマ自身もチュークの航海者の家系から出ているが，同時に日本統治期の移住者を父にもち，アメリカ統治下で政治家としてのキャリアを積んだ人物であった。

参考文献

青柳真智子　2000「ニュージーランド史」山本真鳥編『オセアニア史』山川出版社，168-220頁。

尾立要子　2013「ニューカレドニアの独立問題とその後——カナク人リーダー，ジャン＝マリ・チバウを中心に」丹羽典生・石森大知編『現代オセアニアの〈紛争〉——脱植民地期以降のフィールドから』昭和堂，151-172頁。

桑原牧子　2013「フランス領ポリネシアにおける核実験への抗議暴動と独立運動」丹羽・石森編，前掲，223-247頁。

小林泉　1994『アメリカ極秘文書と信託統治の終焉——ソロモン報告・ミクロネシアの独立』東信堂。

小林泉・東裕　1998「強いられた国民国家」佐藤幸男編『世界史の中の太平洋』国際書院，69-106頁。

サーリンズ，M　1993『歴史の島々』山本真鳥訳，法政大学出版局。

須藤健一　2000「ミクロネシア史」山本編，前掲，314-349頁。

鶴見良行　1993『ナマコの眼』筑摩書房。

豊田由貴夫　2000「メラネシア史」山本編，前掲，221-262頁。

丹羽典生　2020「植民地——ヨーロッパ諸社会による支配と先住民フィジー人の自律」梅﨑昌裕・風間計博編『オセアニアで学ぶ人類学』昭和堂，213-225頁。

増田義郎　2000「ヨーロッパ人の太平洋探検」山本編，前掲，46-77頁。

矢内原忠雄　1935『南洋群島の研究』岩波書店。

山本真鳥　2000「ポリネシア史」山本編，前掲，263-313頁。

Denning, G. 1996. *Performances*. Melbourne: Melbourne University Press.

Firth, S. 1997. Colonial administration and the invention of the native. In D. Denoon, S. Firth, J. Linnekin, M. Meleisea and K. Nero (eds.), *The Cambridge History of the Pacific Islanders*. Cambridge: Cambridge University Press, pp 253-288.

Foster, R. (ed.) 1995. *Nation Making: Emergent Identities in Postcolonial Melanesia*. Ann Arbor: University of Michigan Press.

Hanlon, D. 2014. *Making Micronesia: A Political Biography of Tosiwo Nakayama*. Honolulu: University of Hawai'i Press.

Hau'ofa, E. 2008. *We Are the Ocean: Selected Works*. Honolulu: University of Hawai'i Press.

Hempenstall, P. 1994. Imperial manoeuvres. In K. R. Howe, R. Kiste and B. Lal (eds.), *Tides of History: The Pacific Islands in the Twentieth Century*. Honolulu: University of Hawai'i Press, pp. 29–39.

Henningham, S. 1994. France in Melanesia and Polynesia. In K. R. Howe, R. Kiste and B. Lal (eds.), op. cit., pp. 119–146.

Hezel, F. 1983. *The First Taint of Civilization: A History of the Caroline and Marshall Islands in Pre-Colonial Days, 1521–1885*. Honolulu: University of Hawai'i Press.

Hezel, F. 1995. *Strangers in Their Own Land: A Century of Colonial Rule in the Caroline and Marshall Islands*. Honolulu: University of Hawai'i Press.

Horne, G. 2007. *The White Pacific: U.S. Imperialism and Black Slavery in the South Seas after the Civil War*. Honolulu: University of Hawai'i Press.

Howe, K. R. 1984. *Where the Waves Fall: A New South Sea Islands History from First Settlement to Colonial Rule*. Honolulu: University of Hawai'i Press.

Lansdown, R. (ed.) 2006. *Strangers in the South Seas: The Idea of the Pacific in Western Thought*. Honolulu: University of Hawai'i Press.

Lebo, S. 2013. A Hawaiian perspective on whaling in the North Pacific. *Senri Ethnological Studies* 84: 51–78.

Maude, H. E. 1968. *Of Islands and Men: Studies in Pacific History*. Melbourne: Oxford University Press.

Meleisea, M. and P. Schoeffel 1997. Discovering outsiders. In D. Denoon, M. Meleisea, S. Firth, J. Linnekin and K. Nero (eds.), op. cit., pp. 119–151.

Obeysekere, G. 1992. *The Apotheosis of Captain Cook: European Mythmaking in the Pacific*. Princeton: Princeton University Press.

Poyer, L., S. Falgout. and L. Carucci 2001. *The Typhoon of War: Micronesian Experiences of the Pacific War*. Honolulu: University of Hawai'i Press.

Thomas, N. 1997. *In Oceania: Visions, Artifacts, Histories*. Durham: Duke University Press.

—— 2010. *Islanders: The Pacific in the Age of Empire*. New Haven and London: Yale University Press.

●読書案内●

Islanders: The Pacific in the Age of Empire.
　　N. Thomas, New Haven and London: Yale University Press, 2010
　　帝国主義時代，世界に進出したのは欧米人だけではなかった。オセアニア
　　の人々もまた世界観を広げていった。初期にヨーロッパに渡った人々や，
　　貿易船や捕鯨船に乗り込んだ人々の姿を通して，オセアニアの人々のコス
　　モポリタニズムが明らかにされる。

『現代オセアニアの〈紛争〉——脱植民地期以降のフィールドから』
　　丹羽典生・石森大知編，昭和堂，2013年
　　オセアニアは平和で楽園のような世界として認識されがちだが，独立国家
　　形成から脱植民地期にかけて，各地で様々な紛争が顕在化していった。本
　　書は，1960年以降のオセアニアにおける紛争を，日常的実践から政治闘争
　　に至るまで広く比較検討している。

Making Micronesia: A Political Biography of Tosiwo Nakayama.
　　D. Hanlon, Honolulu: University of Hawai'i Press, 2014
　　チューク諸島ナモヌイト環礁出身で，日本人移住者の父親と伝統的首長の
　　家系出身の母親との間に生まれたトシヲ・ナカヤマは，ミクロネシア連邦
　　初代大統領となった。この伝記には，太平洋をまたにかけて新しい国家の
　　建設に尽力した政治的リーダーの姿が生き生きと描かれている。

首　長　制
「サモア流民主主義」の模索

矢野涼子

　1875年にサモア諸島で制定された「1875年サモア憲法」には、「満7年後、人々は投票用紙に順応し、選挙の重要性を十分に理解しているであろうから、7年後（中略）議会は総選挙を行う」という一節がある。当時、サモア諸島に進出してきた欧米人は選挙制度の確立を試みた。ところが、サモア独立国（以下、サモア）における選挙制のあり方については、約150年が過ぎた現在もなお模索が続いている。

　サモアでは、ニュージーランド国際連盟委任統治領期（1919〜62年）に、約8割の現地住民が委任統治のあり方に不満を抱き結集し、結果的に独立につながる反統治運動を起こした。1962年の独立の際、サモアの人々が様々な制度の整備や取り決めをするうえで重要とし、今日まで大切にしてきた原則がある。それは、ファアサモアという言葉で表され、「サモアのやり方」「サモア流」を意味するものである。独立と同時に導入した選挙制度のあり方においてもファアサモアは重視された。

　サモアの選挙制度を理解するうえでマタイの存在は重要である。マタイとは、大家族の家長にあたる首長称号保持者のことである。マタイは、家族へ仕事を配分し、家族の生産品、家計などの管理を行う。また、村落運営の話し合いに参加し、社会秩序の維持と村落内の政治運営に務めることも彼らの仕事である。マタイ称号の継承に規定はなく、マタイが所属する大家族の子孫のなかから関係者の話し合いによって選出される。

　独立準備の際、ニュージーランドは民主化の基準とされる普通選挙をサモアに導入することを目指した。しかし、ファアサモアでは称号をもたない者はマタイによって代表されるため、マタイとそうでない者が同等の権利を有す普通選挙は受け入れられなかった。サモアはマタイのみが選挙権・被選挙権をもつマタイ選挙制度をサモア流の民主主義として国連に主張し、認めさせたのである。

　ところが、その後、サモアではマタイのみが選挙権を有するため、選挙対策

のためのマタイが増加するという問題が起きた。本来ならば称号を得ることの
ない若者や女性，子どもまでもが称号保持者となる事態が発生したのである。
マタイに誰もがなれるようになってしまうと，大家族をまとめ，村落運営をす
るのに適した人物とされ，一目をおかれてきたマタイの権威が揺らぎかねず，
サモアにおいて秩序の維持を危機に陥れる可能性があった。そこで，マタイの
増加を防ぐため，1990年，被選挙権については変わらないものの，選挙権につ
いては普通選挙を導入することとなった。普通選挙導入後，各人に投票の権利
を認めることこそがファアサモアであるとの見解を示す人々も増加した。ファ
アサモアの選挙制度がどうあるべきかという見解は時代によって変化している
ようである。

　2021年，フィアメ・ナオミ・マタアファ氏が首相に就任し，サモアで初の女
性首相が誕生した。現行の選挙法では，多数票方式で51議席の選出を行う。国
会議員の最低10％，すなわち5議席は女性議員である必要があるという，女性
議員の占めるべき割合と議席数との間で齟齬が生じたままの規定のもと，2021
年4月に選挙が行われた。開票の結果，前首相ツイラエパ氏率いる HRPP 党
(Human Rights Protection Party) が25議席，フィアメ氏率いる FAST 党 (Fa'atuatua
i le Atua Samoa ua Tasi) が 25議席，無所属が1議席を獲得し，うち女性議員は
5議席，全体に対する割合の9.8％を占めるという結果となった。HRPP 党，
FAST 党とも25議席となり第一党が決まらず，首相を選出できない事態が生
じたところ，無所属の議員が FAST 党側につくことを表明し大勢が決するか
にみえた。ところが，同日，選挙管理委員会は，女性議員が10％を占めるとい
う規定を満たしていないため，女性議員1名を追加選出すると宣言した。これ
に対して，FAST 党が裁判所に HRPP 党の一部議員の立候補資格の確認を求
めるとともに，女性議員の追加に対して異議申し立てを行った。事態は法廷闘
争に発展し，サモアは政治危機と呼ばれる事態となる。結局，裁判所により追
加議席は無効，総選挙の結果は FAST 党が第一党であるとの判断が下され，
フィアメ氏が首相となった。国会が開会したときには，すでに総選挙から5ヵ
月以上が経っていた。

　選挙制度と女性の政治参加をめぐりサモアは新たな時代を迎えたといえる。
ただ，この出来事を歴史の文脈に位置づけるには，今後，研究が進むのを待つ
必要がある。

第8章

文　化

メラネシアの社会運動と国民統合

石森大知

村落の行事においてキリスト教の讃美歌を斉唱する人々（2010年，ソロモン諸島ガダルカナル島にて筆者撮影）

メラネシアは文化的多様性に富む地域として知られ，人々は近隣の他者の文化を柔軟に受容し，自己の文化を変容させてきた。しかし，植民地状況下におけるメラネシアの人々にとって，西洋人（西洋文化）との関係性は必ずしもそれと同じであったとはいえない。本章では，メラネシアの反植民地運動，独立運動，ナショナリズムなどにみられる文化の意識的な客体化に注目しながら，人々の帰属意識やアイデンティティなどに関して考察を行う。

1 人類学における文化概念

⑴ メラネシアの文化的多様性

　本章の目的は，文化の概念を切り口として，植民地化以降のメラネシアにおける社会・政治運動を概観することである。具体的には「カーゴカルト（cargo cult）」と称されてきた反植民地主義的な社会運動や，脱植民地化過程で生じた独立運動や国民統合の事例を取り上げながら，意識・操作される文化の諸相を検討する。なお，本章は運動の指導者や国家エリートによる文化の政治学におもな焦点をあてるため，一般の人々の日常生活を描くものではないことを先に断っておきたい（後者については梅﨑・風間編『オセアニアで学ぶ人類学』（昭和堂，2020年）を参考にしていただきたい）。

　メラネシアはオセアニアの南西部に位置し，赤道以南および180度の経線以西に点在する島々を指す。具体的には，パプアニューギニア，ソロモン諸島，バヌアツ，フィジー，ニューカレドニアがその地理的な範疇に入る。この地域は世界的にみても文化的な多様性に富むことで知られ，1000を超える言語が話されている。一つの言語が一つの文化に相当すると考えるのは安易ではあるが，それでも文化的多様性が顕著な地域ということはできる。メラネシアの人々はつねに文化を意識して生活を送り，他者の文化から何を借用するか，自己の文化の何を継承し何を変化させるかなどの自問自答を繰り返しているという。そこでは，文化は自己のアイデンティティの源泉であると同時に，社会的・政治的な資源にもなっているのである（Errington and Gewertz 1996）。

　こうして文化は異文化接触のなかで不断に問い直され，新たに創り出されてきたという側面がある。本章では文化一般を扱うのではなく，このような意味で意識され，創造される文化を扱うことにする。以下では，まず文化をめぐる人類学的議論を確認した後で，第2節ではカーゴカルト，第3節では独立運動や国民統合における文化の動態についてそれぞれ考察する。そして第4節では，メラネシアの諸特徴をふまえたうえで，既存の文化をめぐる議論の批判的な再検討を行いたい。

(2)　文化とは何か①──古典的・伝統的定義

　イギリスの人類学者エドワード・タイラーは1871年に初版を刊行した『原始文化』の冒頭で「文化または文明とは（中略）知識，信仰，芸術，道徳，法，慣習，そして人間が社会の成員として獲得したその他あらゆる能力や習慣など含む複合的な全体」（Tylor 1913: 1）と定義した。この古典的な定義は，文化を生活様式の全般と包括的に捉えること，人間の成長過程で後天的に学習するものとみなすなど今日的理解につながっている部分がある。一方で「文化または文明とは」という使い分けからも分かるように，タイラーには相対的な視点が欠落していた。というのも，文明とは野蛮・未開が進化して達成される状態であり，欧米諸国を頂点とする価値基準を含む概念だからである。

　20世紀に入り，ドイツ生まれでアメリカ人類学の発展に貢献したフランツ・ボアズは，文化を序列化するのではなく，個々の社会に暮らす人々の固有性に関わるものとして捉えようとした（Boas 1955）。とくに注目に値するのは，ボアズが不可算名詞のcultureを否定し，可算名詞のculturesとしての文化概念を構想した点である。ボアズ自身は文化の明確な定義を残したわけではないが，可算名詞としてのculturesの採用は，文化の単数性に対する複数性の表明であったといえる。このようなボアズの相対的な文化概念は，彼の門下生を通じて全世界で広く受け入れられた（桑山 2005：209-212）。

　ボアズおよび彼の門下生が20世紀前半に文化概念を発展させた後，20世紀後半に活躍したアメリカの人類学者にクリフォード・ギアツがいる。ギアツは文化を解釈するものとみなし，「意味の網の目」および「意味のある象徴の体系」として捉えた。彼によれば，人間とは自らが紡ぎ出した網の目としての文化に支えられて生きる動物であり，それがゆえに人類学はこうしてできあがった意味の織物を読み解く解釈科学にほかならない（ギアツ 1987）。社会科学全般に大きな影響を与えたギアツの象徴解釈学的なアプローチにおいて，文化は日常的に意識されない自明のものとされたのである。

(3)　文化とは何か②──ポストモダン人類学以降

　こうして1970年代後半までに文化の包括性をはじめ後天性・相対性・自明性

などが論じられてきた。しかし，1980年代以降のポストモダン人類学を経由した現在から考えれば，このような文化の捉え方は本質主義的として批判される部分を含んでいる。たとえば1970年代以前まで，文化はある土地に根差した固有のものとする「文化＝土地」の考え方が支配的であった（Clifford 1988）。しかし，人，モノ，情報，そして資本や労働力の移動が活発化しているグローバル化状況において，明確な境界線をもつ一つの土地に一つの人間集団が住み，一つの固有の生活様式を保持しているとする捉え方は修正を余儀なくされていく。人類学における既存の概念やものの見方の脱構築を訴えるポストモダン人類学の潮流が生まれたのは，このような状況においてであった。

　その後，ポストモダン人類学が提起した問題は文化表象に伴う政治性を中心に多岐にわたる。文化を書く・語る側と書かれる・語られる側との間にある非対称的な権力関係が暴き出されたこともその一つである。この点は抑圧的状況において被支配者が支配者の文化に抵抗しつつ，自らの文化を創り出すという現象と密接な関係にあるとともに，文化的に多様な人々の団結を喚起し，統合を図るための手段にもなった。以下では，このような動きとして，植民地支配下のメラネシアで生起した社会運動を取り上げる。

2　カーゴカルト──我々のやり方を創造する

(1)　植民地支配とカーゴカルト

　メラネシアの植民地化は，19世紀から20世紀の初頭にかけて欧米列強によって行われた。1828年にオランダがニューギニア西半分の領有を宣言した後，イギリスが1848年にフィジーを領有した。これに対してフランスは1853年にニューカレドニアの領有宣言を行った。その後，遅れてオセアニアに進出したドイツが1884年にニューギニア東部を獲得し，1899年にはイギリスが西部ソロモン諸島を領有した。また，1906年にイギリスとフランスはニューヘブリデス諸島（現バヌアツ）をめぐって世界的にも稀にみる共同統治の協定を締結した（豊田 2000：231-234）。

　メラネシアにおける植民地的状況は，宗主国や統治形態が異なることもあって一様ではなかった。にもかかわらず，植民地支配下のメラネシアのほぼ全域

で，のちにカーゴカルトと総称され，千年王国論的な色彩を帯びた社会運動が頻発したことは行政官や宣教師，そして人類学者に驚きを与えた（第7章3節参照）。なお，現在カーゴカルトの名称を積極的に使用する研究者は限られているが，本章ではおもに運動の学説史を概観するうえで用いたい。

　古典的なカーゴカルトの事例として，初めて人類学者が報告したとされる運動を紹介する。パプア湾沿岸でエヴァラという男性が，ヴァイララ狂信と呼ばれる運動を起こした。エヴァラは，父と弟を亡くした後に強い発作に襲われた。そして，その発作が村人にも伝染すると主張し，啓示に基づいて預言を行った。それは「死んだ祖先を乗せ，カーゴを運ぶ蒸気船が到着する。到着したカーゴは，竹かごに付けられた印しに従って村々に分配される。祖先の霊は，小麦粉，米，タバコなどのすべての交易品が白人のものではなくパプア人のものであることを保証している」というものであった。さらに，預言はカーゴの獲得だけではなく，反西洋人的なメッセージも含んでいた。運動では「白人は駆逐され，カーゴは真の保有者である原住民の手に渡るべきである」と信じられ，「物資を入手するためには，白人たちを追い出す必要がある」と語られた（Williams 1923: 28）。なお，カーゴ（kago）とは，パプアニューギニア，バヌアツ，ソロモン諸島で話されるピジン語の語で，もともと英語の cargo に起源し，西洋世界からもたらされた文物や工業製品の総称であった。

(2)　逆方向の人類学

　このようにカーゴは運動の重要なテーマであり，それを超自然的な力によって獲得することで，西洋人のいない，物資に満たされた理想社会が到来すると考えられていた。それでは，メラネシアの人々にとってカーゴとは何だったのか。ニューギニア高地を調査する人類学者のロイ・ワグナーは，カーゴカルトとはメラネシアの人々が西洋文化を理解する試みであり，それは人類学者の仕事と並行関係にあるという。

　ここでカーゴカルトと人類学の関係について考察する。ワグナーによれば「人類学者は異文化を研究する際に，自分が得た印象，経験，その他の証拠を，あたかもそれらの事柄が何らかの外在する「もの」によってもたらされたかのように一般化することによって，研究対象の文化を「発明する」」（ワグ

ナー 2000：58）。そして彼は，この文化の発明・創造（invention）という点にお
いて人類学者とメラネシアの人々は並行関係にあるとして，後者による異文化
理解の試みの典型例としてカーゴカルトを持ち出す。

　続けてワグナーはつぎのようにいう。「私たちが現地人にとってのカーゴ，
すなわち彼らの技術，人工物などをみて，それを「文化」と呼ぶのに対して，
彼らは私たちの文化をみて，それを「カーゴ cargo」と呼ぶのである」。そし
て「メラネシア語の「カゴ *kago*」は，解釈学的には私たちの「文化」に相当
する言葉である。双方の言葉ともある程度までお互いにそれぞれの「鏡像」で
ある」（ワグナー 2000：65）と主張するのである。このような彼の議論をふま
えれば，カーゴカルトは異文化接触が否応なく展開した際の当事者による基本
的な理解のあり方を示している。その意味で，カーゴカルトとは「逆方向の人
類学」なのである（ワグナー 2000：64-67）。

　以上の議論は，ともすればカーゴカルトを特殊視してきたそれ以前の風潮を
批判するとともに，文化に対する動態的なアプローチを提供するものであっ
た。とはいえ，ワグナーの議論では，すべての文化は創造されると解釈しうる
点で，個別の状況や文脈を捨象していたといえる。この点について前節をふま
えれば，異文化接触における非対称的な権力関係に真正面から取り組んでいな
いとも指摘できよう。とくに第二次世界大戦以降，千年王国論的なカーゴカル
トは稀になり，運動はより政治化し，反植民地主義的な傾向を強めていく。以
下では，政治的態度が前景化した運動としてソロモン諸島のマアシナルール運
動の事例を取り上げ，そこにみられる文化の創造の特徴を明らかにする。

(3)　マアシナルール運動と対抗的客体化

　マアシナルール運動は，イギリス植民地支配下のソロモン諸島マライタ島で
1944年から1950年にかけて展開した。運動名に冠される「マアシナ（*maasina*）」
は同島南部のアレアレの言葉で「兄弟姉妹間における特定の関係」を意味し，
約10の異なる言語を話す人々が暮らすマライタ島の「団結」を強調する語とし
て広く用いられてきた。一方の「ルール」とは，法および規則を指す。運動で
はカーゴを他力本願的に待望する千年王国論の要素は希薄であったが，自らの
「法に基づく団結」を追求し，自治を獲得するための諸活動が行われた。

この運動は「カストム（*kastom*）」の復興を目指す動きとして記憶される。カストムとは英語の custom がピジン語化した語で，西洋人との接触以前から存在してきた伝統的な事象を指す。村落部に居住する人々にとって，カストムは祖先から伝統的に継承されてきた生活のための諸規則を意味の中核とし，系譜関係，儀礼的手続き，争いの調停方法，歌や踊り，土地や性に関する規則などを意味していた（Keesing 1982b: 360）。

　運動では，まずカストムを成文化して記録に残す作業が行われた。この作業は西洋人のやり方に対して，マライタ島のやり方を認めさせようとする政治的主張とつながっていた。運動の指導者たちは植民地政府に対し，マライタ島のカストムでもって島の人々を裁くこと，そしてそのための裁判所の設置などを要求したのである。つぎに，運動では「カストムに基づく生活を守る」ことが目指された。たとえば，相互の愛と共同労働，大規模農園の耕作，政治的な指導者の選出などのほか，団結を実現するための具体的な方法が指示され，その遵守が求められた。その一方で，「彼らのやり方」としての植民地政府からの様々な指示や条例，人頭税，センサスの作成などは拒否され，西洋人が経営する農園での労働も禁止された（Keesing 1978, 1982b）。

　人類学者のロジャー・キージングによれば，運動のシンボルとしてのカストムは，対内的には参加者の団結や一体感を喚起する一方，対外的には植民地政府に対する対抗意識を醸成することで，運動の原動力となってきた。しかし彼によれば，そのカストムは運動の指導者が政治的に利用するために過去をロマン化・理想化したものであり，村落部で継承されてきたカストムとは同じ意味をもちえないという。その理由として「彼らのやり方」との対抗関係において「我々のやり方」を共訳的に普遍化して創り出されたカストムは，対抗的にならざるをえないからである。これはのちに文化の対抗的客体化と呼ばれ，権力関係の非対称性が強く現われる場において被支配者が創り出す文化は対抗的な性質を必然的に帯びるという議論へとつながっていく（Thomas 1992）。

　ここで，前述したワグナーの議論に立ち戻れば，文化の創造という点において人類学的営為とマアシナルール運動は同一視できないことを意味する。なぜなら，マアシナルール運動における対抗的客体化に基づく伝統や文化は，ロマン化・理想化を経ているというキージングの言葉通り，本質主義的だからであ

る。一方で，少なくともポストモダン人類学を経由した現在の人類学はそうではない。人類学者による文化の創造は，その読者から本質主義的であるという批判を受けることがあっても，本質主義的（および対抗的）になるよう意識的・意図的に創られているということはない（人類学の「文化」の概念は「自然」との対立に依拠しているという根本的な批判については第4節で後述する）。

　なお，既存の一部の議論において，カーゴカルトをメラネシアの先駆的ナショナリズムとみなす理解がなされてきた（Worsley 1968）。しかし，カーゴカルトと称された運動がナショナリズムにつながったとは言い難いと筆者は考えている。というのも，運動における「我々のやり方」が指示する社会的範囲は，ナショナルな枠組みを志向しなかったからである。次節では，これらの点をふまえつつ，メラネシアの独立運動について考察する。

3　独立運動——国民文化を創造する

(1)　国家エリートとカストムの創造

　メラネシアの島々は，世界的な植民地独立の潮流から少し遅れ，1970年代以降に独立国家として歩み始める。1970年にフィジーが独立したのを皮切りに，75年にパプアニューギニア，78年にソロモン諸島，80年にバヌアツが独立を果たした。宗主国にとって島々は，第二次世界大戦以前は政治的な意味合いもあったものの，ほとんど経済的利益を生み出さない植民地であった。そのため宗主国としては統治の負担から逃れるためにも，島々が早く独立することを望んだ。ここで重要なことは，メラネシアの国家独立は人々が植民者から「勝ち取ったもの」というよりも，概して「与えられたもの」であったという点である（Alasia 1989: 145-146）（第11章1節参照）。

　植民地独立に関する従来の議論は，民族や人種の自決に基づくナショナリズムに注目する傾向があった。しかし，このような意味でのナショナリズムをメラネシアに適用することは難しい。なぜなら，宗主国から与えられた独立は，民族や人種の自決を掲げた闘いの末に獲得された独立とは性質が異なるからである（吉岡 2005：110-118）。とはいえ，植民者から統治技法を学び，国家形成にむけて積極的に活動した人々の存在を無視することはできない。それはメラ

ネシアの植民地出身のエリート，のちの国家エリートのことである。彼らは宗主国のサポートを受けながら，一方では反植民地主義的な精神を共有しつつ，自らの一つの国家を形成するべく彼らなりのナショナリズムを担った。以下では，彼ら国家エリートの動きを独立運動と呼ぶことにする。

　メラネシアの脱植民地化の過程は一様ではなかったが，独立運動を牽引した島々の国家エリートたちは共通の問題に直面した。それは文化的に多様な人々をいかにして一つの国家の枠組みに収束するかであった（Keesing 1982a; Jolly and Thomas 1992）。

　そのような状況下，メラネシアの国家エリートが国民統合を図る政治的シンボルとしてカストムを新たに創り出していることが報告された。たとえば，国家的イベントで上演される伝統的な踊り，音楽，工芸品，儀礼，饗宴などがそれに相当する。しかし，バヌアツを調査するフィリベールによれば，これらの事象が「バヌアツ人」という国民的アイデンティティ形成のためのシンボルとして利用されることで，本来それが固有の生活世界でもっていた意味が奪われているという（Philibert 1986: 3-8）。また，キージングは，ソロモン諸島の国家エリートが創造したカストムは「空虚で中身のないカストム」にほかならず，つねに個別具体的なモノや人物などに言及されてきた村落部のカストムとは異なると主張した（Keesing 1982a: 297-299）。こうして国家レベルと村落レベルのカストムを峻別したうえで，前者を政治的意図をもって創られた非真性な文化とし，後者を生きられる真正な文化とする捉え方が打ち出された。

　メラネシアの国家エリートが創造したカストムをめぐる議論は，のちにカストム論と呼ばれるようになり，人類学全体，とくにポストモダン人類学の展開に大きな影響を及ぼした。ここではその詳細に触れないが，上記のような人類学者の議論は「メラネシア人（国家エリートを含む）が主体的に行った文化の創造を，西洋人の人類学者が非真正なものとして拒否した」として，オセアニア出身の国家エリートや研究者からの批判に晒されることにもなった。それは第1節で触れた文化表象に伴う政治性とも関わっており，誰が文化を語る権利をもつのかという点が焦点化された。

　その後，カストム論はいわば国家エリートに配慮した言説分析が議論の中心になると同時に，ピジン語の *kastom* というメラネシアに固有の概念に焦点を

あてるのではなく，tradition や custom などを含む伝統概念に関する一般的な議論に変質していく。その一方で「カストム」の対概念とされてきた「キリスト教」が，メラネシアの国民統合において果たした役割についてはこれまで十分な考察がなされてこなかった。以下では，ソロモン諸島の事例から独立運動とキリスト教の関係についてみていきたい。

(2)　ママロニと「独立に向けての道」

メラネシアの独立運動を牽引した国家エリートは，西洋人が持ち込んだ学校教育を徹底的に学んだ者たちであった。彼らは初等教育，中等教育で優秀な成績をおさめた後，高等教育から海外留学経験を有することが多いが，なかには初等教育から一貫して海外で教育を受けた人もいる。ここで重要なことは，当時の学校教育の大部分はキリスト教会が運営するミッション・スクールが担ったという点である（吉岡 2005：105-106）。

ソロモン諸島の国家独立は1978年であるが，独立前の初代チーフミニスターに選ばれた後，1980〜90年代にかけて首相をつとめるなど，同国の国家形成を担ったソロモン・ママロニを取り上げる。ママロニは，政府系の学校にも 4 年間通ったが，それ以外はアングリカン系教会のミッション・スクールで学んだ。彼はマキラ島出身であったが，11歳のときに出身村落を離れ，マライタ島やウギ島などで中等教育を受けた後，ニュージーランドで高等教育を受けた。いわば彼もメラネシアのその他の国家エリートと同様，おもに海外を含むミッション・スクールで教育を受ける一方で，幼い頃から出身村落を離れているがゆえに自らの伝統を学ぶ機会は限られていたといえる。

ママロニは，首相在任中に政府印刷局刊行の論集に「独立に向けての道」（Mamaloni 1992）という論考を寄稿している。まさに国家の独立および形成の道筋を最も間近でみてきた彼の視点を同論考に基づいて概観する。

ママロニによれば，ソロモン諸島を構成する島々は「親密に行われてきた島間の通婚関係によって慣習やその他の特徴が類似している」ものの，「村落部で共有されてきた慣習，伝統的価値観，規範などは互いに異なる」という。そして彼は複数の文化を融合させたり，ある文化が他の文化を代用・抑圧したりすることがあってはならないとし，その理由を「それぞれの文化はそれぞれの

人々が神（the God）から与えられたものである」としている。それと同時に，伝統や文化は島や村落ごとに異なりこそすれ，それらが「神から与えられたもの」という点では同様であることを強調する。さらに彼は，同論考全体を通して，ソロモン諸島のすべての伝統や文化は「神から与えられたもの」という主張を敷衍する形で，キリスト教徒としての汎ソロモン諸島的なアイデンティティを肯定的に示そうとするのである（Mamaloni 1992）。

　このようなママロニの主張に疑問を感じる読者もいるかもしれない。なぜなら，伝統とは，基本的にはキリスト教化以前の事象を指すのであり，それを「神から与えられたもの」とするのは語義矛盾にも思えるからである。しかし，伝統（もしくはカストム）をキリスト教の一部とする考え方，あるいはキリスト教のなかに伝統を見出す考え方は近年のメラネシアにおいてそれほど特殊ではない。ニューギニア島嶼部を調査するバーカーによれば，メラネシアの人々の伝統観は「変化しないこと」に力点がおかれている。そして，西洋人との接触以前の伝統的な事象はすでに変化・衰退してしまったとみなす一方で，（キリスト教が彼らの社会に到来した）約100年前からほぼ変化していないキリスト教の方がより「伝統的である」と主張されることもあるという（Barker 2014: 174-175）。いずれにせよ，このような解釈がみられることも，伝統が日常的に創造，あるいは想像される今日的状況を示している。

(3) シンボルとしてのキリスト教

　国民統合のシンボルとしてのキリスト教徒という主張は，たんにママロニ個人の思想や信条というわけではない。たとえば，ソロモン諸島の独立時に作られた国歌や憲法をみてみよう。ソロモン諸島の国歌『神よ，我らがソロモン諸島を守り給え』では，「神よ，我らがソロモン諸島の岸から岸までを守り給え　我らすべての人々とすべての土地に御手によるご加護を」という歌詞から始まり，その後のパートでは神の庇護下において複数形の人間集団が単数形の国家のなかにまとまっていく様子が賛美されている。

　また，『ソロモン諸島国憲法』では「我らがソロモン諸島民は，我らの先祖（ancestors）の知恵と価値のある習慣（customs）を誇りとし，我らの共通の多様な遺産を念頭におき，我らの共通の運命を意識して，今，神の導きのもとで

主権民主国家ソロモン諸島国を建国する」と高らかに宣言された後，「我らが国家統合の基盤」に関する条項が列挙されている。このように憲法においても文化の複数性・多様性を認めたうえで，神のもとでの統合が示されている。これらのことは，ママロニの主張とも一致する。すなわち多様な伝統や文化の公約数を発見・創造するのではなく，多様ではあるものの神のもとでは一つであるとして統合を目指す方向性が認められるといえよう。

　このように，ソロモン諸島の国民統合のシンボルとしてのキリスト教徒を支える価値観は，自分たちの内部にある多様性という現実を直視しつつ，その多様性を生んだ神の意志を称えるものとして創造されている。キリスト教は約150〜100年前に西洋人が島々にもたらしたものではあるが，現在では国民の95％以上はキリスト教徒である。たしかに宗派ごとの違いはあるものの，それは島々で継承されてきた伝統や文化に比べれば大きな違いとはいえない。もしソロモン諸島の国家独立が，民族・人種の自決を伴う反植民地主義的なナショナリズムから生じてきたとすれば，キリスト教に由来するシンボルよりも，カスタムが前景化していたかもしれない。なぜなら「我々」と「彼ら」の対抗関係を基点に考えれば，キリスト教ではなく，カスタムの方が政治的シンボルとして暫定的に有効だからである。

　それでは，キリスト教徒としての国民的な一体感や団結意識は，一般の人々の間でどれほど共有されているのだろうか。とくにソロモン諸島最大の危機とされた1998〜2003年の「民族紛争」以降，キリスト教は個人や集団単位での信仰の対象という以上に，ナショナルなものとしても根づきつつあるように思える。民族紛争では，ガダルカナル島民とマライタ島民がそれぞれ結成した武装集団間で激しい衝突が起こり，多数の死傷者と国内避難民を生み出した。その際，機能不全に陥った中央政府をよそに，被害者への支援活動のほか両武装集団の橋渡し役として重要な活動を担ったのは，ソロモン諸島キリスト教会連盟や同国最大宗派のアングリカン系教会であった。教会組織による積極的な活動が可能になった背景には，後ろ盾としての一般の人々の信仰や信念に加え，両武装集団も宗派の別を問わず聖職者に対しては尊敬の念を示したことを指摘できる。これらのことは，キリスト教徒としての連帯とナショナルなものが一定程度結びついていることを示唆すると思われる。

4 再び「文化的多様性」を考える

⑴ 自然／文化の問い直し

ここまで，文化的に多様なメラネシアの人々の団結や統合をめぐり，おもに文化の政治的側面を検討してきた。その過程でポストモダン人類学が指摘する文化表象の問題には触れたが，表象としての文化というそもそもの前提に対する既存の批判には立ち入っていない。すなわち第1節で欧米の人類学における文化概念の発展を概観したが，その概念が拠って立つ基盤を掘り下げるには至っていないといえる。以下では，この点についてメラネシアの文脈もふまえて簡単に触れておきたい。

あらためて文化概念の起源を遡ってみる。もともと英語の文化（culture）は「耕作する」という意味をもつラテン語の動詞 colere の過去分詞から派生している。この colere の意味の一部は「土を耕す」という観念と結びついているが，それは文化と同様の起源をもつ英語の cultivate が意味するものとつながっている（ワグナー 2000：50）。すなわち「文化」とは「自然」を人為的に制御・変換することで生産されるのであり，両者は二元論的な関係から成り立っている。そこでは文化とは人間が生み出した創造物や獲得的な行動様式であり，自然はそれを制約する生得的な要因として人間の営みに先立つ所与の条件である。そして自然は均質かつ単一であるのに対して文化は多様であるという分割がなされ，それが自然科学と，人類学を含む社会科学という分業をもたらした。このような単一の自然と多様な文化という対比のもと，人類学者は「自然の単一性」を足がかりにして「文化の多様性」を記述することをその責務としてきたのである（森田 2011：98-99）。

しかし，このような西洋的な自然／文化の対比が，非西洋の諸社会に適用できるとは限らない。たとえば筆者が調査を行ってきたソロモン諸島ニュージョージア島クサゲにおいて，自然と文化に近似する概念といえば，フアラ（*huara*）とマノヴィシ（*manovisi*）である。山中で捕獲したブタすなわちボコ（*boko*）はボコ・フアラであるが，そのブタを村落周辺で飼育した場合，やがてボコ・マノヴィシと呼ばれる。この事例に限って考えれば両者は「野生のも

の」と「飼育されたもの」という西洋的な自然／文化と同様に思えるかもしれない。しかし、両概念は文脈が異なれば必ずしも制御・変換の関係におかれるわけではないし、そもそも対概念として用いることも前提にはなっていない。加えて、基本的にフアラとマノヴィシとして形容されるのは個々の具体的な事象に限られており、この点でも抽象的・包括的な範疇として用いられる西洋的な自然／文化とは異なっている。

(2) 存在論的転回とメラネシア

　人類学が依拠してきた自然／文化の対比は、じつは西洋に起源する固有の世界認識であり、普遍的な概念とはいえない。この点を本格的に扱ったのは、本章でもたびたび登場したワグナーであり、そして彼と同様にニューギニア高地を調査するマリリン・ストラザーンであった。1990年代末以降、ストラザーンや彼女の議論に触発された研究者が中心となり、既存の人類学にみられる西洋的な前提を検討する作業が進められてきた（ストラザーン 2015）。それは、自然／文化という二元論に対する批判を出発点として、「自然」についての人間の認識や解釈を「文化」として記述してきた従来のやり方を問い直しつつ、存在そのものの物質性や捉え方を真摯に受け止めようとする存在論的転回と呼ばれる動きを生んだ。

　ここで、二元論批判といえば、「彼ら」と「我々」などの差異に基づく文化表象への批判など、すでに人類学で検討されてきたという指摘があるかもしれない。しかし、ポストモダン人類学が問題にしたのは、自然／文化を暗黙裡に温存したうえでの、文化の領域に限定された差異の問題であった。たとえば「創られた文化」と「生きられる文化」という概念化、およびそれに対する批判もこの領域での議論である。一方で存在論的転回では自然／文化という差異の設け方そのものという、より根本的な問題を扱っている。少なくともボアズ以降の人類学は相対化を是としてきたが、存在論的転回以前の人類学的相対化の取り組みは不十分であったということになる（森田 2011）。

　以上のような存在論的転回の潮流は人類学を含む社会科学全般に広がり、既存の概念の普遍性を疑いながら批判的に検討する作業が進められている。そのなかでメラネシア人類学が果たしてきた役割は特筆すべきものがある。上述の

ワグナーやストラザーンをはじめ，アルフレッド・ジェル，マイケル・スコットらメラネシアを調査する人類学者の名前を多数挙げることができるが，このことは「文化的多様性」に富むメラネシアの諸社会が人類学的な比較研究に格好の舞台を提供したことを物語っている。そこは，いわばワグナーのいう「逆方向の人類学」がよくみえる場所であり，相対化という学びを発見・創造しやすい場所なのである。

参考文献

ギアツ，C　1987『文化の解釈学』吉田禎吾他訳，岩波書店。

桑山敬己　2005「文化——人類学のキーコンセプト」山下晋司編『文化人類学入門——古典と現代をつなぐ20のモデル』弘文堂，208-219頁。

ストラザーン，M　2015『部分的つながり』大杉高司他訳，水声社。

豊田由貴夫　2000「メラネシア史」山本真鳥編『オセアニア史』山川出版社，221-262頁。

森田敦郎　2011「民族誌機械——ポストプルーラリズムの実験」春日直樹編『現実批判の人類学——新世代のエスノグラフィへ』世界思想社，96-120頁。

吉岡政徳　2005『反ポストコロニアル人類学——ポストコロニアルを生きるメラネシア』風響社。

ワグナー，R　2000『文化のインベンション』山崎美恵・谷口佳子訳，玉川大学出版部。

Alasia, S. 1989. Politics. In H. Laracy (ed.), *Ples Blong Yumi: Solomon Islands, the Past for Thousand Years*. Suva: University of the South Pacific, pp.137-151.

Barker, J. 2014. The one and the many: Church-centered innovations in a Papua New Guinean community. *Current Anthropology* 55(10): 172-181.

Boas, F. 1955. *Primitive Art*. New York: Dover Publications.

Clifford, J. 1988. *The Predicament of Culture: Twentieth-Century Ethnography, Literature, and Art*. Cambridge, Mass.: Harvard University Press.

Errington, F. and D. G. Gewertz 1996. The individuation of tradition in a Papua New Guinean modernity. *American Anthropologist* 98(1): 114-126.

Jolly, M. and N. Thomas 1992. The politics of tradition in the Pacific (special issue). *Oceania* 62(4): 241-354.

Keesing, R. M. 1978. Politico-religious movements and anticolonialism on Malaita: Maasina rule in historical perspective. *Oceania* 48: 241-261.

—— 1982a. Kastom in Melanesia: An overview. *Mankind* 13(4): 297-301.

—— 1982b. Kastom and anticolonialism on Malaita: "Culture" as Political Symbol. *Mankind* 13(4): 357-373.

Mamaloni, S. 1992. The road to independence. In R. Crocombe and E. Tuza (eds.), *Independence, Dependence, Interdependence: The First 10 Years of Solomon Islands Independence.* Honiara: Government Printing Press, pp.7-18.

Philibert, J. 1986. The politics of tradition: Toward a generic culture in Vanuatu. *Mankind* 16(1): 1-18.

Thomas, N. 1992. The inversion of tradition. *American Ethnologist* 19: 213-232.

Tylor, E. B. 1913 (1871). *Primitive Culture: Primitive Culture: Researches into the Development of Mythology, Philosophy, Religion, Art, and Custom, Vol.1.* London: John Murray.

Williams, F. 1923. *The Vailala Madness and the Destruction of Native Ceremonies in the Gulf Division.* Port Moresby: Government Printer.

Worsley, P. 1968 (1957). *The Trumpet Shall Sound: A Study of "Cargo" Cults in Melanesia.* New York: Schocken Books.

●読書案内●

『太平洋のラスプーチン──ヴィチ・カンバニ運動の歴史人類学』
　　　春日直樹, 世界思想社, 2001年
　　　フィジーのヴィチ・カンバニ運動を膨大な資料をもとに描き出した大著。カーゴカルト論の検討, 近代国家概念と資本主義の受容, 時間と歴史の観念, 口述資料と文書資料の融合など, 同運動が喚起する人類学的諸テーマを扱っている。

『反・ポストコロニアル人類学──ポストコロニアルを生きるメラネシア』
　　　吉岡政徳, 風響社, 2005年
　　　メラネシアの事例に基づき, ポストコロニアルの論議を歴史的・理論的に検証。カスタム論, 文化の客体化論, 異種混淆論, 観光文化論などの既存の議論を批判的に検討し, 多配列概念に基づいて文化的差異を捉えることが提唱される。

『部分的つながり』M・ストラザーン, 大杉高司・浜田明範・田口陽子・丹羽充・里見龍樹訳, 水声社, 2015年
　　　存在論的転回にも大きな影響を与えたストラザーンの理論的主著。ニューギニア高地の豊富な民族誌的資料を駆使し, 複数の文化・社会の間でユニークな比較研究を行うとともに, 人間・事物・自然の対立が根底から問い直される。

音　楽
海を越えていく「音楽の小道」
musical pathways

佐本英規

　2020年公開の音楽映画『大海原のソングライン』（原題 *Small Island Big Song*）には，ソロモン諸島マライタ島南部アレアレ地域出身のミュージシャンが出演している。オーストラリア在住の彼は映画のなかで，メルボルン近郊の熱帯雨林にたたずみ，貝貨を身にまとってアレアレ語で歌い，アレアレの在来楽器である竹製パンパイプを奏でている。映像と音響によってオセアニアの島々の情景と各地のミュージシャンが奏でる音楽を辿り，映画全体を大陸から東南アジアをへて太平洋に移住した人類史上の航海に見立てるこの映画は，海と音楽によって一つに結ばれた人類のイメージを観るものの胸中に惹起する。その一方で，映画全体を貫く美しいメッセージが，それぞれの島と音楽を取り巻く様々な事情を覆い隠し，ミュージシャン一人一人の生活と人生をどこか矮小化してしまうようにも感じられる。そのように思われたのは，私がソロモン諸島出身のミュージシャンを個人的によく知っていたためかもしれない。彼チャールズ・マイマロシアは，アレアレの在来音楽について人類学的研究を行ってきた私が，初めて出会ったパンパイプの担い手の一人だった。

　マングローブと熱帯雨林に覆われたアレアレの村々では従来，婚姻や葬送の機会に執り行われる儀礼祭宴に際し，大小の竹筒を筏状に結わえたパンパイプが好んで合奏されてきた。今日では，村のキリスト教祭礼や首都での観光ショーといった機会に演奏の場を移し，商業的な演奏集団がいくつも結成され，海外の音楽イベントに出演するグループも珍しくない。特有の音階を有する手持ちの吹奏楽器のみで行われた旧来のパンパイプ合奏と異なり，今日では，西洋音階に合わせて作られた楽器に打楽器や歌を伴う編成が一般的で，音響機器の導入も進んでいる。田井竜一が「「手持ちの駒」を最大限に利用しながら，融合・折衷を行ったもの」（田井 1996：149）と指摘し，スティーブン・フェルドとデニス・クロウディが「独特なフュージョンの展開」（Feld and Crowdy 2000: 66）と述べる近年のアレアレのパンパイプは，グローバル化に直面するオセアニアのミュージシャンによる「異文化間の音楽的シンセシス」の

現在進行形の実例である（Hayward 1998: 4-5）。

　チャールズ・マイマロシアは，そうした時代のエッジに立つミュージシャンの一人だ。ソロモン諸島でも音楽のグローバル化と混淆化が進んでいるとはいえ，海外に移り住んで活動するミュージシャンはまだ珍しい。アレアレ・ラグーンの内海に面し，三方をマングローブと熱帯雨林に囲まれたアレアレの村で生まれ育った彼と，初めて私が出会ったのは2009年のことだ。アレアレのパンパイプの担い手の多くはミュージシャンとして生計を立てているわけではなく，普段は焼畑耕作や沿岸漁撈といった生業に従事して暮らしている。地元演奏グループの一員だった当時，すでにオーストラリアへの移住を模索していた彼は，後々に国際的な活躍をするそのグループを支援していたオーストラリア人音楽プロデューサーやその他の伝手を頼り，2010年代半ば，パンパイプを携えてオーストラリア・メルボルンに移り住んだのだった。

　アレアレのパンパイプの変化は，本来，彼のような一人一人の担い手の人生の歩みのなかで，徐々に積み上げられてきたものだ。映画のなかのチャールズ・マイマロシアの姿を見つめ，彼の歌声に耳を傾け，彼の半生を思いながら，私は映画全体が主張するメッセージを離れてそのように考えた。オセアニアの島々における音楽のグローバル化と混淆化とは，幾人もの担い手が様々な音楽と出会いながら歩みを続けるそれぞれの個別具体的な生涯の，ときに海を越えていく謂わば「音楽の小道」（フィネガン 2011：494-499）において進行してきた事態なのである。

参考文献

田井竜一　1996「ソロモン諸島国における音楽芸能の「新創造」」藤井知昭監修，民博「音楽」共同研究編『「音」のフィールドワーク』東京書籍，144-158頁。

フィネガン，R　2011『隠れた音楽家たち——イングランドの町の音楽作り』湯川新訳，法政大学出版局。

Hayward, P. 1998 Introduction: Beyond the Axis. In P. Hayward (ed.), *Sound Alliances: Indigenous Peoples, Cultural Politics and Popular Music in the Pacific*. London and New York: Cassell, pp.1-7.

Feld, S. and D. Crowdy 2000. Melanesia: bamboo boogie-woogie. In S. Broughton and M. Ellingham (eds.), *The Rough Guide to World Music, Volume 2: Latin and North America, Caribbean, India, Asia and Pacific*. London: Rough Guides, pp.64-68.

第9章

産　業
MIRAB 経済と出稼ぎ

北原卓也

農業祭では村々の農産品が国王に披露される（2015年，トンガタプ島にて筆者撮影）

広大なオセアニア地域の国々は様々な経済状況にある。域内最大のオーストラリアの経済規模は，島嶼国のなかでも最小のニウエと比べて実に 6 万7000倍ある。島嶼国だけに目を向けても，比較的資源に恵まれた国から，国外からの支援に大きく依存する国まで，その状況は多様である。本章では各国の経済状況を外観しつつ，島嶼国地域に多くみられる特徴である MIRAB 型の経済モデルのなかでも特に移民による経済的影響に注目する。

1 オセアニアの経済

⑴ 地域経済を牽引するオーストラリアとニュージーランド

オセアニアという広大な地域を様々な面で牽引しているのは，オーストラリアとニュージーランドである。とりわけ経済的な側面では，2018年の実質GDPを比較した表が示すように，その他の島嶼国を圧倒している（表9-1）。

とくにオーストラリアはオセアニア最大の大国であり，新型コロナウイルスによる影響でマイナス成長を記録するまで1991年から28年間にわたって長期的な経済成長を遂げてきた。その経済規模は世界銀行の統計によれば2018年の名目GDPで1.4兆USDを超え，世界で13番目となっている（World Bank 統計 a）。

こうしたオーストラリアの経済を支えてきたのは，安定した国内での消費である。1970年代に盛んだった製造業は1980年代から現在まで減衰を続けているが，これを補うように金融業やサービス業などの第三次産業が成長し，国内の産業構成の転換が成功していることも続伸の要因となっている。

貿易では鉄鉱石・石炭・天然ガスといった原材料となる第一次産品の輸出が半数以上を占める一方（コラム⑨参照），輸入では加工された工業製品がメインという先進国としては珍しい貿易構造である。貿易収支は資源の国際相場の影響を大きく受けて変動するため，プラスとマイナスを行ったり来たりしているが，概して赤字の傾向が強い。貿易相手国としては輸出輸入ともに圧倒的に中国の存在感が強く，2019〜20年度の統計では続く日本やアメリカ合衆国との貿易規模の3

表 9-1　オセアニア各国の実質 GDP
（2018年）

国名	実質 GDP （百万 USD）
オーストラリア	1,340,067
ニュージーランド	196,955
キリバス共和国	183
ミクロネシア連邦	329
パラオ共和国	277
マーシャル諸島共和国	198
ナウル共和国	115
パプアニューギニア独立国	22,475
ソロモン諸島	1,177
フィジー共和国	5,239
バヌアツ共和国	847
サモア独立国	816
トンガ王国	487
クック諸島	367
ツバル	42
ニウエ	20

出所）国連データ（United Nations 2020）より筆者作成。ニウエのみニウエ統計局（Statistics Niue 2019）のデータをもとに筆者が米ドルに換算。

176

倍を超えている。オーストラリアにとって日本は，輸出先として中国に次ぐ2
番目の得意先であり，その品目は石炭，天然ガスなどの資源が大半であるが，
畜産品である牛肉も多く出している。日本からの輸入品目では，2017年に国内
での生産をすべて中止した自動車それ自体に加えてタイヤやパーツといった自
動車関連製品が中心である（Australian Government 2021）。

　ニュージーランドは域内でオーストラリアに次ぐ大国だが，その経済規模は
2018年の名目 GDP では2000億 USD を超える程度で，二国間の差は大きい
（World Bank 統計a）。産業構成は，オーストラリアと同じく国内の第三次産業
が経済の基盤で，1980年代中頃から堅調な不動産分野と90年代中頃から成長し
てきた科学技術分野がトップ産業である。外貨獲得の手段として観光業も好調
で，2019年には年間200万人が休暇でニュージーランドを訪れている（Stats
NZ 2019）。観光業に引っ張られるように，関連する宿泊業や建設業にもその好
影響は波及している。

　観光ガイドなどでニュージーランドの羊の頭数は人口より多いと紹介される
ほど羊はニュージーランドのイメージとして普及しているが，実際に2020年の
政府統計では羊が約2600万頭に対して人口は約500万人である（Stats NZ
2021）。この羊に代表されるニュージーランドの農業・牧畜業は1970年代まで
は GDP の10％ほどを占めていたが，近年は6〜9％で推移している（Stats
NZ 2020）。経済規模は若干縮小したとはいえ，国土の約40％に達する豊かで広
大な農地を活用した農産品や畜産品は引き続き輸出の主力であり，乳製品や牛
肉・羊肉のほか，木材やキウイフルーツといった果実類が主要品目として並ん
でいる。輸入品目は機械工業製品や燃油が半数を占めており，原油価格の高騰
の影響を受け，貿易収支の赤字額は増加している。貿易相手国は中国を筆頭
に，隣国のオーストラリア，アメリカ合衆国，日本と続いている。

　オーストラリアも同様だが，とくにニュージーランドは航空路線の面でも太
平洋島嶼国と世界をつなぐ玄関口となっており，島嶼国からの移民を多く受け
入れている。こうした移民は受け入れ国にとって労働者であるとともに消費者
でもあり，経済成長の下支えをしている存在である。就労ビザの発給の厳格化
によって移民の増加率が減少したことは，両国の経済成長率の鈍化に影響して
いる。

また，オーストラリアとニュージーランドは太平洋島嶼国の国内経済にも影響力をもっている。たとえば，間接的な協力として，オーストラリアはトンガにボランティアを派遣し，医療，教育，災害管理，女性の社会進出支援，障害者支援，公衆衛生，企業支援など多岐にわたる分野で支援したり，医療チームがたびたびトンガで医療サービスの提供を行ったりしている。また，直接的な経済協力としては，インフラ整備から村の給水設備までの大小様々な政府開発援助（ODA）プロジェクトに加えて，保健医療分野，経済開発分野への財政支援も実施しており，2021～22年予算では日本円で約17億円の支出が予定されている（Government of Tonga 2021）。さらにトンガは警察長官をニュージーランドから採用しており，ニュージーランド政府はこうした人材の給与のサポートも行っている。

(2)　国際的な枠組みによる経済対策

　オセアニアの国際的な地域協力の枠組みとして，太平洋諸島フォーラム（PIF: Pacific Islands Forum）がある（第13章1節参照）。オーストラリア，ニュージーランド，メラネシア各国，ポリネシア各国，ミクロネシア各国の計16ヵ国・2地域で構成され，フィジーのスバに事務局をおいている。ただし，フォーラム事務局長の選出をめぐる対立を機に2022年7月，キリバス共和国が離脱した。この組織は1971年の設立以来，地域の平和と発展を理念として掲げ，年に一度の総会を開催して首脳会議や日本を含む域外の国や組織との対話を続けている。経済分野での地域協力についても検討され，2001年には域内の活発な経済活動を促すことを目的に太平洋島嶼国貿易協定（PICTA: the Pacific Island Countries Trade Agreement）が策定されている（第15章3節参照）。

　2017年にはさらなる生活の向上，雇用創出，太平洋島嶼国からの輸出の増大を目的として太平洋諸国経済緊密化協定（PACER Plus: Pacific Agreement on Closer Economic Relations）が長年にわたる交渉の末に策定され，2020年のクック諸島の批准をもって発効した。これにより，フォーラム加盟国間での関税の撤廃が目指されている。しかし，オーストラリアとニュージーランドからの輸入品に対する関税撤廃は，大国からの輸入品に依存する島嶼国にとっては国の税収減につながることもあり，この協定の賛否はフォーラム加盟国内でも議論

が分かれ，2020年の発効時にはフォーラム加盟国のうち批准したのは8ヵ国のみで，フィジーとパプアニューギニアは不参加を決定している。

PACER Plus の例からも分かるように，オセアニア各国の協力関係は完全に一枚岩となっているわけではなく，国内政治や経済状況によって国際的な枠組みへの参加のタイミングや，それ以前に参加するかどうかの決定すらも変わってくる。

(3) 地理的要因が産業に与える影響

太平洋島嶼国はいくつかの地理的要因からその経済発展の難しさを指摘される。まず一つ目の要因は，国土が小さく人口が少ないことである。その狭小性は規模による経済が働かないことを示しており，国内消費の規模の小ささはもちろん，対外的にも何かを生産して輸出する場合にその生産量には限界があるということである。二つ目は，国土が多くの離島から構成されているという点で，人口は首都のある本土に集中する傾向があるものの，こうした国土の拡散性はまとまった経済活動を困難にしている。また，三つ目の要因としては，輸出のターゲットである人口が集中している大規模な市場から遠く，また海によって隔てられているという遠隔性である。これは輸送コストが高くなるということを意味し，価格にシビアな国際市場における競争力という面では非常に不利である。

たとえば，トンガでは1987年から90年代まで日本への輸出品としてかぼちゃの生産が盛んだった。技術普及が成功したことや日本で品薄になる時期に供給ができたことで輸出量は急増し，一時期は輸出総額の半分を占めるまでになった。その時期には多くの農家がかぼちゃ生産に参入し，国内はゴールドラッシュならぬ「かぼちゃラッシュ」に沸いた。しかし，2000年代に入り新たな産地からも日本へ供給されるようになると，供給時期や品質面での付加価値をつけることができなくなった。供給規模も限られているために大量に生産して低コストを実現することもできず，さらには輸送コストも重くのしかかり，トンガ産のかぼちゃは市場での競争力を失っていった。こうした結果は先に挙げた地理的な狭小性，拡散性，遠隔性だけにその要因を求めることはできないが，少なからず産業に影響を与える要素であることは間違いない。

2　太平洋島嶼国の経済と産業

⑴　太平洋島嶼国と MIRAB 経済

　南国の島々での生活と聞くと，どんなイメージを思い浮かべるだろうか。魚を釣ったり，タロイモを掘ったりしながら，疲れたら椰子の木の下で昼寝をして，日が暮れたら床につく。そんな陽気でのんびりした生活を送る人々の姿を思い浮かべるかもしれない。たしかに，日本のサラリーマンとは異なる生活をしている人々が多いのは事実だが，とはいえ実際の太平洋島嶼国の生活は，生活の糧を得るための仕事のほかにも教会や村落での役割や頻繁に行われる冠婚葬祭をはじめとする家族や親族のイベントで，それほどのんびりとはしていられない。そして，こうした活動には経済的な支出が伴うことも少なくない。さらに，子どもの教育関連費，輸入に頼る生活用品や機械類の購入，電気代や携帯電話代など現金が必要になる場面は多い。

　しかし，太平洋島嶼各国の経済状況は，輸出産品としての資源の有無などによっても異なるが，多くの国では十分な現金収入源となる雇用が確保できておらず，消費に対して収入が不足している。その結果，多くの移民を送り出し，そうした移民からの送金によって母国に暮らす家族の家計が支えられている。国家レベルでみても，国のインフラ整備など大規模なプロジェクトは国外からの資金協力といった経済支援に頼っており，こうした支援は国家運営に欠かせないものとなっている。また，国家への資金援助は，公務員の給与の源泉となっているため，その結果，より多くの公務員を雇用するようになり，官僚組織が肥大化している。

　こうした経済の傾向はとくにミクロネシアとポリネシア地域に広くみられ，ニュージーランドの地理学者ワターズと経済学者のバートラムはその特徴を表す英単語の頭文字をとって MIRAB 経済と表現した。MI は Migration（移民），R は Remittance（送金），A は Aid（援助），B は Bureaucracy（官僚制）を示し，つまり海外に移民を送り出し，家計のレベルではその移民からの送金を，国家のレベルでは外国からの経済援助を収入源とし，官僚制度を通して分配するという形で社会が成り立っているという経済モデルである（Bertram and

Watters 1985)。ワターズとバートラムが MIRAB 経済について言及したのは1985年だが，太平洋島嶼国の多くは未だに経済的な自立ができずに，現在でも MIRAB 型の経済モデルで説明が可能な状態が続いている。

(2) ミクロネシアの経済

　ミクロネシアは，キリバス共和国，ミクロネシア連邦，パラオ共和国，マーシャル諸島共和国，ナウル共和国の5つの独立国が属する地域である。その経済規模は2018年の実質 GDP をみると，最小はナウルの約115百万 USD で，最大はミクロネシア連邦の約329百万 USD となっており，各国の差は比較的小さい（表9-1）。サンゴ礁や環礁の島が多く，地下資源には恵まれていない国が多いため，主要産業は農業，漁業，観光業となっている。

　そんななかでキリバス共和国はバナバ島で産出されるリン鉱石の輸出が国の経済を支えている時期があった。それも1979年には枯渇してしまい採鉱できなくなってしまったものの，当時のリン鉱石の莫大な売り上げの積み立てを活用した運用益は，現在でも政府の収入源の一つとなっている。現在ではコプラや広大な海域を活用したカツオをはじめとする魚介類が主要輸出品目となっている。北ライン諸島に属するクリスマス島は観光開発のほか，日本の宇宙航空研究開発機構（JAXA）の施設設置による土地使用料も収入源となっている。

　ミクロネシア連邦の経済はアメリカ合衆国からの独立以来，同国との間で結ばれた自由連合協定，通称コンパクトに基づいた財政支援によって支えられてきた。その額は2021年度にはミクロネシア連邦の国家予算とほぼ同額の約63百万 USD であった（U.S. Department of the Interior 2020）。コンパクトは2023年度で期限を迎えるが，未だ経済的な自立の実現は難しく，期間の延長が二国間で話し合われている。ミクロネシア連邦独自の収入源としては，同国が有するこの地域でも最大級の排他的経済水域で漁を行う外国船からの入漁料がある。

　パラオ共和国もアメリカ合衆国とのコンパクトによる経済支援に頼るところが大きい。コンパクトは2009年にいったん期限を迎えたが，2010年から15年間で250百万 USD の財政支援をするという内容で第二次コンパクトが締結されている（U.S. Department of the Interior 2020）。パラオといえば観光業のイメージが強いが，観光客数は2015年の約17万人を境に減少の一途を辿り，2019年に

は約9万人まで落ち込んでいる（World Bank 統計 d）。その要因の一つは2017年に中国政府がパラオへのツアー旅行を禁止したことにある。この背景としては，パラオ政府は中国ではなく台湾と外交関係を維持しており，中国政府が外交関係のない同国を違法な旅行先としたためで，政治的な方針が観光業に大きな影響を与えている。こうした観光客の減少を受け，パラオの観光業は大量の観光客を呼び込むマス・ツーリズムから，より付加価値の高いグリーン・ツーリズムに方針転換して成長を目指している。

マーシャル諸島もアメリカ合衆国とコンパクトを結んでおり，経済支援を受けているが，こうした支援に頼らない経済的な自立を目指して，国内の産業の育成に力を入れている。とくにダイビングやスポーツ・フィッシングなどのマリンスポーツを目玉とした観光産業に期待がかかっており，近年では入漁料や船籍登録料による収入も主要な財源となっている。しかし，他の島嶼国と同様に生活用品の大部分を輸入に頼っているため，貿易収支は赤字の状態が続いている。

ナウル共和国の状況はキリバスと似ており，長年リン鉱石の輸出が国の経済を支えてきた。1968年の独立以降，直接その莫大な利益を享受できるようになると，21km^{2}という小国でありながら1970年代中頃までは一人あたりのGDPは高度成長期の日本をも上回っていた（United Nations 統計）。政府はリン鉱石の枯渇に備えて投資による運用を始めたがうまくいかず，1990年代に実際に採掘ができなくなると，急速に経済状況は悪化していった。2005年からはリン鉱石の二次採掘が始まったことにより経済状況は改善しつつあり，この二次採掘は30年ほど行えるとみられている。

(3) メラネシアの経済

メラネシアは，パプアニューギニア独立国，ソロモン諸島，フィジー共和国，バヌアツ共和国の4ヵ国からなる地域である。また，フランス領のニューカレドニアもこの地域に属する。ミクロネシアやポリネシア諸国に比べて人口が多く，国土面積も広いメラネシア諸国は，経済規模も大きくなっている。なかでもパプアニューギニアの2018年の実質GDPは22,475百万USDで，フィジーが5,239百万USDとなっており，この二国は太平洋島嶼国では群を抜い

た経済規模を誇っている（表9−1）。

　パプアニューギニアは輸出の約8割を占める金，石油，天然ガスなどの恵まれた鉱物資源に加え，木材や水産物など多様な産品の輸出が経済発展を支えている（コラム⑪参照）。一方で，都市以外に居住し自給自足の農業や漁業に依存した生活を送る国民が2020年の統計でも87％おり（World Bank 統計b），貨幣経済と自給自足経済の二重構造となっている。

　ソロモン諸島も鉱物資源や水産資源に恵まれている。しかし，国外の資本が入って資源開発が行われているものの，資源が埋蔵される土地の所有権をめぐる複雑な権利問題があり，開発は進んでいない。現段階では水産物，コプラ，木材などが主要な輸出品目となっているが，大幅な貿易赤字が続いている。

　フィジーの主要産業は観光，砂糖，繊維産業である。砂糖産業は長年経済の主軸となってきたが，近代化の波に乗れず，近年は機械の老朽化などの問題もあり，国際市場での競争力は落ちている。それを補うように台頭してきたのが観光産業で，2017年には約12万人の雇用を生み出し，経済規模もGDPの34％に達している（Government of Fiji 2021）。それゆえに，新型コロナウイルスによって国境を長期間にわたり閉鎖せざるをえなくなったことは観光産業に甚大な影響を与えた。

　バヌアツはメラネシアでは最も経済規模が小さいが，それでもミクロネシア最大のパラオ，ポリネシア最大のサモアを超え，2020年には国連が認定する後発開発途上国（LDC: Least Developed Country）から脱している。かつては他の島嶼国同様に恒常的な貿易赤字であったが，従来からの主力輸出品目であるコプラに加えて牛肉やカカオといった新たな農産品の輸出が増加したことで，赤字額は圧縮されている。こうした背景には，1990年代後半からアジア開発銀行やオーストラリアなどの援助国の協力を受けながら行われた大規模な経済改革がある。観光産業も2018年にはGDPの45％を占めるまでに成長しており，訪問者数は35.8万人を記録し過去最大となった（Asia Development Bank 2019）。

　フランス領のニューカレドニアは世界でも有数のニッケルの採鉱が盛んな地域で，これが主要な輸出品目となっているが，ほかにも世界遺産に登録されたラグーンといった観光資源によって観光業が外貨獲得の手段となっている。農業や漁業はおもに現地消費を目的としているものの，日本に対してはかぼちゃ

やエビを輸出している。このエビは非常に高品質で，「天使のエビ」として知られ人気を博している。

⑷　ポリネシアの経済

　ポリネシアはサモア独立国，トンガ王国，クック諸島，ツバル，ニウエの５ヵ国の独立国やフランス領ポリネシアなどが含まれる地域である。域内の経済規模は2018年の実質 GDP でサモアの816百万 USD が最も大きく，つぎにトンガの487百万 USD，クック諸島の367百万 USD と続いている。ツバルの42百万 USD とニウエの20百万 USD はオセアニア域内で最も小規模である（表 9 - 1 ）。また，この地域の経済は典型的な MIRAB モデルに該当し，国外に住む移民からの送金や支援国からの援助が重要な収入源となっている。

　サモアもそうした MIRAB 型の経済モデルで国家が成り立っており，2019年の家計の送金受け取り額の合計が GDP の18％に達していることからも，それが窺える（World Bank 統計 c ）。国家レベルでは中国輸出入銀行，国際開発協会，アジア開発銀行といった国外からの借入額が GDP の48％と同額で，こうした負債の返済計画にも注目が集まっている（Piemonte 2021）。国内産業は農業，漁業，観光業が経済成長を牽引しているが，2017年までは日本の矢崎総業株式会社による自動車のワイヤーハーネスの生産工場が大きな雇用を創出し，サモア経済に貢献していた。

　トンガも農業と漁業が主要産業であり，ココナッツやマグロを輸出しているものの，輸入額は輸出額を大幅に上回っている。世界でも珍しいホエール・スイミングを前面に押し出した観光開発も行われているが，観光客は微増にとどまっている。しかし，近年では大型客船の寄港が増加しており，宿泊施設に恩恵はないものの，島内ツアーや飲食店などの観光に関わるビジネスの収入源となっている。

　クック諸島は自由連合関係にあるニュージーランドの支援を受けて観光開発が行われ，小規模ながら観光客は増加しており，2019年度の観光産業は名目 GDP の約67 ％ を占める主要産業となっている（Cook Islands Government 2019）。その他，広大な排他的経済水域を活かした漁業や黒真珠の養殖などが行われ，日本をはじめとする国々に輸出されている。

ツバルのおもな産業は農業と漁業だが，国内で自給自足的に消費される部分が大きく，貿易の柱となるまでには成長していない。2019年には行政機関がGDP の約16％を占めており，ここでも MIRAB 経済の典型を確認することができる。建設業も約16％を占めているが，これもアジア開発銀行など支援プロジェクトにかかるもので，MIRAB の A（= Aid）と関連している（Tuvalu Central Statistics Division 2021）。資源も乏しいため，排他的経済水域での入漁料や各国に割り当てられたインターネット上の国別ドメインである「.tv」の使用権料が国家の収入源となっている。加えて，ツバル政府とイギリス，オーストラリア，ニュージーランドによって設立されたツバル信託基金の運用益も国家財政に大きく貢献している。

　ニウエは259km^{2}という小さな国土面積と約1500人という限られた人口のため，その経済規模も非常に小さい。自由連合国であるニュージーランドが経済面でのサポートを行っており，その財政支援とニュージーランド国内に住むニウエ移民からの送金が国家財政を支えている。一方，2016年には債務を完済し，その後は「無借金」を続けている。近年ではニュージーランドの支援により観光開発にも力を入れている。

　フランス領ポリネシアは，ビーチリゾートとして日本でも人気のあるタヒチ島やボラボラ島を擁し，観光業が盛んである。また，タヒチで黒蝶貝を母貝として養殖される真珠は黒真珠として世界的に有名であり，主要な輸出品となっている。

3　島嶼国からの出稼ぎ移民

(1)　母国の経済を支える移民

　太平洋島嶼国では第二次世界大戦後から国外への移民が増加してきており，現在もその傾向は継続している。移住を決断する理由は，自国内の雇用不足であったり，子どもによりよい高等教育を受けさせるためであったりと様々であるが，いずれも今よりもよい生活を求めて積極的に海外移住が行われている。

　トンガのあるファミリーの事例を紹介しよう。このファミリーの家族構成は両親と息子が7人，娘が1人であるが，彼らの居住地はトンガ，アメリカ合衆

国（ハワイと本土のユタ州），ニュージーランド，オーストラリアと4ヵ国に散らばっている。現在トンガに残っているのは6番目の息子のみで，その他は全員海外に居住している。留学をきっかけにハワイに移住した3人の息子たち（長男，三男，四男）は，ことあるごとにトンガに住む両親や弟や妹のために現金や物資を送るなどのサポートを行ってきた。一番下の弟や末っ子である妹も兄たちと同様にハワイの大学に進学すると，ほどなくして両親も父が退職したタイミングでハワイに呼び寄せられて移住した。次男は職を求めてオーストラリアへ，五男は結婚を機にニュージーランドへ渡った。ニュージーランドやオーストラリアにはすでに両親の兄弟姉妹をはじめとする親族やトンガの同じ村の出身者がおり，彼らはそうした人々と助け合いながら生活している。

　このトンガの例のように，太平洋島嶼国からの海外移住は家族や親族のネットワークを辿って連鎖的に発生することがよくあり，これをチェーン・マイグレーションと呼ぶ。チェーン・マイグレーションによって母国を離れて暮らすことを選んだ人々は，こうしたネットワークを頼りながら慣れない土地での新たな生活を立ち上げる。移住先では個人同士を結ぶネットワークだけでなく，母国の出身者による様々なコミュニティも形成されている。コミュニティのメンバーは血縁関係だけでなく，同じ村の出身者や，同じキリスト教の教派に属する者同士で構成されることもある。特定の地域に集住しているわけではないが，車で行き来ができる距離に居住し，日常生活のなかでも頻繁にコミュニケーションがとられている。コミュニティは移民にとって日々の助け合いのみならず，異国のルールからしばし離れて母国の文化のなかで，母国語でコミュニケーションをとることができる場であり，ときに母国の文化を次世代に伝える役割をも果たしている。

　こうして移住した移民は，母国もしくは他国に移住した親族と電話やSNSを用いた日常的なコミュニケーションだけでなく，現金や物資の授受を通じて経済的にも緊密につながっている。母国に住む人々にとって，母国内では十分な現金収入が得られないため，MIRABのR（Remittances）にあたる海外の親族からの送金が家計を支えている。トンガやサモアの場合では，現金だけでなく伝統財として価値のあるパンダナスの葉で編んだマットなどのやりとりも行われている（山本 2018）。移民先の親族からは送金があり，母国からは伝統財

が送られることで，移民と母国の親族との付き合いが維持される。こうして送られた伝統財は，移民先のコミュニティで行われる冠婚葬祭などでやりとりされ，移民先において母国の文化的慣習を継続するうえで欠かせないものとなっている。

　移民のおもな移住先はオーストラリア，ニュージーランド，アメリカ合衆国で，こうした国々で働く移民からの送金額は母国の省庁が発行する年次報告書でその増減について取り上げられるほどの関心事であり，国内の経済状況を左右する重要指標の一つとなっている。トンガ政府の発表によると，2018〜19年度の名目GDPは10億8630万トンガパアンガ（約500億円）であるのに対し，海外からの送金受領額は3億4660万パアンガ（約160億円）と，じつに名目GDP全体の約32％にも及んでいる（Government of Tonga 2021）。同年の他島嶼国も，サモアで約18％，マーシャル諸島で約13％，バヌアツで約8％と高い数字となっている（World Bank 統計c）。ツバルは状況が異なり，個人的な送金受領額は0.2％とわずかであるものの，国家間の援助（MIRABのAにあたる）は41.8％となっており，やはり国外からの援助で国内経済が成り立っているという面では同様である（International Monetary Fund 2021）。

　こうした母国の経済を支える移民の数は，母国の人口をはるかに超えている。再びトンガの例で示すと，本国での人口は1980年代から10万人前後で安定しているが，年間の出生数は約3000人なので，乳幼児の死亡率や国内全体の粗死亡率を加味しても，年間約2000人程度は増加するはずである。1980年からの20年間で4万人程度は増加していて然るべきだが，人口の推移は9.5万人から10.5万人の間で若干の増減があるのみで，増加傾向にはない。つまり，それだけの人数が国外に移住しているということを，こうした数字からも読み取ることができる。具体的な数字としては，ニュージーランドに約8万人（2018年，ニュージーランド政府国勢調査），オーストラリアに約1万人（2016年，オーストラリア政府国勢調査），アメリカ合衆国に約6.7万人（2019年，アメリカ合衆国統計局試算）がトンガから移住している。移住先で生まれた第二世代，第三世代を含めるとその数はさらに増える。たとえばオーストラリアでは，自身の出自をトンガであると自認する人の数は約3万人を超えている。さらには，ビザが切れた状態でその国に滞在するオーバーステイヤーもいる。

こうした，太平洋島嶼国からの移民について，受け入れ国であるニュージーランド政府はビザに関する政策で支援をしている。「太平洋アクセスカテゴリー居住者ビザ（Pacific Access Category Resident Visa）」という制度で，キリバス，ツバル，トンガ，フィジーの国民に対して，抽選で無期限の居住者ビザを発行するものである。サモアに対しては別途「サモア割り当て居住者ビザ（Samoan Quota Resident Visa）」という同様の制度が設けられている。両制度ともに対象年齢は18歳から45歳までで，ニュージーランドでフルタイムの仕事の内定先があり，英語の読み書きができることなど，いくつかの申請条件があるものの，抽選に当たれば無期限で移住が可能になる。この制度には年間の割り当て人数が定められており，キリバス75人，ツバル75人，トンガ250人，フィジー250人，サモア1100人となっている。オーストラリアでも同様のビザの発行について政策提言が行われているが，現時点では実現には至っていない。

(2) 政府間プログラムによる出稼ぎ

近年，永続的な移住ではなく，短期的な季節労働者という枠組みでのいわゆる「出稼ぎ」が島嶼国の人々の間で注目されている。新型コロナウイルスが世界的に広がった時期においても，多くの季節労働者がこのような形で職を得て，母国から出稼ぎに出ている。

この季節労働は，チェーン・マイグレーションのような個人的なつながりのみならず，オーストラリアやニュージーランド政府による政策に基づいて推進されているものでもある。ニュージーランドでは，2007年に「認証季節雇用者スキーム（Recognised Seasonal Employer scheme）」という制度が導入された。これは，人手を要する果物の収穫期に対象となる太平洋島嶼国（フィジー，キリバス，ナウル，パプアニューギニア，サモア，ソロモン諸島，トンガ，ツバル，バヌアツ）から季節労働者を雇用することを政府がサポートするもので，当初5000人の上限で始まった。労働者側でも雇用主側でも好意的に受け止められたこの制度による雇用数は増加しており，2020年から2021年にかけては上限1万4400人の規模で実施された。この制度の下で渡航すると，任意の11ヵ月間のうち最長7ヵ月間（ツバルとキリバス国民は9ヵ月間），ニュージーランドでの滞在が可能になる。2019年に実施された雇用主を対象とした調査では，雇用主の

多くが前年に雇った季節労働者を再び雇用する傾向があることが分かっており，安定的な正規雇用ではないものの，継続的な収入につながるケースも少なくない。

オーストラリアでも同様に「太平洋・オーストラリア労働力移動（Pacific Australia Labour Mobility）」という政策のもと，2012年には教育・技術・雇用省の管理下で「季節労働者プログラム（Seasonal Worker Programme）」，2018年には外務・貿易省の管理下で「太平洋労働者スキーム（Pacific Labour Scheme）」という二つの制度が導入された。いずれも対象島嶼国（フィジー，キリバス，ナウル，パプアニューギニア，サモア，ソロモン諸島，トンガ，ツバル，バヌアツ，東ティモール）の21歳以上であれば申請することができる。この二つの制度の大きな違いは，前者の仕事が農業や地方の宿泊施設での季節労働に特化しているのに対して，後者は地方限定という条件つきではあるものの，農業だけでなくあらゆる業種での就労が可能な点である。また，滞在可能期間が前者の場合は9ヵ月であるのに対して後者では最低1年から最長3年と，より長い期間が設定されている点でも異なっている。

繁忙期の労働力を確保できる雇用主と短期間で高額の現金収入を得られる労働者の双方にメリットがあるため，いずれの制度も利用者は増加傾向にある。ニュージーランドの最低賃金は時給20NZD（約1600円）で，オーストラリアの最低賃金は時給20.33AUD（約1700円）であるので，現地での生活費を差し引いても，たとえばトンガ国内の警備員の時給5パアンガ（約250円）と比較すると非常に魅力的な労働機会となっている。魅力的であるがゆえに母国での定職を辞めて，または休職して季節労働に従事するケースもあるため，外貨を持ち帰るという意味で国の経済へ貢献する一方，短期間とはいえ母国からの労働力が流出する要因ともなっている。

太平洋島嶼国の産業は，資源を有するかどうかなどによって各国の状況は異なるものの，概してその規模は大きくない。オセアニアの産業を牽引しているのはオーストラリアとニュージーランドであり，島嶼国はこうした大国への移民や出稼ぎを通じて母国の家計ひいては国自体を支える構造となっている。大国への依存を脱し経済的な自立を目指す島嶼国の試みを見守っていきたい。

参考文献（ウェブ資料はすべて2022年 1 月10日閲覧）

山本真鳥　2018「ファイン・マット復興運動と女性の現金獲得——サモア独立国ジェン
　　ダー開発政策」『経済志林』85（4）：775–802。

Asia Development Bank 2019. Vanuatu. *Asian Development Outlook（ADO）2019:
　　Strengthening Disaster Resilience*, pp. 327–329.

Australian Government Department of Foreign Affairs and Trade 2021. *Trade and
　　Investment at a Glance 2021.*

Bertram, I. G. and R. F. Watters 1985. The MIRAB economy in South Pacific
　　Microstates. *Pacific Viewpoint* 26（3）: 497–519.

Cook Islands Government 2019. *Cook Islands Tourism Forecasts 2020 to 2024.*

ESCAP. GDP per capita, Nauru. https://dataexplorer.unescap.org/?lc=en

Government of Fiji 2021. *Fijian Tourism 2021.*

Government of Tonga 2021. *Budget Statement 2021–2022.*

International Monetary Fund 2021. *IMF Country Report No. 21/176, TUVALU.*

Piemonte, C. 2021. *The Impact of the COVID-19 Crisis on External Debt in Small
　　Island Developing States.* OECD.

Statistics Niue 2019. National Accounts Estimates of Niue 2018. https://niuestatistics.
　　nu/economic/national-accounts/national-accounts-estimates-of-niue/

Stats NZ 2019. *Tourism Satellite Account: 2019.*

　　—— 2020. Which industries contributed to New Zealand's GDP? https://www.stats.
　　govt.nz/tools/which-industries-contributed-to-new-zealands-gdp

　　—— 2021. Drought causes fall in sheep numbers. https://www.stats.govt.nz/news/
　　drought-causes-fall-in-sheep-numbers

Tuvalu Central Statistics Division 2021. GDP 2019. https://stats.gov.tv/news/gdp-
　　2019/

U. S. Department of the Interior 2020. Compacts of Free Association. https://www.doi.
　　gov/oia/compacts-of-free-association

United Nations 統計. Basic Data Selection. Nauru, GDP Per capita - US dollars.
　　https://unstats.un.org/unsd/snaama/Basic

United Nations 2020. *Statistical Yearbook 2020, Sixty-third Issue.*

World Bank 統計 a. GDP（current US$）. https://data.worldbank.org/indicator/NY.
　　GDP.MKTP.CD

　　—— 統計 b. Rural population（% of total population）: Papua New Guinea. https://
　　data.worldbank.org/indicator/SP.RUR.TOTL.ZS?locations=PG

　　—— 統計 c. Personal remittances, received（% of GDP）- Vanuatu, Samoa, Marshall

Islands. https://data.worldbank.org/indicator/BX.TRF.PWKR.DT. GD.ZS?locations=VU-WS-MH

―― 統計d. International tourism, number of arrivals: Palau. https://data.worldbank. org/indicator/ST.INT.ARVL?locations=PW

●読書案内●

『オセアニアの人類学――海外移住・民主化・伝統の政治』須藤健一，風響社，2008年
　　ポリネシアの海外移住，ミクロネシアの伝統政治，メラネシアの資源開発
　　について扱っている。フィールドワークに基づく具体的な事例が紹介され
　　ており，現地の状況を理解しやすい。

『変容する移民コミュニティ――時間・空間・階層』小林真生編，明石書店，2020年
　　日本で暮らす様々な国の出身者たちのコミュニティを時間・空間・階層と
　　いう視点から報告している。オセアニアからはトンガ王国のコミュニティ
　　について紹介している。

『贈与とふるまいの人類学――トンガ王国の〈経済〉実践』
　　比嘉夏子，京都大学学術出版会，2016年
　　トンガ王国国内における経済活動を「ふるまい」というキーワードから分
　　析している。移民や出稼ぎによって母国にもたらされた現金がどのように
　　使用されていくのかが鮮やかに描かれている。

【コラム⑨】

天然資源
資源大国オーストラリア

平野智佳子

　オーストラリアは世界的な資源大国として知られている。石炭，石油，天然ガス，ウランなどの天然資源に大変恵まれており，大陸の東部では石炭が，北西部では鉄鉱石が，西部では金が産出される。大陸北部ではボーキサイトやウランが産出され，世界有数のボーキサイト・ウラン輸出国でもある。オーストラリアの経済は，2020年以降のCOVID-19の影響から大打撃を受け，約30年ぶりに景気後退したが，鉱業分野だけは成長し続けている。

　なぜ鉱業分野だけが成長し続けているのか。それはコロナ禍にあっても，中国が鉄鉱石や石炭の輸入を継続しているからである。オーストラリアの産業はアジア諸国と密接に関係している。なかでも中国は，オーストラリアにとって最大の貿易相手である。中国の著しい経済成長に付随する形で国際資源メジャーの間ではすさまじい買収合戦が起こり，寡占支配が進んでいる。

　そうしたなか，開発の現場で問題視されるのは資源採掘の環境インパクトである。2020年5月，世界最大手の鉱業会社リオ・ティントが西オーストラリア州のピルバラ地方にある先住民の洞窟遺跡を鉄鉱石採掘のために爆破し，世界中から大きな批判を浴びた。この開発はオーストラリア法に基づいて行われていたが，同法が先住民の権利を十分保護していないことが批判の原因となった。

　鉱業会社が破壊した洞窟遺跡は，ピルバラ地方の先住民が聖地としてきた岩屋であり，内陸部で人類の継続的な生活が確認されている最古の遺跡であった。洞窟では砥石や骨を加工した道具，体毛など7000点近い遺物が発見されており，それらは現在の所有者である先住民との遺伝的なつながりも確認されていた。

　ピルバラ地方を管理する先住民団体は，過去7年にわたり事業拡張に異を唱え，遺跡保護の活動を行ってきた。ところが，西オーストラリア州政府が1972年に制定したアボリジニ遺産法では，法的な土地所有者もしくはリース権保有者にしか声を上げる権利がなく，団体としての先住民には抵抗権がなかった。

そのため，鉱業会社側には遺跡が発見されても開発を見直す義務はなく，遺跡はそのまま破壊されることとなった。

　先住民側が遺跡の重要性を伝え続けたにもかかわらず，計画の詳細を知らせないまま同遺跡の爆破を行った鉱業会社側の姿勢は，先住民側から強い抗議を受けた。鉱業会社は「精神的苦痛をもたらしたことを申し訳なく思う」という謝罪を行ったが，内外からの批判は収まることなく，2020年9月に最高経営責任者が辞任を表明するに至った。

　この爆破以降，鉱山会社に対して先住民の文化遺跡の尊重を求める声が強まり，2021年6月には西オーストラリア州の前先住民問題相で，自身も先住民のケン・ワイアット氏が社外取締役に任命された。これを機にこれまで遅々として進まなかった先住民の文化遺跡保護のあり方が見直され，法改正にむけた取り組みが進展することが期待されている。

　天然資源が豊富なオーストラリアでは鉱山開発の環境インパクトは計り知れない。この問題はオーストラリアにとどまらず，世界各地で先住民の文化の破壊，資源収奪といった被害を生み出している（細川 1996）。海外の天然資源に頼る日本も，天然資源が採掘される土地の所有者・居住者の主権をはく奪する側にある。その立場から，経済成長の背後で静かに進行する鉱山開発に無知・無関心ではいられないだろう。

参考文献
細川弘明　1996「先住民族と資源開発・環境問題——少数者化，生態学的ダンピング，そして「持続可能な加害」構造のなかで」『平和研究』21：16-27。

第10章

教　育

旧宗主国の影響と残された課題

畝川憲之

サモアの通学風景（2019年，筆者撮影）

太平洋島嶼国は，様々な課題の解決への道筋が示されないまま独立すること となった。教育に関しては，学校および教員の数や質をはじめとする多くの問題を 現在まで抱えており，教育の充実へむけての各国の取り組み，国際社会の協力が 必要となっている。またフィジーでは，植民地遺制としての民族別の初等・中等 教育制度が，現在まで続く民族問題の原因となっており，学校の多民族化が民族 間関係改善のカギとなっている。

1 教育機関の数と入学率

(1) 教育制度

オセアニアで主として南半球に位置する太平洋島嶼国は，独立までの間，ドイツ，オランダ，日本の植民地および占領地であった時期を除き，ほぼすべての国々がイギリスの統治下にあった。オーストラリア，ニュージーランド，キリバス，ナウル，パプアニューギニア，ソロモン諸島，バヌアツ，フィジー，ツバル，トンガ，サモアはコモンウェルス（英連邦）に加盟しており，またクック諸島，ニウエはニュージーランドと自由連合協定を結んでいる。一方，北半球に位置するパラオ，ミクロネシア連邦，マーシャル諸島の3ヵ国は第二次世界大戦以降独立までの間，アメリカの信託統治領となっていた。

当然のことながら，太平洋島嶼国の諸制度は旧宗主国であるイギリスおよびアメリカの強い影響を受けており，教育制度も例外ではない。図10-1が示す通り，諸国の教育制度にはオーストラリアおよびニュージーランドの影響がいくらかみられるものの，基本的にはイギリス型，アメリカ型に準ずる形をとっている。

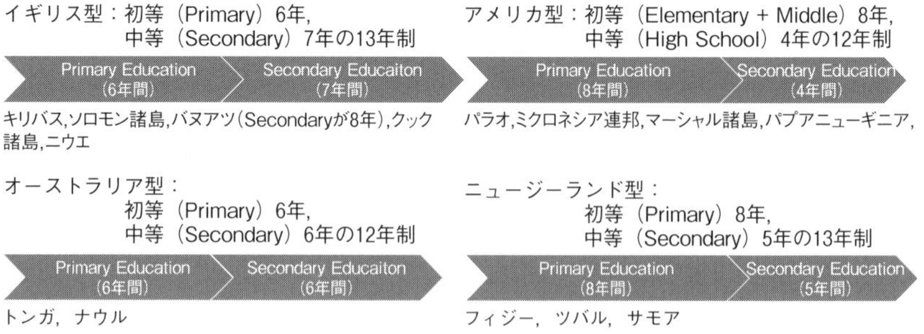

イギリス型：初等（Primary）6年，
　　　　　中等（Secondary）7年の13年制

| Primary Education (6年間) | Secondary Educaiton (7年間) |

キリバス，ソロモン諸島，バヌアツ（Secondaryが8年），クック諸島，ニウエ

アメリカ型：初等（Elementary + Middle）8年，
　　　　　中等（High School）4年の12年制

| Primary Education (8年間) | Secondary Education (4年間) |

パラオ，ミクロネシア連邦，マーシャル諸島，パプアニューギニア，

オーストラリア型：
　　　　初等（Primary）6年，
　　　　中等（Secondary）6年の12年制

| Primary Education (6年間) | Secondary Educaiton (6年間) |

トンガ，ナウル

ニュージーランド型：
　　　　初等（Primary）8年，
　　　　中等（Secondary）5年の13年制

| Primary Education (8年間) | Secondary Education (5年間) |

フィジー，ツバル，サモア

図10-1　オセアニア諸国の教育制度

出所）青木・佐藤（2020），Asian Development Bank（2016），Cook（2016），Kiribati（2014），Marshall（2012），Micronesia（2020），Nauru（2015），Palau（2016），Papua New Guinea（2016），Samoa（2016），Solomon Islands（2017），Tuvalu（2017），Vanuatu（2020）.

(2) 教育へのアクセス

初等教育（小学校）

　2000年に掲げられたミレニアム開発目標（Millennium Development Goals: MDGs）の一つが「初等教育の完全普及の達成」であり，太平洋島嶼国にとっても初等教育の充実は大きな目標とされてきた。多くの島嶼国が初等教育の義務教育化や無償化などの政策を通して，100％に近い初等教育機関への入学率を達成している。ただし，表10-1が示す通り，マーシャル諸島，パプアニューギニア，ソロモン諸島における初等教育への入学率は70％前後にとどまっており，他の太平洋島嶼国と比べて著しく低いままとなっている。パプアニューギニアは2012年に12年間の教育を無償化する方針を打ち出しており，入学率の今後の改善が期待される。

　パプアニューギニア，ソロモン諸島，バヌアツでは，ドロップアウト率が高いといった問題が生じている。これら3ヵ国の小学校の卒業率（入学した生徒のうち卒業できる生徒の比率）は，70％から80％弱にとどまっている。一方で，ミクロネシア連邦，キリバス，ツバル，サモアなどは90％前後と比較的高い卒業率を示している。

　また，UNESCO（2015）によると，太平洋島嶼国において初等教育機関に通う生徒の4人に1人が初等教育の対象年齢に満たない，もしくは超過しているとされ，島嶼国は適正年齢での初等教育が行われていないといった問題も抱えている。

中等教育（中学校，高校）

　2015年のMDGsの終了を受け，2030年までの新たな国際開発目標として採択された持続可能な開発目標（Sustainable Development Goals: SDGs）では，「普遍的初等教育の達成」のみならず，就学前教育，中等教育，高等教育の充実を目標に掲げており，教育全体の機会の拡大が目標とされている。

　表10-2が示す通り，中等教育においてはフィジー，サモア，トンガの3ヵ国以外の入学率は60％前後となっている。とりわけ，初等教育のドロップアウト率が高く，教育への定着が難しいバヌアツ，パプアニューギニア，ソロモン

諸島における中等教育への入学率は40％前後となっており，他国と比べて著しく低くなっている。

　2000年の入学率がソロモン諸島18.9％，バヌアツ33.2％，サモア64.5％，フィジー72.3％となっているように（World Bank, School enrollment secondary），入学率はこの20年間で大きく改善されている。ただし，太平洋島嶼国の中等教育への入学率は世界平均の66.3％（2018年）を下回っており（World Bank, School enrollment secondary），普遍的中等教育の達成へむけてさらなる改善が求められる。初等教育に比べ中等教育への入学率が大幅に低くなっている背景には，初等教育を終えたすべての生徒を入学させるだけの学校が整備されていないといった根本的問題に加え，通学距離や学費，交通費などの問題があり（UNESCO 2015），これらへの取り組みが必要となっている。

　中等教育におけるドロップアウトの問題は初等教育以上に厳しい状況にある。中等教育の卒業率は，ミクロネシア連邦が約56％（2020年頃）（Micronesia 2020），パプアニューギニアが約41％（2015年頃）（Papua New Guinea 2016），バヌアツが約30％（2015年）（Vanuatu 2015）となっているように，かなり低いものとなっている。また，初等教育と同様に，適正年齢での学習が行われていないといった問題もあり，その状況は初等教育よりも深刻となっている。

就学前教育

　就学前教育は，近年急速な拡充をみせている。UNESCO（2015）の資料によると，太平洋島嶼国の入学率（グロス）は2000年（約39％）以降年間80％ずつ増加しており，2010年には約72％にまで拡大している。これは世界平均の約54％を大きく上回る数値となっている。世界銀行のデータ（表10-2）は，UNESCOのデータよりも低い数値を示しているが，それでも2000年の39％からは改善している状況がみてとれる。

高等教育

　オーストラリアには1850年に設立された同国最古のシドニー大学をはじめ，現在43校の大学がある。また，ニュージーランドには1869年に設立された同国最古のオタゴ大学をはじめ，現在8校の大学がある。オーストラリアの大学に

表10-1　太平洋島嶼国の初等教育への入学率（NET）

	1990年前後	2000年前後	2005年前後	最新
マーシャル諸島	86.5（1988）	75.6（1999）	83.2（2007）	73.2（2016）
ミクロネシア連邦	93.7（1994）	92.3（2000）	100.0（2006）	91.0（2018）
パラオ	81.8（1990）	76.2（2000）	93.0（2005）	94.9（2014）
キリバス	76.2（1990）	93.5（2000）	97.0（2005）	94.7（2017）
ナウル	NA	90.2（2002）	100.0（2006）	93.7（2016）
パプアニューギニア	66.3（1990）	77.4（2000）	77.0（2003）	73.7（2016）
ソロモン諸島	39.0（1986）	56.0（1999）	65.4（2007）	67.5（2018）
バヌアツ	74.5（1989）	78.2（1999）	72.7（2007）	96.1（2019）
フィジー	92.0（1986）	94.7（2000）	94.0（2005）	96.7（2016）
ツバル	98.2（1991）	100.0（2002）	NA	99.4（2017）
トンガ	91.6（1986）	89.4（1996）	95.0（2005）	85.9（2015）
サモア	NA	NA	90.0（2004）	94.4（2018）
ニウエ	NA	90.2（2002）	100.0（2006）	NA
クック諸島	NA	92.3（2001）	100.0（2007）	100.0（2016）

注）1990年前後，2000年前後，2005年前後は，Asian Development Bank より。最新は，World Bank と
　　各国データで最新のものを示した。
出所）Asian Development Bank（2011），World Bank（School enrollment primary），Micronesia
　　（2020），Vanuatu（2020），Tuvalu（2017），Cook Islands（2016）.

表10-2　太平洋島嶼国の就学前（GROSS），中等（NET），高等（GROSS）教育への
　　　　入学率

	就学前教育（GROSS）	中等教育（NET）	高等教育（GROSS）
マーシャル諸島	43.7（2019）	55.9（2016）	26（2019）
ミクロネシア連邦	29.0（2019）	56.0（2018）	14（2000）
パラオ	71.6（2014）	NA	55（2013）
キリバス	65.0（2003）	67.8（2014）	NA
ナウル	34.1（2019）	71.8（2016）	NA
パプアニューギニア	43.2（2016）	32.0（2016）	2（1999）
ソロモン諸島	84.1（2018）	40.0（2016）	NA
バヌアツ	90.2（2015）	43.2（2019）	5（2004）
フィジー	17.8（2009）	82.8（2014）	16（2005）
ツバル	82.9（2019）	66.7（2018）	NA
トンガ	45.8（2015）	82.1（2015）	6（2003）
サモア	40.5（2019）	85.5（2016）	15（2018）
ニウエ	NA	NA	NA
クック諸島	NA	89.0（2016）	NA

注）中等教育に関して，World Bank と各国データで最新のものを示した。サモアの2016年の中等教育の
　　入学率に関して，World Bank によると85.5％，Samoa（2016）によると68％と，大きな乖離が見ら
　　れる。
　　就学前教育，高等教育に関しては，World Bank（School enrollment preprimary）（School enrollment
　　tertiary）より。
出所）World Bank（School enrollment secondary），（School enrollment preprimary）（School
　　enrollment tertiary），Micronesia（2020），Kiribati（2014），Solomon Islands（2017），Vanuatu
　　（2020），Fiji（2015），Cook Islands（2016）.

は約3500人，ニュージーランドの大学には約700人の太平洋島嶼国からの留学生が在籍しており，島嶼国学生の高等教育の受け皿となっている。

太平洋島嶼地域においても，1968年に南太平洋大学がフィジーの首都スバに設立され，島嶼国の高等教育を牽引してきた。同大学は，12の太平洋島嶼国・地域（クック諸島，フィジー，キリバス，マーシャル諸島，ナウル，ニウエ，ソロモン諸島，トケラウ，トンガ，ツバル，バヌアツ，サモア）によって所有されており，フィジーに三つのキャンパス，その他11ヵ国・地域に一つずつキャンパスを有する。学生数は約3万人（学部生：約1万7000人，大学院生：約3000人，その他：1万人）に上る。学生のほぼすべてが太平洋島嶼国の人々であり，その他の国出身の学生は200人程度にとどまっている。南太平洋大学以外にも，フィジーにはフィジー大学，フィジー国立大学，パプアニューギニアには，パプアニューギニア工科大学をはじめ6つの大学がある。また，小規模であるがソロモン諸島，トンガ，サモアにも大学があり，バヌアツには2020年2月にバヌアツ国立大学が設立された。このように太平洋島嶼地域における高等教育の環境は徐々に整備されつつあるものの，表10-2が示すように高等教育機関への入学率は世界平均38.8%を大きく下回っており，今後大きく改善されることが期待される。

2 教育の質と学習レベル

(1) 教育の質

教員の数

すべての太平洋島嶼国における教員一人あたりの生徒数は，初等教育で30人程度，中等教育で20人程度となっている。初等教育の世界平均が23人（日本は16人），中等教育の世界平均が17人（日本は11人）となっており（World Bank, Pupil-teacher ratio primary; Pupil-teacher ratio secondary），島嶼国の教育機関にはある程度適正な数の教員が配置されているといえる。初等教育に関しては，ツバル（2017年）16人（Tuvalu 2017），トンガ（2014年）22人（Tonga 2015），フィジー（2015年）25人（Fiji 2016）のように，十分な教員の配置がみられる国々がある一方，パプアニューギニア（2014年）36人（Papua New Guinea 2016），

ナウル（2015年）37人（Nauru 2015）のように教員の充足が必要とされている
国々もある。中等教育に関しては，フィジー（2015年）13人（Fiji 2016），トン
ガ（2014年）13人（Tonga 2015），ツバル（2017年）13人（Tuvalu 2017）に対し
て，ソロモン諸島（2016年）30人（Solomon Islands 2017），パプアニューギニア
（2014年）34人（Papua New Guinea 2016）となっている。パラオ（2015年）では
初等教育で10人，中等教育で9人（Palau 2016）となっており，手厚い教育を
受けることができる環境が整っているといえる。

教員の質

　多くの太平洋島嶼国において，初等および中等教育における教員の能力向上
へむけて様々な取り組みが行われており，適切な能力をもつ教員の数は増加し
ているとされる（UNESCO 2015）。初等教育に関して，キリバスでは大半の教
員が適正な能力がある（qualified）とされており（Kiribati 2014），トンガ（2014
年）では約95％（Tonga 2015），ツバル（2017年）では約86％（Tuvalu 2017）の
教員が教員資格を有している（certified）とされる。また，UNESCO（2015）に
よると，適切なトレーニングを受けた（trained）教員の割合は，フィジー（2012
年）において100％，キリバス（2012年）において約95％，クック諸島（2012年）
において約90％とされる。一方で，バヌアツ（2015年）における有資格教員の
割合は約63％（Vanuatu 2015），ソロモン諸島（2012年）において適切なトレー
ニングを受けた（trained）教員の割合は約55％（UNESCO 2015）にとどまって
いる。

　中等教育に関しては，キリバス（2014年）では約90％（Kiribati 2014），バヌ
アツ（2015年）では約69％（Vanuatu 2015），トンガ（2014年）では約65％（Tonga
2015），ツバル（2017年）では63％（Tuvalu 2017）の教員が教員資格を有すると
される。また，UNESCO（2015）によると，適切なトレーニングを受けた教員
の割合は，フィジー（2012年），パプアニューギニア（2012年）において100％，
クック諸島（2012年）において約90％，ソロモン諸島（2012年）において約
70％，キリバス（2012年）において約65％とされる。ただし，太平洋島嶼国の
共通基準がないため，何をもって適正な能力や教員資格を有するとするのか，
適切なトレーニングを受けたとするのかは各国によって異なる。

適切な能力をもった教員の配置が，子どもたちの学修に重要であることはいうまでもなく，教員の能力のさらなる向上へむけて，教員のトレーニング機会の拡大が望まれる。また，教員，とりわけ質の高い教員の離職率を下げるため，待遇改善や魅力的なキャリアパスの形成が必要であると考えられている（UNESCO 2015: 69）。

学校の設備

教室一つあたりの生徒数は，初等教育においてソロモン諸島（2016年）約16人（Solomon Islands 2017），ツバル（2017年）約20人（Tuvalu 2017），バヌアツ（2015年）約22人（Vanuatu 2015）と比較的余裕がある一方で，パプアニューギニア（2012～14年）約39人（Papua New Guinea 2016），トンガ（2014年）約44人（Tonga 2015）となっている。中等教育においてその比率は急激に上昇し，バヌアツ（2015年）約36人（Vanuatu 2015），ソロモン諸島（2016年）約41人（Solomon Islands 2017），パプアニューギニア（2012～14年）約60人（Papua New Guinea 2016），トンガ（2014年）約66人（Tonga 2015）となっており，教室数の拡充，新たな学校の設立が必要とされている。日本の状況（2017年）は，初等教育において約24人，中等教育において約28人となっている（文部科学省 2018）。

教育機関におけるトイレの整備は，生徒の出席率およびドロップアウトに大きな影響を与えるとされる（UNESCO 2015）。トイレ一つあたりの生徒数は，初等教育においてパプアニューギニア（2013～14年）約61人（Papua New Guinea 2016），トンガ（2014年）約67人（Tonga 2015），ソロモン諸島（2016年）約73人（Solomon Islands 2017），中等教育においてパプアニューギニア（2013～14年）約76人（Papua New Guinea 2016），ソロモン諸島（2016年）約83人（Solomon Islands 2017），トンガ（2014年）約285人（Tonga 2015）となっている。トイレ設備はとりわけ初等教育高学年から中等教育の女子生徒にとって重要である。中等教育における女子トイレ一つあたりの生徒数は，パプアニューギニア（2013～14年）約65人（Papua New Guinea 2016），ソロモン諸島（2016年）約79人（Solomon Islands 2017）となっており，女子の通学を妨げる一つの要因となっている（UNESCO 2015）。こうした設備の問題は，都市部よりも地方において顕著であり（UNESCO 2015），今後の大幅な改善が必要とされる。

(2) 生徒の学習成果

太平洋島嶼国では，太平洋共同体事務局（Secretariat of Pacific Community:
SPC）が主導する「教育の質および評価プログラム（Educational Quality and
Assessment Programme）」の下，初等教育の生徒の学力を量る「太平洋諸島国
語・算数評価試験（Pacific Island Literacy and Numeracy Assessment: PILNA）」
が実施されてきた。同試験は小学4年生，6年生を対象としており，これまで
に3度（2012年，2015年，2018年）実施されてきた。2018年試験では，太平洋島
嶼14ヵ国とトケラウから約4万人の生徒が受験した。

PILNA は，国語・算数ともに得点に応じてレベル0から8に分類され，学
年に応じてそれぞれの基準レベル（minimum expected level）が設定されてい
る。小学4年生では，算数レベル3，国語レベル4，小学6年生では算数レベ
ル5，国語レベル5が基準レベルとなっている。表10-3が示すように，国
語・算数ともに基準レベルに達する生徒の割合は増加しており，学習成果は向
上していると考えられる。UNESCO（2015）は，学習成果の向上の背景には，
就学前教育の充実があると指摘している。実際，2018年試験においては，国
語，算数ともに就学前教育を受けた生徒の方が点数が高くなる傾向にあった
（Pacific Community 2019）。

2018年 PILNA の結果は，学力には大きな男女間格差があることを示してい
る。小学4年生の国語において基準レベルを超えた女子の割合が59.9％である
のに対して，男子の割合は45.6％にとどまっている。算数においても基準レベ
ルを超えた女子86.5％，男子が80.5％となっている。小学6年生の国語にお
いては女子が70.7％，男子が54.5％，算数においては女子が86.7％，男子が
80.3％となっている（Pacific Community 2019）。また，UNESCO（2015）による
と，都市部と地方の間にも大きな学習成果の差があるとされる。2012年のPILNA の結果によると，都市部において基準レベルを超えた割合が国語で約40％，算数で約51％であったのに対し

表10-3　PILNA における基準レベルを越えた生徒の割合（%）

		2012年	2015年	2018年
4年生	国語	43	46	53
	算数	74	86	83
6年生	国語	48	46	63
	算数	56	68	83

出所）Pacific Community 2016, 2019.

て，地方における割合は国語が約22％，算数が約46％となっている。

　過去３回のPILNAの結果（表10-３）をみると，算数に比べて国語の学習成果が低いことが分かる。また，太平洋島嶼地域の15歳以上の識字率（2012年）は約71％となっており，世界平均の約84％より大幅に低いものとなっている（UNESCO 2015）。国語は将来の学修の基礎になると同時に，人々の社会参加を促す生活改善の手段であり（UNESCO 2015），今後の学習改善が望まれる。

3　教育と民族問題——フィジーの事例から

(1)　フィジーの民族問題

　フィジーは，先住系フィジー人（イタウケイ）約60％，インド系フィジー人約40％からなる多民族国家であり，国民統合の達成は独立以来の最重要課題となっている。近年においては，1987年，2000年のクーデターでみられたような民族間の対立は表出していないが，これまでのところ国民統合の発展へむけて有効な政策はとられておらず，民族間の緊張および民族間の溝は払しょくされていない。

　1987年のクーデターは，総選挙の結果，多民族政党の労働党とインド系を支持基盤とする国民連合からなる連立政権が誕生し，閣僚の半数以上をインド系が占めたことに端を発する。インド系がフィジーを支配するといったイタウケイの危機感によってクーデターが引き起こされた。2000年のクーデターは，1999年総選挙の結果，労働党を中心とする連立政権が誕生し，チョードリー（Mahendra Chaudhry）がフィジー初のインド系首相に選出されたことが引き金となった。

　これまでフィジー国民の支持政党はおもに民族によって分断されており，政権の中枢はイタウケイを支持基盤にもつ政党が握ってきた。しかし，2014年の総選挙において，バイニマラマ（Josaia Voreqe Bainimarama）首相が率いる多民族政党フィジー第一党が民族の枠を越えて多くの支持を獲得し，独立以降初めて多民族政党による単独政権が誕生した。これにより，「多様性のなかの統合」への動きが急速に進むことが期待され，確かに新政権のもと政府の民族融和的なイメージは醸成されてきている。しかしながら，2018年選挙でイタウケ

イを支持基盤とする社会民主自由党が議席を大きく伸ばしたことが示すように，フィジー国内には民族間の溝が今でも色濃く残っており，民族分離の状況が改善されているとは言い難い。

(2) 民族別教育と民族分離

　民族分離の大きな要因の一つが，民族ごとに分離している初等・中等教育の構造にあると考えられる。フィジーの初等・中等教育機関のほぼすべてが宗教および文化団体や地域コミュニティ（おもに民族別）を母体とする私立学校となっている。教育が民族アイデンティティの形成・強化に大きな影響を与える（Shamsul 1996）ことを考えると，フィジー社会における民族アイデンティティは民族別教育を通して強化されてきたと考えられる。そして，これが国民統合の発展を困難なものにしてきたといえよう。

　民族別教育は，イギリス植民地期以前の19世紀初頭に上陸したメソジストの布教団が設立した民族別学校に端を発する。そして，この民族別教育の構造は1874年に始まる植民地期において固定化されることとなった。植民地政府は，異なる民族は社会で異なる役割をもつため異なる教育が必要であるとの考えのもと，民族別教育への支持を示していた。その結果，多民族教育が推進されることはなく，植民地期に設立されたほぼすべての学校は，宗教および文化団体や地域コミュニティ組織によって運営されており，民族別となっていた。そして，1916年教育法において民族別教育は制度化されることとなる。また，これらの学校が公立ではなく，政府のコントロール下におかれていなかったことが，民族別教育制度の維持につながっていく。

　植民地期においても，学校の多民族化の必要性は幾度となく主張されたが，植民地政府役人の反対により，学校の多民族化への取り組みが進むことはなかった。そもそも教育はヨーロッパ系住民の既得権益とされており，さらにヨーロッパ系とイタウケイおよびインド系が同じ学校で学ぶことにつながる学校の多民族化は，ヨーロッパ系住民から大反対を受けていた。

　独立直前の1969年に開かれた教育協議会において，多民族教育の重要性が提案され，マラ（Kamisese Mara）初代首相は学校の多民族化による国民統合の発展を模索することになる。おもに，すべての学校を公立化し，政府主導で多

民族化を進めることが可能となる体制作りを目指した。しかし，1972年選挙において，野党が学費の無償化を掲げたことにより，マラ首相率いる同盟党も学校の公立化ではなく，国民の支持が高い学費の無償化を強調することとなり，学校の公立化そして多民族教育は事実上の棚上げとなった。そして，1987年クーデターによって民族主義が高まり，学校の民族別構造はより強固なものとなっていった。

(3) 民族間交流の可能性

2011年，政府は，教育へのアクセス，教育の質，教育の公平性の改善へむけて，都市部を対象に学区割政策（Zoning Policy）を実施した。これは学校を中心に半径2kmの学区を作り，その学区内に住む生徒は，宗教や民族に関係なく，原則としてその学校への入学が義務づけられるというものである。同政策の目的の一つは，民族別教育の廃止，多民族教育の推進を通して，国民の融和を達成することであった。学区割政策の導入により学校の多民族化が進んでいるという意見があるが，政府さえも学校の多民族化の状況（各学校の民族構成）を十分に把握しておらず，同政策が学校の多民族化に実質的な効果をもっているかは今のところ明らかとなっていない。

ただし，学校の多民族化によって作り出される民族間交流が，諸民族の相互理解・尊重の深化，そして民族間関係の改善につながることは，オールポート（Allport 1954）やペティグルーとトループ（Pettigrew and Tropp 2006）などがコンタクトセオリー（Contact Theory）として明らかにしてきた通りである。さらに，幼児・小児期の民族間交流が民族間関係の改善に最も寄与するといわれている（Wright and Tropp 2005）。学校の多民族化，学校における民族間交流の促進が，民族間関係の改善，国民統合の発展のカギとなっており，学区割政策にとどまらず多民族教育を推進するさらなる政策の実施が今後期待される。

参考文献

青木麻衣子・佐藤博志編　2020『オーストラリア・ニュージーランドの教育——グローバル社会を生き抜く力の育成に向けて』第3版，東信堂。

文部科学省　2018『文部科学統計要覧（平成30年度）』ブルーホップ，https://www.

mext.go.jp/b_menu/toukei/002/002b/1403130.htm（2021年 7 月27日閲覧）。

Allport, G. W. 1954. *The Nature of Prejudice*. Reading: Addison-Wesley.

Asian Development Bank 2011. *The Millennium Development Goals in Pacific Island Countries: Taking Stock, Emerging Issues, and the Way Forward*. Philippines: Asian Development Bank.

―― 2016. *Fiji Country Gender Assessment 2015*. Manila: Asian Development Bank.

Cook Islands, Ministry of Education 2016. *Ministry of Education Statistics Report*. Rarotonga: Ministry of Education.

Federated States of Micronesia, Department of Education 2020. *Education Sector Strategic Development Plan 2020–2024*. Palikir: Department of Education.

Fiji, Ministry of Education, Heritage and Arts 2015. *2015–2018 Education Sector Strategic Development Plan*. Suva: Ministry of Education, Heritage and Arts.

―― 2016. *2015 Annual Report: Quality Education for Change, Peace and Progress*. Suva: Ministry of Education, Heritage and Arts.

Pacific Community, Educational Quality and Assessment Division 2016. *2015 Pacific Islands Literacy and Numeracy Assessment（PILNA）: Regional Report*. Suva: Pacific Community, Educational Quality and Assessment Division.

―― 2019. *2018 Pacific Islands Literacy and Numeracy Assessment（PILNA）: Regional Report*. Suva: Pacific Community, Educational Quality and Assessment Division.

Papua New Guinea, Department of Education 2016. *National Education Plan 2015–2019: Quality Learning for All*. Port Moresby: Department of Education.

Pettigrew, T. F. and L. R. Tropp 2006. A Meta-analytic test of intergroup contact theory. *Journal of Personality and Social Psychology* 90（5）: 751–783.

Republic of Kiribati, Ministry of Education 2014. *Digest of Education Statistics 2014*. Tarawa: Ministry of Education.

Republic of Nauru, Department of Education 2015. *Education Statistics Digest 2015*. Yaren: Department of Education.

Republic of Palau, Ministry of Education 2016. *Education Statistical Yearbook*. Koror: Ministry of Education.

Republic of the Marshall Islands, Economic Policy, Planning and Statistics Office, and SPC Statistics for Development Programme 2012. *2011 Census Report*. Majuro: Economic Policy, Planning and Statistics Office.

Samoa, Ministry of Education, Sports and Culture 2016. *Education Statistical Digest 2016*. Apia: Ministry of Education, Sports and Culture.

Shamsul, A. B. 1996. Nations-of-intent in Malaysia. In S. Tonnesson and H. Antlov (eds.), *Asian Forms of the Nation.* Surrey: Curzon Press, pp. 323–347.

Solomon Islands, Ministry of Education and Human Resource Development 2017. *Performance Assessment Report 2015 & 2016.* Honiara: Ministry of Education and Human Resource Development.

Tonga, Ministry of Education 2015. *Annual Statistical Digest 2014.* Nuku'alofa: Policy and Planning Division, Ministry of Education.

Tuvalu, Ministry of Education, Youth and Sports 2017. *2016 and 2017 Education Statistical Report.* Funafuti: Ministry of Education, Youth and Sports.

United Nations Educational, Scientific and Cultural Organization 2015. *Pacific Education for All 2015 Review.* Paris: United Nations Educational, Scientific and Cultural Organization.

Vanuatu, Ministry of Education and Training 2015. *Annual Statistical Digest 2015.* Port Vila: Ministry of Education and Training.

—— 2020. *Education Statistics Basic Tables of 2019.* Port Vila: Ministry of Education and Training.

Wright, S. C. and L. R. Tropp 2005. Language and intergroup contact: Investigating the impact of bilingual instruction on children's intergroup attitudes. *Group Processes and Intergroup Relations* 8: 309–328.

（ウェブサイト）＊いずれも2021年 6 月27日閲覧

World Bank. Pupil-teacher ratio, primary. https://data.worldbank.org/indicator/SE.PRM.ENRL.TC.ZS

—— Pupil-teacher ratio, secondary. https://data.worldbank.org/indicator/SE.SEC.ENRL.TC.ZS

—— School enrollment, preprimary (% gross). https://data.worldbank.org/indicator/SE.PRE.ENRR

—— School enrolment, tertiary (% gross). https://data.worldbank.org/indicator/SE.TER.ENRR

—— School enrollment, secondary (% net). https://data.worldbank.org/indicator/SE.SEC.NENR

●読書案内●

『オーストラリア・ニュージーランドの教育──グローバル社会を生き抜く力の育成に
　向けて』第3版，青木麻衣子・佐藤博志編，東信堂，2020年
　　　オーストラリアおよびニュージーランドの教育を理解するための必読書。
　　　教育制度やカリキュラムの解説だけにとどまらず，アボリジニやマオリと
　　　いった先住民の教育，教育と労働市場の関連まで広く解説が行われている。

Pacific Education for All 2015 Review. United Nations Educational, Scientific and
　　　Cultural Organization. Paris, 2015
　　　太平洋島嶼国の教育を網羅する書籍は今のところ出版されておらず，本レ
　　　ポートは島嶼国の教育状況を把握するのに非常に有効である。太平洋島嶼
　　　国が抱える教育的課題，現状，将来への提言を示すレポートとなっている。

『アジア教育情報シリーズ1　東アジア・大洋州編』
　　　大塚豊監修，日暮トモ子編，一藝社，2021年
　　　オーストラリア，ニュージーランドだけでなく，中国や韓国をはじめとす
　　　る東アジアの国々の教育制度が簡潔にまとめられている。各国の教育概要，
　　　制度的な違いを把握する際の手助けとなる。

手　話
スペシャルスクールとろう者のコミュニティ

佐野文哉

　手話は音声言語とは異なる独自の文法をもつ自然言語である。これまでに100種類を超える手話の存在が確認されており，近年では公用語となる手話も登場してきている。たとえばニュージーランドでは，2006年に，ニュージーランドのろう者が用いるニュージーランド手話が，英語とマオリ語に次ぐ第三の公用語として認定されている。

　オセアニアという地域に注目した場合，上記のニュージーランド手話や，オーストラリアのろう者が用いるオーストラリア手話など，いわゆる大国の手話については，手話言語学を中心に様々な研究が行われている。その一方で，オセアニア島嶼部の手話については分かっていないことが多い。フィジーのろう者が用いるフィジー手話もそうしたオセアニア島嶼部で使用されている手話の一つである。フィジー手話は1980年代にオーストラリアからフィジーへともたらされた手話を原型とする手話であり，フィジーのろう者によって使用されるなかで徐々に形を変えて現在の姿となった。

　フィジー手話の大きな特徴の一つは，民族問わず，様々な背景をもつ子どもや大人によって使用されているという点である。先住民である先住系フィジー人と，イギリス植民地時代の移民の子孫であるインド系フィジー人をはじめとする，様々な民族的背景をもつ人々が暮らす現在のフィジーでは，たとえば先住系フィジー人はフィジー語，インド系フィジー人はフィジー・ヒンディー語などといったように，各民族は基本的に異なる音声言語を母語としており，それらの言語はおもに家族や隣人などといった血縁ないし地縁関係のなかで伝承されている。一方で，手話の場合はおもな伝承の経路が音声言語とは異なっている。一般に，耳の聞こえない子どもの大半は耳の聞こえる両親のもとに生まれてくるといわれており，そうした子どもはろう学校やスペシャルスクールでほかのろう児との交流を通して手話を習得する。フィジーでもそれは例外ではなく，フィジーのろう児の多くもろう学校やスペシャルスクールで手話を習得する。フィジーには現在14校のスペシャルスクール（初等学校相当，ろう学校と盲

学校も含む）が存在するが，民族別の学校は存在せず，各学校には様々な民族的背景をもつ生徒や教師が在籍している。そのためろう学校やスペシャルスクールで伝承される手話も，様々な背景をもつ子どもや大人によって使用されているのである。

　加えて重要なのは，フィジー手話はフィジー国外出身のろう者によっても使用されているという点である。オセアニア島嶼部における数少ないろう学校の一つであるフィジーのろう学校には，キリバスやソロモン諸島などといったフィジー以外の太平洋島嶼国からも，ろうの子どもが留学に来ている。彼らは全員，フィジーでフィジー手話を第一言語として習得し，同じフィジー手話でフィジーのろう者とともに教育を受けているほか，フィジーのろう者コミュニティの一員として日常生活を送っている。いわばフィジー手話を介して「フィジー」という国家的な枠組みを超えた関係性が形成されているのである（佐野2016）。

　ただしフィジーのろう者を取り巻く教育・社会環境には地域差があるという点にも注意しなければならない。たとえば相対的に手話教育環境が整っている首都スバに比べて，それ以外の地域では手話教育環境が整っていないことが多く，また手話が形作る社会関係もスバとその他の地域では違いがみられる（佐野2016）。上記の通り，手話は基本的にろう学校やスペシャルスクールで伝承されるものであるため，手話を用いるろう者のコミュニティのあり方も現地の教育環境に大きな影響を受けるのである。

参考文献
佐野文哉　2016「カテゴリー化に抗する手話／カテゴリー化される手話——フィジーにおける手話がかたちづくる社会関係」『日本オセアニア学会ニューズレター』114：1–12。

第11章

法　　律

近代民主主義制度と伝統制度の相剋と融合

東　裕

英国植民地時代に建てられた政府庁舎前に立つスクナ像（2018年，フィジーの首都
スバにて筆者撮影）

ラツー・スクナ（Ratu Sir Lala Sukuna 1888-1958）は，最高位首長家系出身で
オックスフォードに学び，植民地時代の1932年に立法評議会議員となり，1956年
にはフィジー人初の議長に就任した。20世紀前半のフィジーを代表する政治家で
あった。その雄姿は独立後の今もフィジーを率いているかのようだ。

1 太平洋島嶼諸国というマイクロステート

⑴ 独立国とは──様々な「国のかたち」

　太平洋島嶼国には14の独立国がある（表11-1）。これらはいわゆる「国」であるが，それ以外に「地域」と呼ばれる存在がある。「地域」とは「国」になる前の段階にある存在で，たとえば，トケラウという「地域」がある。クック諸島とニウエも，数年前まで日本政府は「地域」として扱っていた。これは国家承認という国際法上の問題に関わる。

　国家承認とは，新国家が誕生する際に，他の国が新しく国家になる国を国際法上の国家（国際法主体）として認めることをいう。国家承認は，新国家と承認する国との二国間の行為であって，国際機関が統一的に行うものではない。国家承認の要件（国家性の要件）は，①恒常的住民，②明確な領域（領土），③政府，④他国と関係を取り結ぶ能力（外交能力［主権］）（モンテヴィデオ条約1条）という伝統的要件に加え，今日では，⑤適法性という要件が加えられるようになっている。

表11-1　太平洋島嶼諸国の憲法制定・独立・政体および規模

国名	旧宗主国 （信託統治施政国）	憲法 制定年	独立年	政体	人口 （万人）	国土面積 （km²）
パラオ共和国	米国（自由連合国）	1981	1994	共和制（連邦制）	1.8	488
ミクロネシア連邦	米国（自由連合国）	1979	1986	共和制（連邦制）	11.5	700
マーシャル諸島共和国	米国（自由連合国）	1979	1986	共和制	5.9	180
ナウル共和国	豪州・NZ・英国	1968	1968	共和制	1.1	21
キリバス共和国	英国	1979	1979	共和制	11.9	730
パプアニューギニア独立国	豪州	1975	1975	立憲君主制	894.8	462,800
ソロモン諸島	英国	1978	1978	立憲君主制	68.7	28,900
バヌアツ共和国	英・仏	1980	1980	共和制	30.7	12,190
フィジー共和国	英国	1970	1970	共和制	89.6	18,270
ツバル	英国	1978	1978	立憲君主制	1.2	26
トンガ王国	英保護国	1875	(1970)	立憲君主制	10.6	720
サモア独立国	NZ	1962	1962	選挙元首制	19.8	2,830
ニウエ	NZ（自由連合国）	1974	(1974)	立憲君主制	0.19	259
クック諸島	NZ（自由連合国）	1964	(1965)	立憲君主制	1.79	237

出所）外務省「各国・地域情勢」をもとに筆者作成（2022年8月23日現在）。

すなわち，一定の土地の上に居住する人々がいて，その人々が政府を形成し，他の国と関係を取り結ぶ能力をもった合法的に成立した政治主体であれば，国家として承認される要件を備えているといえ，人口や領土面積は要件に含まれない。そのようなわけで，人口が1万人程度で領土面積が20km²余りのツバルやナウルも，国家性の要件を満たすため独立国家として国際社会のなかで広く承認され，国連にも加盟しているのである。クック諸島とニウエについては，我が国はそれぞれ，2011年と2015年に国家承認をしたばかりで，国連に未加盟である。本章で扱う14ヵ国のうち，この2国を除く12ヵ国はすべて国連加盟国である（2022年8月現在）。

(2)　独立と憲法制定

　太平洋島嶼諸国では，トンガ王国を除けば，いずれも独立に先だって憲法が制定されている（表11-1）。憲法制定にあたっては，程度の差はあれ宗主国が関与したか，または宗主国で法律を学んだ者が関わったこともあって，憲法の統治機構については旧宗主国の制度の影響が顕著にみられる。たとえば，アメリカの信託統治領を経て独立したミクロネシア地域のパラオ，ミクロネシア連邦が大統領制を採用し，イギリスから独立したその他の多くの国々が議院内閣制を採用しているのはその例である。

　島嶼国の独立は，第二次世界大戦後の脱植民地化の流れのなかで，旧宗主国の都合により促されたもので，その意味では，島嶼諸国にとっては「強いられた」独立であり，国家形成であった（第7章3節参照）。独立に備えて制定された憲法は独立国家の象徴であった。その制定は国家形成と国民統合の機能を果たした。島嶼諸国側は，憲法制定の過程に広範に参加することで「強制」された政治過程を利用し，近代的統治機構と人権概念を内容とした憲法のなかに伝統的な政治システムや伝統的権利を取り込み，みずからの意思を反映させた。

　こうして穏やかに平和裡に行われた独立国家への移行は「パシフィック・ウェイ（Pacific Way）」と表現され，今日この言葉は島嶼国の文化的特徴を表現するものとして，太平洋島嶼国の連帯のシンボルとなっている。

2　太平洋島嶼国の法制度

(1)　法の構造

　太平洋島嶼国は，いずれの国も植民地ないし保護国からの独立という歴史を
もち，それが独立後の法制度に影響を与えている。イギリスから独立した国々
は，イギリスの法制度を継受し，アメリカから独立した国々はアメリカの法制
度を継受して各島嶼国の法制度は，歴史的経緯から生まれた重層構造をなして
いる。そのため①植民地以前から現地にあった慣習によって形成されてきた法
（固有法），②植民地下で宗主国によって移入された法（移入法または継受法），
③植民地からの独立を目的として宗主国をモデルとして整備された法（憲法），
そして④独立後に新たに制定された法（法律など），という構造が法制度のな
かにみられる。

　現在の法制度で最も重要なのが，独立前に準備され，独立とともに効力をも
つことになった憲法である。憲法とは，憲法典という形で存在する成文憲法の
ことで，国法秩序の最高法規である。島嶼国の憲法は，憲法制定以前からの慣
習や慣習法，および植民地下の法の継受を認め，それらを現在の憲法制度のな
かに組み込んでいる。

　また，憲法で設置された裁判所による裁判を通じて形成された判例（裁判
例）も，不文法として法制度のなかで機能している。本章では憲法を中心に太
平洋島嶼国の法制度における近代的制度と伝統的制度をみていくが，憲法のほ
かに，我が国の民法，刑法，商法，民事訴訟法，刑事訴訟法のいわゆる「六
法」に相当する法律も整備され機能していることをあえて付言しておく。

(2)　法源

　法源とは法の存在形式のことで，裁判の際に適用される法のことである。法
には文書化された成文法とそうではない不文法とがある。太平洋島嶼国の法源
は，成文法と不文法から成り，成文法には，最高法規としての憲法
（constitution），国会制定法（legislation）である法律（Act），法律の委任を受け
て制定される政令（decree）など法律の下位法である行政立法等，国家機関に

よる制定手続きを経て文書化された法がある。

　一方，不文法には，慣習（custom），慣習法（customary law），コモン・ロー（common law），衡平法（equity），判例法（case law）などがある。これらは，慣習が法としての規範力をもつようになったものや裁判所の判決によって形成された法原理などのことである。不文法重視のこのような法制度のあり方は，イギリス法（英米法）の影響を受けたものである。

　独立国としての太平洋島嶼国14ヵ国は，かつてイギリスまたはイギリスの植民地から独立したアメリカ，オーストラリア，ニュージーランドによる統治（バヌアツは英仏共同統治）を経験している。その影響が法制度に現れているのである。不文法のなかでも，とりわけ慣習や慣習法が重視される点に太平洋島嶼国の法制度の特徴がみられるといえよう。

(3)　近代的制度と伝統的制度

　近代的制度と伝統的制度が併存し，伝統的制度が法制度のなかで一定の無視しえない程度の割合を占めているのが太平洋島嶼国の法制度の特徴である。このことを確認する前に，まず近代的制度とはどのような制度を指すのかを明らかにしておかなければならない。

　近代的制度には，国の最高法規としての憲法（成文憲法典）の存在が挙げられる。その憲法が人権保障と権力分立（三権分立）に基づく統治機構を定め，「法の支配」が確立され，民主主義の制度（代表民主制・議会制民主制）が整備されていれば，近代的制度が確立されているといえる。つまり，①最高法規である憲法典が制定されていること，②憲法典のなかに人権規定（権利章典）と権力分立が定められていること，③司法権の独立が保障され，憲法の最高法規性を担保する制度があること，④普通選挙制に基づく議会政治が保障されていること（国民主権と代表制民主主義）をここでは近代的制度の指標とする。

　これに対し，伝統的制度とは，植民地になる前から存在し，植民地状態を経て，独立後も憲法によってその維持が認められている，慣習，慣習法，および伝統的意思決定制度（伝統的首長による合議体）をいう。それらが依然として有効なものとして，その存在と機能が憲法や法律のなかで承認されていることを確認していく。

3 太平洋島嶼国の憲法の特徴

⑴ 憲法における近代的制度

主権国家の宣言

　太平洋島嶼国の憲法では，独立国家・主権国家・民主国家であることを憲法の冒頭で規定した例が数多くみられる。主権民主国家（キリバス憲法1条，ソロモン諸島憲法1条1項，ツバル憲法1条，バヌアツ憲法1条，フィジー憲法1条），独立共和国（ナウル憲法1条），独立主権国家（サモア憲法1条1項）などの表現がそれである。例を挙げれば，「ソロモン諸島は主権民主国家である」（ソロモン諸島憲法1条1項），「ナウルは独立共和国である」（ナウル憲法1条），「サモア独立国は自由な主権国家である」（サモア憲法1条）のような規定である。このように主権を有する独立国家であると憲法の冒頭に規定することで植民地から独立国家への移行を強調している。

憲法の最高法規性と法の支配

　主権国家の規定の次におかれるのが，憲法の最高法規性の規定である。たとえば，キリバス憲法では「この憲法はキリバスの最高法規であり，この憲法に反するいかなる法令も，憲法に反する限度で，その効力を有しない」（1条）と規定する。同様の規定は，ナウル憲法（1条，2条），マーシャル諸島憲法（1条），ミクロネシア連邦憲法（2条），パラオ憲法（2条），パプアニューギニア憲法（11条），ソロモン諸島憲法（2条），バヌアツ憲法（2条），フィジー憲法（2条），サモア憲法（1条，2条），ツバル憲法（3条），にみられる。こうして，憲法を国の最高法規と定め，それに反する法令の効力を無効とすることで，法の支配を確立している。

基本的人権の保障

　ニウエ憲法を除く13ヵ国は，近代民主主義諸国に普遍的にみられる個人の基本的な権利・自由を保障する人権カタログたる権利章典を設けている。すなわち，パラオ憲法（4条），ミクロネシア連邦憲法（4条），マーシャル諸島憲法

（2条），ナウル憲法（2部），キリバス憲法（2章），パプアニューギニア憲法（3編3章），ソロモン諸島憲法（2章），バヌアツ憲法（2章），フィジー憲法（1章），ツバル憲法（2章），トンガ憲法（1部），サモア憲法（2部），クック諸島憲法（4A部）といった具合である。このような人権規定のなかで，日本国憲法同様の各種の人権（自由権，参政権，社会権などの各種の自由と権利）が一般に保障されている。

さらに，日本国憲法には明文の規定のない「新しい人権」の規定もみられる。ミクロネシア連邦憲法の「プライバシーの保護」（4条5節），マーシャル諸島憲法の「自己決定とプライバシーの自由」（2条13節），パラオ憲法の「犯罪被害者に対する国家補償」（4条8節）といった規定がその例である。太平洋島嶼国で最も新しい現行のフィジー憲法（2013年）は，具体的な権利として社会権的な「新しい人権」（31〜42条）を保障している。たとえば，交通への合理的なアクセスの権利（34条），十分な食料および水に対する権利（36条），環境権（40条），子どもの権利（41条），および障害者の権利（42条）などの各規定がそれである。このように，太平洋島嶼国の憲法には，20世紀後半から21世紀という制定時の時代背景を反映した人権規定がみられる。

権力分立に基づく統治機構

各国の憲法は，いずれも権力分立による近代民主主義統治機構を定めている。司法権の独立はいずれの憲法においても確立されている。立法権と行政権の関係については，大統領制と議院内閣制に大別されるが，各国ごとに独自の特徴がみられる。太平洋島嶼国のなかで大統領制に分類できるのは，パラオとミクロネシア連邦の2ヵ国で，その他の諸国は議院内閣制である（表11-2）。

大統領制の国では，パラオはアメリカ大統領制に近い形態であるが，ミクロネシア連邦はそうではない。ミクロネシア連邦憲法では，立法権はミクロネシア連邦議会（9条1節），行政権はミクロネシア連邦大統領（10条1節）にあるが，大統領は，州を代表する4年任期の議員のなかから連邦議会によって選出されるからである（10条1節）。ちなみに，ミクロネシア連邦憲法では，連邦議会は一院制であるが，各州から1人ずつ選出される4年任期の議員（4人）と，各州の人口に比例して選出される2年任期の議員（10人）で組織される

（9条8節）として，一院制のなかでアメリカの二院制の考え方（州代表の上院と連邦代表の下院）を導入している。

　マーシャル諸島，ナウル，キリバスの3ヵ国の憲法にも大統領の規定はあるが，大統領は国会議員のなかから選出され（マーシャル諸島憲法5条3節2項，ナウル憲法16条1項），内閣が国会に対して連帯して責任を負い（ナウル憲法17条2項，キリバス憲法40条），国会が大統領を含む内閣不信任権をもっている（マーシャル諸島憲法5条7節，ナウル憲法24条1項，キリバス憲法33条1項（ｂ）号）などの点からみて，大統領制ではなく議院内閣制といえる。

(2)　憲法における伝統的権利と制度の保障

伝統的な土地所有制度の特徴とその保障

　太平洋島嶼国では，一般に土地の所有形態が，自由所有地（freehold land），慣習地（customary land），公有地（public land）に区分され，国土の大半（80〜90％程度）を慣習地（慣習保有地）が占めている。個人の所有権が認められるのは自由保有地だけで，その多くは植民地時代に開発された都市部の土地で，一般に国土の10％程度にとどまる。自由所有地は自由な売買が可能で，外国人の土地所有権も認められる。慣習地の所有形態は土地所有集団たる共同体の「総有」という共同所有者各自の持分を観念することができない所有形態で，その土地の各種使用権は，共同体の成員がそれぞれの権利をもつ。

　このような土地所有形態（land tenure system）は，唯一の生産手段である限られた土地を有効かつ平等に使用するための共同体原理に由来し，自給自足経済と不可分の関係をもって成立したもので，自給自足経済の基盤である慣習的所有地を第三者による搾取から保護してきた。国土の大半の慣習地が共同体の総有という所有形態をとることで，生活の基盤である狭小な国土を保全し，同時に外国資本の経済力による「侵略」を防いできたのである。この伝統的土地所有制度を保障する規定が，太平洋島嶼国の8ヵ国の憲法におかれている。憲法規定をおかないその他の国においては，法令や慣習法で土地の譲渡制限などの規制が定められている（表11−3）。たとえばフィジー憲法（2013年）では，「すべてのフィジー先住民の土地の所有権は，その土地の慣習保有者が保持し，（中略）売買，贈与，譲渡または交換のいずれによるものであれ，その権

表11-2　国家元首・行政権・立法権・政府形態

国名（略称）	国家元首	行政権	立法権	政府形態
パラオ	大統領	大統領	国会（二院制）	大統領制
ミクロネシア連邦	大統領	大統領	国会（一院制）	大統領制
マーシャル諸島	大統領	内閣	国会（一院制）	議院内閣制
ナウル	大統領	国家評議会	国会（一院制）	議院内閣制
キリバス	大統領	内閣	国会（一院制）	議院内閣制
パプアニューギニア	英国女王	英国女王・総督	国会（一院制）	議院内閣制
ソロモン諸島	英国女王	英国女王・総督	国会（一院制）	議院内閣制
バヌアツ	大統領	首相と内閣	国会（一院制）	議院内閣制
フィジー	大統領	大統領	国会（一院制）	議院内閣制
ツバル	英国女王	英国女王・総督	国会（一院制）	議院内閣制
トンガ王国	国王	国王・枢密院・内閣	国王・国会（一院制）	議院内閣制
サモア	元首（選挙選出）	国家元首	国会（一院制）	議院内閣制
ニウエ	英国女王	英国女王・NZ総督	国会（一院制）	議院内閣制
クック諸島	英国女王	英国女王・NZ総督	国会（一院制）	議院内閣制

出所）筆者作成。

表11-3　土地所有権の制限

国名（略称）	土地の所有とその制限
パラオ	パラオ市民権を有する者またはパラオ市民権を有する者が所有する法人のみがパラオの土地を所有できる（憲法13条8節，自由連合協定39条）
ミクロネシア連邦	ミクロネシア連邦の市民権を有しない者や地元資本でない法人の土地取得・貸与を禁止（憲法13条4節・5節）
マーシャル諸島	伝統的土地保有権は保護される（憲法10条1節）
キリバス	先住民土地令により，慣習地の外国人への売却・贈与禁止，貸与は99年以内
ナウル	土地はナウル人の家族による所有で，ナウル人以外への所有権移転は不可
パプアニューギニア	土地は，現に生存する者だけでなく，先祖と子孫のものでもあり，譲渡は慣習によって制限され，国土の大半を占める不可譲渡地は慣習法で規制
ソロモン諸島	土地は共同体に属し，その構成員だけが土地使用権をもち，外国人の土地所有権を制限（憲法110条，111条）
バヌアツ	土地は先住民の慣習上の所有者とその子孫に属する（憲法73条，75条）
フィジー	先住民の土地所有の保障などを規定（2013年憲法28条，29条，30条）
ツバル	土地はツバル人個人・集団による所有で，ツバル人以外への譲渡・賃貸借を禁止
トンガ	土地は国王のもので，国王を含むいかなる者も土地の売却は禁止（憲法104条）
サモア	慣習地の譲渡制限があり（憲法102条），サモア市民権を有しない者への自由保有地の売却，および20年以上の貸与は首相の助言に基づく国家元首の同意を要する

出所）筆者作成。

利は永久に譲渡されてはならない」(28条1項) と定めている。

　このように太平洋島嶼国の多くの国の憲法では，伝統的な土地所有権を保障し，土地の自由な処分を禁止している。マイクロステートでは，大国の資本による土地取得を許容すれば，国民はたちどころに祖国において借地人の地位に転落してしまいかねない。植民地経験の歴史の記憶は，今も太平洋島嶼国の人々に共有されている。外国人が多数移住し，市民権を取得して政治的権利を行使するとき，太平洋島嶼国のなかで唯一の複合民族国家であるフィジーが経験したような歴史が再現されるかもしれない。憲法で外国人の土地取得を制限することは領土の保全であり，国民国家の防衛にとって不可欠の制度でもある。

伝統的首長機関の保障

　ミクロネシア連邦憲法では，伝統的諸権利 (5条) の規定がおかれ，憲法のいかなる条項も慣習と伝統で承認されている伝統的指導者の役割または機能を喪失させるものでないこと (1節)，ミクロネシア国民の伝統が制定法で保護されること (2節)，伝統的指導者による会議を連邦議会が設置できること (3節) が定められている。マーシャル諸島憲法では，伝統的首長による酋長評議会 (3条) の規定があり，酋長評議会は，国のいかなる事項についても判断し，内閣に対してその意見を表明することができる (3条2項 (a))。パラオ憲法では，伝統的諸権利 (5条) の規定がおかれ，憲法に反しない限り慣習と伝統によって認められた酋長の役割または機能を禁止または廃止する措置をとることが禁止され (5条1節)，酋長評議会 (8条6節) の規定がおかれ，酋長評議会は慣習法・慣行，ならびに慣習法・慣行と憲法および法律との関係に関する事項について，大統領に助言する権限を認められている (8条6項)。フィジーの1990年憲法と1997年憲法では，大酋長会議が憲法上の機関として定められ，大統領の任命や上院 (現在は廃止) 議員の任命権を有していた。またトンガ王国憲法では，国王とその継承者による立憲君主政体であることが定められ (31条)，国会には貴族議員の席が存置されている (60条)。

(3) 独自の特徴的規定

キリスト教国であることを謳う規定

　太平洋島嶼地域は，植民地下でキリスト教の影響を受け，今日でも各国の国民の多数はキリスト教徒である（第8章3節参照）。そのことが憲法規定のなかにも現れている。たとえば，「生命，自由，アイデンティティおよび生来の権利の賦与者としての神」（マーシャル諸島憲法前文），「キリスト教の諸原則に基づく独立国家」（サモア憲法前文2項），「神を全能にして永遠の主，すべての善なるものを授けたもうものと認め」（ツバル憲法前文），「神への信仰とキリスト教の諸原則に基づくバヌアツ共和国」（バヌアツ共和国前文）などのほか，キリバス憲法前文，ナウル憲法前文，ソロモン諸島憲法前文，トンガ憲法1条にも神への言及がみられる。例外として，先住民系（キリスト教）とインド系（ヒンズー教，イスラム教）から成る複合民族国家フィジーでは，国民統合を目的とした現行憲法（2013年）は，「世俗国家」として「宗教の自由」を国家の基盤原則（4条1項）とし，「信教の自由」と「政教分離」を定めている（同条2項，3項）。

海洋島嶼国家の強調

　ミクロネシア連邦憲法は，その前文でミクロネシアの太古からの来歴と島嶼国家の独自性とそれへの誇りが表現されている。すなわち，「多くの島嶼より成る国家を建設するため，我々は，我々の文化の多様性を尊重する。（中略）海は，我々を結びつけるものであって，我々を隔てるものではない。（中略）ミクロネシアは，人間が筏やカヌーで海を拓いた時代に始まった。ミクロネシア国家は，人々が星を見て航海した時代に生まれている。我々の世界そのものが一つの島である。（中略）この憲法により，他の諸国の保護を受けてきた我々は，現在および永遠に，我々自身の島嶼の誇り高き保護者となるであろう」と。マーシャル諸島憲法でも「我らは，幾世紀も前に，大胆にも，広大な太平洋の未知なる海を越えてやってきて（後略）」（前文）と，その来歴を語っている。

非核条項

　ミクロネシア連邦憲法では，ミクロネシア連邦内においては，連邦政府の明

示の承認なしに，放射性物質，有毒化学物質，その他の有害な物質の実験，貯蔵，使用または処理をすることが禁止されている（13条2節）。パラオ憲法でも，核兵器，化学兵器，ガス兵器，生物兵器などの有害物質のパラオの領土内での使用，実験，保管または処分を禁じている（13条6節）。

その他の特徴

軍または戦力をもたないことをもって平和憲法と呼ぶなら，太平洋島嶼国の憲法はいずれも平和憲法である。国軍の規定があるのは，パプアニューギニア，フィジー，トンガだけである。軍をもつこの3ヵ国も，戦力と呼べるほどの編成や装備を有しない。ただし，憲法には非常事態を想定した緊急権条項（emergency power）がおかれ，サイクロンや洪水など自然災害やインフラを破壊するような大規模な事故発生などの際に発動されている。

4　近代化と伝統──相剋から近代化優位の融合へ

太平洋島嶼諸国の憲法で与えられた近代的政治機構は，独立から半世紀前後を経て次第に現地の政治文化と融合しつつ定着してきたが，その過程では伝統的な政治文化との間で深刻な相剋を経験した。その最も顕著な例が，フィジーのクーデターであった。1987年の2度の軍事クーデター，2000年の文民クーデター，そして2006年の軍事クーデターと，いずれも先住民系とインド系の政治的権利の平等をめぐる伝統（先住民系国民）と近代化（主としてインド系国民）の対立に根ざすものであった（第10章3節参照）。独立時の1970年憲法，1990年憲法，そして1997年憲法と，各憲法で形を変えて定められていた選挙制度と民族別議席制が原因の一つであり，その対立には土地（慣習地）の権利をめぐる問題が伏在していた。

政治的権利の平等をめぐる問題は，複合民族国家フィジーに特有の問題であったが，伝統的階層社会を維持しているトンガにおける平民による民主化要求も，同様の性格の問題であった。フィジーにおける民族による投票価値の不平等の解消，トンガにおける貴族に限られていた閣僚への平民の登用といった，人種・民族や階級による差別の解消を求める政治的権利の平等化の要求

は，「人は生まれながらにして自由かつ平等」という，自然権に基づく近代人権思想が伝統社会にもたらしたものであった。

フィジーでは，紆余曲折を経て，現行の2013年憲法は先住民系とインド系の両民族の政治的権利の完全な平等化を実現し，伝統的制度である大酋長会議の規定を憲法から削除した。トンガでは2010年の憲法改正により，国王の大臣任命権が制限され，平民を含む国会の意思が反映されるようになり，平民（人民代表）議員にも大臣への道が開けた。その結果，2014年には民主化運動のリーダーであったアキリシ・ポヒヴァが初の平民首相となった（2019年在職中に死去）。こうして，この両国では近代化と伝統の相剋は，近代化優位の融合という形に落ち着いている。近代的法制度が根づく一方で，伝統的指導者などによって運営される伝統的制度の影響力が低下するのは，太平洋島嶼国に一般的な傾向であるといえる。こうして憲法制定による近代民主主義制度の導入は，伝統的統治システムを変容させ，その領域を縮小させてきた。

一方，そのような潮流のなかで，伝統的土地所有制度である慣習地は，近代的な個人による土地所有制度に変更されることなく法的保護がなされているが，産業・経済開発の要請からその利用の道が開かれるようになってきている。フィジーでは先住民土地信託法が制定され，先住民土地法によって保護された慣習地も共同体構成員以外によって短期・長期リースされ利用・開発されることが可能になっている（ただし居住地は除く）。

しかし，個人の土地所有権を認め，先住民以外への慣習地の譲渡を可能にするような立法がなされるならば，伝統的土地所有制度が崩壊するだけにとどまらず，伝統的な生活様式や文化が根底から破壊され，領土管理権（主権）の喪失をも招来しかねないという安全保障上の危険に直面するおそれがある。今後も，土地をめぐっては近代化と伝統の相剋が続くものと思われるが，根底には国のあり方に関わる深刻な問題が伏在しているのである。

参考文献

今泉慎也　2016「パプアニューギニアの鉱物資源開発と慣習地問題」黒崎岳大・今泉慎也編『太平洋島嶼地域における国際秩序の変容と再構築』アジア経済研究所，93-139頁。
浦野起央・西修編　1985『資料体系アジア・アフリカ国際関係政治社会史6　憲法資料

アジア』パピルス出版。

外務省「各国・地域情勢」mofa.go.jp/mofaj/area/index.html（2022年8月23日閲覧）。

小林泉・東裕　1998「強いられた国民国家」佐藤幸男編『世界史の中の太平洋』国際書院，69-106頁。

萩野芳夫・畑博行・畑中和夫編　2007『アジア憲法集』第2版，明石書店。

畑博行他編　1992『南太平洋諸国の法と社会』有信堂。

東裕　2010『太平洋島嶼国の憲法と政治文化——フィジー1997年憲法とパシフィック・ウェイ』成文堂。

矢崎幸男編　1984『ミクロネシアの憲法集』暁印書館。

Corrin, J. and D. Paterson 2017. *Introduction to South Pacific Law*, 4th edition. Cambrige: Intersentia.

Ntumy, M. A. 1993. *South Pacific Islands Legal System*. Honolulu: University of Hawaii Press.

Pacific Islands Legal Information Institute. http://www.paclii.org/（2021年9月30日閲覧）.

Paterson, D. 2000. *Selected Constitutions of South Pacific*. Suva: The University of the South Pacific.

●読書案内●

『南太平洋諸国の法と社会』畑博行他編，有信堂，1992年

　　太平洋島嶼諸国の法制度を扱った日本の文献は数少ない。そのなかで探すとなれば，この一冊か。今から30年ほど前の論文集だが，ミクロネシア連邦の法制度を中心に15編の論文を収録。ミクロネシア連邦憲法の邦訳つき。

『太平洋島嶼国の憲法と政治文化——フィジー1997年憲法とパシフィック・ウェイ』東裕，成文堂，2010年

　　太平洋島嶼国の憲法，とくにフィジー憲法に関心がある方にお薦め。厚かましくもあえて拙著を挙げるのは，この地域の法制度に関する本がほかに見当たらないため。ただし論文なら，永田憲史による刑事司法制度に関する著作がある。

Intoroduction to South Pacific Law, 4th edition.
J. Corrin and D. Paterson, Cambridge: Intersentia, 2017

　　太平洋島嶼国の法制度に関心があり，英語に抵抗のない人にお薦め。南太平洋諸国の法と司法制度，国法秩序，慣習法，憲法，行政法，刑法，家族法，契約法，不法行為法，土地法，そして各国の裁判制度の全11章で構成。

土地利用
慣習的土地制度と大規模資源開発

今泉慎也

　多くの太平洋島嶼国ではクランなどの血縁的ないし地縁的な集団が土地を所有する慣習的土地制度が公式に維持されている。植民地期や独立後に慣習地改革が試みられることもあったが，土地に根差した伝統的な生活・社会・文化を脅かすものとして，ときには激しい反対運動が展開されてきたからである。この慣習的土地制度が土地活用・経済発展を妨げていると主張されることもあるが，面積が大きい島を中心に大規模な農業開発や鉱物資源開発が顕著となっている。たとえば，パプアニューギニアは石油や金・銅など鉱物資源の産出国としての顔をもち，2014年には日本企業も参加して開発が進められた液化天然ガス（LNG）の輸出が日本，中国，台湾向けに開始された。

　慣習地が多く存在する状況において資源開発はどのようにして実現されたのであろうか。資源開発の必要性や利益の大きさが人々に広く認識されるようになったほか，制度改革が果たした役割も大きい。第一に，慣習地という所有形態を維持しつつも，クラン以外の者による土地の活用を可能にするような制度整備が積み重ねられてきた。たとえば，慣習地をいったん国にリースして事業者などに再リースする制度（土地法）や，慣習地の利用やその利益の管理のため法人化を認める制度が活用されている。

　第二に，パプアニューギニアなどで鉱物資源開発が進む別の理由としては，ブーゲンヴィル紛争など過去の教訓を生かしながら，開発利益の分配の方法・基準や交渉手続が徐々に制度化されてきたことがある。パプアニューギニアは，地下の鉱物資源は国家に帰属するという原則を採用するが，実際の開発には資源が眠る慣習地を所有する集団の協力が必要である。とくに同国には，クラン間抗争で培われた，要求実現のために実力行使を辞さない風土があり，事業者にとっては職員や施設の安全を確保しながら操業を続けるため，クランなどの協力を取り付けることが不可欠である。

　そこで一定の開発事業の実施にあたっては，国，開発事業者（多国籍企業や地場企業），地域コミュニティ（慣習的土地所有集団等）など利害関係者で構成する

「開発フォーラム」を設置することが1990年代に法制化された（鉱業法，オイル・ガス法）。また，開発フォーラムで交渉され，取り決められるべき事項や基準も定型化されてきた。たとえば，産出量に応じて国に支払われるべきロイヤルティや地域・地権者などへのその配分方法，開発事業への政府などの資本参加，資源開発利益を財源とする国から地方への交付金，政府や事業者による地元のインフラ整備や学校・病院など社会サービスの拡充が含まれる。これら開発フォーラムの仕組みは，世界的な鉱物資源産業における社会的責任に関する指針・基準作りにおいて成功例としてしばしば参照されている。

　資源開発は国や地域に大きな利益をもたらすが，慣習的土地所有集団内での資源開発から得た利益の不正使用や分配が問題になる事例もあり，その適正なガバナンスが課題となっている。また，降ってわいたような大金を無駄に費消してしまう住民も少なくないという。資源採掘は永遠に続くわけではない。閉山後を見すえた地域の産業育成・雇用創出など将来の世代に開発利益の恩恵を残していくための取り組みも必要であろう。

参考文献

今泉慎也　2016「パプアニューギニアの鉱物資源開発と慣習地問題」黒崎岳大・今泉慎也編『太平洋島嶼地域における国際秩序の変容と再構築』日本貿易振興機構アジア経済研究所，93-139頁。

第Ⅲ部

現代的課題

第12章

気候変動

海面上昇で危機にある小島嶼国

茅根　創

ツバルのフナフチ環礁フォンガファレ島を北から撮影（2007年，朝日新聞社のセスナ機「あすか」から筆者撮影）

ツバルは９つの環礁からなる。フナフチ環礁は径およそ20kmで，写真の左手が外洋，右手が環礁内側のラグーンである。フナフチ環礁の30ほどの島のうち，幅650mと最も大きいフォンガファレ島はツバルの首都で，5000人近い人々が住む。本文の図12-3にこの島の立体地図を示す。

1 水没する国土

　化石燃料の燃焼によって大気中の二酸化炭素濃度が上昇し，その温室効果で地球の平均気温は産業革命前に比べてすでに1度上昇している。さらに今世紀半ばには＋1.5度に達すると予想されている（IPCC 2018）。IPCCの最新の第六次報告は，将来の社会経済と温室効果ガス排出シナリオに基づいて，今世紀末の地球の平均気温の上昇を，＋1.0〜5.7度と予想している（図12-1上）。パリ協定で合意した＋2度の温暖化に抑制するためには，持続可能な社会を選択して，今世紀後半には二酸化炭素の排出を正味で0にしなければならない。

　温暖化によって海水が熱膨張するとともに，氷河が融解して海水面が上昇す

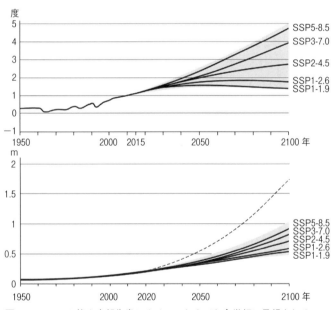

図12-1　IPCC第六次報告書による，これまでと今世紀に予想される
　　　　温暖化（上）と海面上昇（下）
　　注）将来については，SSP1〜5とRCP1.9〜8.5の組み合わせによって予想される5つの
　　　　例について，不確定な範囲（アミがけ）とともに示している。海面上昇予想の図
　　　　（下）の破線は，氷床の大規模な崩壊が起こるシナリオに基づくもの。
　　出所）IPCC（2021）による。

る。検潮記録と衛星の観測によれば，海水面はこの100年間で0.2m上昇した。海面上昇は，今世紀末までに＋0.4〜1.2mと予想されている（図12-1下）。

　2015年12月にパリで開催された気候変動枠組条約第21回締約国会議（COP21）では，先進国，開発途上国，産油国などの間で利害の対立が起こり，温暖化抑制の合意になかなか至らないなかで，国土水没の危機という小島嶼国の訴えに，EUや当時のバラク・オバマ米国大統領が応え，温暖化を＋2度未満，できれば＋1.5度に抑制するという目標に合意した（パリ協定）。地球温暖化，海面上昇という地球環境問題の物語りのなかで，国際政治の場において小島嶼国の発言力が増している。

2　環礁の島々

　太平洋には2000近い島が分布している（小さな島が連なる環礁は，一つの環礁を1島と数える）。火山島や，火山島の周りを浅い海（ラグーン）を隔ててサンゴ礁が取り囲む堡礁，サンゴ礁だけがリング状につながる環礁，古い地層からなる大陸島など，様々なタイプの島がある（図12-2）。このなかで，海面上昇に対する脆弱性が最も高いのが，環礁である（図12-2の○）。世界にはおよそ500の環礁があり，うち400が太平洋に分布する。太平洋のマーシャル諸島共和国，キリバス共和国，ツバル，インド洋のモルジブ共和国は，国土のすべてが環礁からなる環礁国である。サンゴ礁は海面より上には成長することができないから，環礁の島は，サンゴ礁の上にサンゴ礫や有孔虫砂が打ち上げられてできた，標高の低い幅の狭い地形である（第3章2節参照）。

　環礁の島々では海面上昇による水没がすでに始まっていると，メディアなどによって喧伝されている。ツバルのフナフチ環礁フォンガファレ島では，実際に水没の様子を見ることができる。大潮の高潮位の際には，外洋からの波が住居に押し寄せてくる（扉写真，写真12-1左）。ストームの際には，波が人々の家を洗うという。ラグーン側の海岸にも海水が迫り，以前はあった砂浜が海岸侵食によって今はなくなってしまったという。海岸侵食によって，ヤシの木も打ち倒れている。さらに，島の内側では大潮の際に塩水が湧き上がってくる（写真12-1右）。住民たちは「昔はこんなことはなかった，最近になってこうし

たことが起こるのは，海面が上昇したためだ」と訴える。家に打ち上がる波
や，砂浜が失われ倒れるヤシの木，島の内側で湧き上がる海水などの写真は，
海面上昇の脅威が現実に起こっている例として様々なところで紹介されている
（Patel 2006; Gore 2007）。

写真12-1　大潮の高潮位時にツバルで見られる水没の様子。左：外洋からの波に洗われる住居（2008
年）。右：島の内側で地面から湧き出す海水（2009年）。（いずれもフォンガファレ島にて筆者撮影）

3　水没の実態

　環礁の島は細長く低平だが，詳細にみると比高1mほどの起伏をもってい
る。私たちが10年ほど繰り返し現地調査を行った，ツバルのフナフチ環礁の
フォンガファレ島を例に説明しよう。章扉写真のフォンガファレ島の空撮に対
応する範囲の立体地図を，図12-3に示す。写真と同様，島を北から俯瞰して
おり，左が環礁のリングの外側の外洋，右が内側のラグーンである。
　滑走路がある島の中央が最も低い標高1m以下の低地で，その両側に高ま
りがある。外洋側の細長い高まりが島で最も高く，標高4mに達する。現地
に行ってみると，この高まりは握り拳大から大きなものでは一抱えもあるよう
なサンゴ礫が作っていることが分かった。1972年にサイクロンがツバルを直撃
した際に，この高まりの沖側のサンゴ礁上に，一晩で延長19km，高さ4mの
サンゴ礫のリッジが作られた（Maragos et al. 1973）。サイクロンの暴浪で，サ
ンゴ礁前面にストックされていたサンゴ礫が打ち上げられたもので，その量は

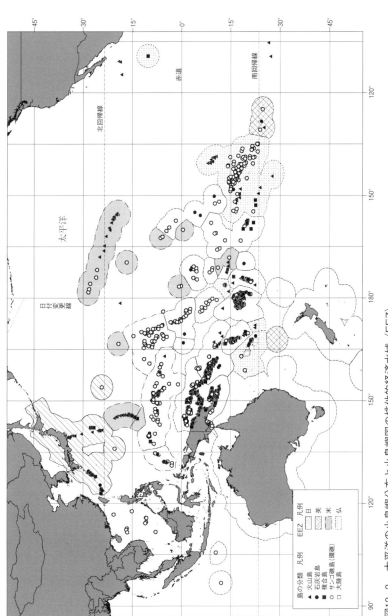

図12-2 太平洋の小島嶼分布と小島嶼国の排他的経済水域 (EEZ)

注) インドネシア多島海、カリブ海、高緯度の島などは未分類。
出所) Nunn (2016) をもとに筆者作成。

島の分類 凡例
▲ 火山島
● 石灰岩島
■ 複合島
○ サンゴ礁島 (環礁)
□ 大陸島

EEZ 凡例
日
英
米
仏

太平洋

日付変更線

北回帰線

赤道

南回帰線

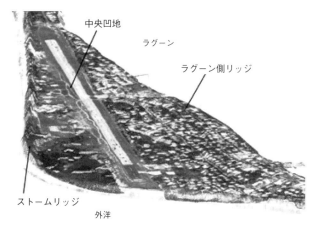

中央凹地
ラグーン
ラグーン側リッジ
ストームリッジ
外洋

図12-3　ツバルのフナフチ環礁フォンガファレ島の立体地図
出所）筆者らのデータをもとに国際航業株式会社作成。

140万 m^3（280万トン）になる。このリッジはそのあと陸側に移動して，すで
にあった高まりと合体した。このことから島の外洋側の高まりは，暴浪のたび
に打ち上げられたサンゴ礁が積み上がって形成されたことが分かり，ストーム
リッジと呼ばれる。島は，外洋からの波浪に対して，サンゴ礁とストームリッ
ジによって二重に守られている。

　一方，住居が多く建ち並ぶ滑走路右手のラグーン側の高まりは，標高2～
2.5m である。高まりを作る堆積物は，半分から4分の3が有孔虫砂であっ
た。有孔虫とは，石灰質の殻をもつ径1mm ほどの単細胞の生物で，沖縄でお
土産として売られている「ホシズナ」はその一種である。フォンガファレ島で
はホシズナと他の種類の有孔虫の殻がラグーン側の高まりを作っている。

　ストームリッジとラグーン側リッジの二つの高まりに挟まれた中央凹地は，
標高が1m 以下である。ツバルの潮位は，大潮の満潮時には平均海面上＋
1.2m まで上がるから，標高1m 以下の中央凹地に海水が湧き出すのである。
地球温暖化による海面上昇は0.2m だから，海面上昇前の満潮位は，現在の標
高1.0m にあたる。それでも満潮時には海面下になることは変わりない。しか
し島の人は「昔はこんなことはなかった」と言う。

　謎を解く鍵が，東京大学の図書館の古い報告書にあった。フナフチ環礁で
は，ロンドン王立協会がダーウィンの沈降説を検証するため，19世紀末にフォ

ンガファレ島でボーリング調査を行って，その際に表層地質図を作成した
(Coral Reef Committee of the Royal Society 1904)。それを読み解くと，現在，滑
走路のある中央凹地には沼が広がっており，マングローブが縁取っていたこと
が分かった（Yamano et al. 2007）。しかも附属するレポートには「沼の周辺で
は，大潮の高潮位時には海水が地面から湧き上がってくる」とはっきり記述さ
れている。現在起こっていることが，地球温暖化による海面上昇が起こる以前
の100年前にすでに起こっていたのである。

　第二次世界大戦の緒戦で，日本は委任統治していたミクロネシアの南の英領
ギルバート諸島（現キリバス）を占領した。そのため米英の最前線になったツ
バルのフォンガファレ島の中央凹地に，米軍が突貫工事で，現在も使っている
この滑走路を建設した。滑走路によって自然の景観が分かりにくくなってし
まった。しかし中央凹地が低地であることに変わりはなく，フォンガファレの
人々は標高2mのラグーン側リッジに住んでいた。第二次世界大戦の前後を
通じて，フォンガファレ島の人口は100〜200人ほどだった。1978年にツバルが
英国から独立し，他の環礁（バイツプ環礁）にあった首都がフナフチ環礁のフォ
ンガファレ島に移された。バイツプ環礁はラグーンが狭いのに対して，フナフ
チ環礁はラグーンが広く，大きな船を係船する港を造るのが容易だったこと
が，首都移転の要因の一つだった。第二次世界大戦中に滑走路が建設されてい
たことも，海外への移動の拠点として有効だっただろう。

　首都がおかれたことでフォンガファレ島は人口が急増し，現在はこの狭い島
に5000人近い人々が住んでいる（章扉写真）。そのため，居住域が中央凹地に
広がっていった。さらに暴浪時には波をかぶるようなストームリッジにまで，
住むようになってしまった（違法だそうで，ある意味スラム）。中央凹地やストー
ムリッジに住んでいる人々は，フナフチ環礁にもともと住んでいたのでなく，
他の環礁から移り住んできた人々であった。人々が「昔はこんなことはなかっ
た」と言うのは，「昔はここ（中央凹地やストームリッジ）には人が住んでいな
かった」のである。水没の真相は，脆弱な土地への居住域の拡大であった。

　それでは，砂浜の喪失や海岸侵食はどうだろうか。過去の空中写真を解析し
たP・ケンチ（Kench et al. 2018）によれば，過去40年間でツバルの島の面積
は，海面が上昇しているにもかかわらず，3％ほど増加しているという（フナ

フチ環礁は4％増加）。人為的な埋め立てもあるが，多くは自然の変化である。一つの島でも，侵食されて後退する海岸がある一方で，堆積によって前進している海岸もある。海面上昇の証拠として案内され喧伝されるのは，こうした侵食海岸である。海岸で倒れるヤシの木には歴史的背景もある。海岸はもともと，塩分に強く根をはって砂浜を安定化する低木の植生におおわれていた。しかし20世紀になってコプラが換金収入になることから，島中，海岸までヤシの木が植えられた。その後，コプラの値崩れによって，ヤシの木は維持管理されずに海岸では打ち倒れている。

　さらに，過剰な人口による排水とゴミ（写真12-2左上）によってフォンガファレ島のラグーン海水の汚染が深刻である（Fujita et al. 2013）。また，水質の悪化によってサンゴや有孔虫などが死滅してしまった（Fujita et al. 2014）。サンゴは立ち枯れて，藻がおおっている（写真12-2右上）。サンゴ年輪の解析によって，水質悪化とサンゴの死滅は1990年代以降に起こったことが分かり，これはちょうどフォンガファレ島の人口が増加した時期にあたっている（Nakamura et al. 2020）。環礁では，サンゴによってサンゴ礁の土台が作られた後，その上にサンゴの破片や有孔虫の砂が堆積して，高潮位よりも上に島が形成される。生態系の劣化によって，島の土台を作り，砂や礫を「生産」する機能が失われてしまった。

　さらに，砂の運搬と堆積の過程も遮断されている。島の居住の場として重要なラグーン側リッジは，堆積物の半分以上が有孔虫砂からなる。生きている有孔虫は，おもに外洋側のサンゴ礁上に，1m^{2}あたり数百万個体も生息していることが分かった。1個の有孔虫は数百個体に分裂して，分裂した親の殻は砂になる。有孔虫砂は，波や潮流によって島と島の間のチャネル（水路）を通ってラグーン側に運ばれ，その後ラグーンの海岸沿いに沿岸流によって運ばれて，堆積する。フォンガファレ島のあるフナフチ環礁の東端は，ちょうど北からも南からも沿岸流が集まる角にあたり，ここに砂が堆積して島を作ったのである。

　しかし砂が最初に外洋からラグーンに運ばれる島と島の間のチャネルが，写真12-2左下のコーズウェイ（土手道）によって遮断されてしまった。さらにラグーンの海岸に突き出した桟橋が沿岸流によって運ばれる砂を遮断している。それぞれの土地の海岸には，積み石やコンクリートで護岸が造られ（写真

238

写真12-2　砂の生産─運搬─堆積を遮断する様々な要因。左上：島の北に積み上げられたゴミ（2009年）。右上：水質が悪化してサンゴや有孔虫が死滅して藻に代わってしまって，島を作る力がなくなってしまった（2008年）。左下：島と島の間のコーズウェイが，左手の外洋から右手のラグーンへの砂の運搬を遮断している（2008年）。右下：直立護岸が砂の堆積を阻害している（2009年）。（いずれもフォンガファレ島にて筆者撮影）

12-2右下），この直立護岸では波が減衰しないで砕けるため，海岸は堆積の場から侵食の場に代わってしまう。自然の砂の「運搬」─「堆積」過程を阻害するような海岸構造物が，ラグーン側海岸の砂浜喪失の主たる原因である。

4　生態系ベースの適応策と環礁国を取り巻く二つの地球規模課題

　環礁国のとくに首都で起こっている問題は，「海面上昇による水没」という単純な問題ではない。環礁の地生態プロセスにそぐわない土地の利用・改変と生態系の劣化による問題が大きい。標高1〜2ｍの環礁国にとって，0.2ｍだ

写真12-3　生態系ベースの海岸保全策としてフォンガファレ島で適用された養浜事業（2015年，日本工営撮影）

からといって海面上昇は問題でないというわけではない。さらに今世紀中に1m海面が上昇するとすれば，高潮位時には島全体が水没してしまう。しかしより大きな問題は，フォンガファレ島のように首都のある島では国土を造る復元力が失われていることである。

私たちは，環礁の島にとって生態系の再生・修復は国土の再生・修復であるという視点から，海面上昇に対する生態系ベースの国土保全策を提案した（Foram Sand Project 2014）。最終の目標は，健全な砂浜を再生することである。砂浜が再生することは，砂の生産─運搬─堆積過程が再生したことの表れである。そのために長期的には，生態系の修復・再生が必須であり，廃棄物や排水の処理によって沿岸環境を修復することが必要である。技術的には，修復した環境にサンゴや有孔虫などを種苗・移植することも検討する。中期的には，砂の運搬を妨げているコーズウェイや桟橋を，その下を砂が移動できる杭式やカルバート（暗渠）にすることが求められる。直接の対策としては，埋め立てや護岸ではなく，養浜が適切である。

　こうした私たちの主張を受けて，ツバルでは海面上昇対策としてJICAの技術協力によって養浜が実施された（写真12-3）。生態工学的な海岸保全策は，グリーンインフラとして世界の様々な地域で適用が検討されており，このプロジェクトはその先駆けに位置づけられるものである。

　ツバルの首都，フナフチ環礁のフォンガファレ島でみられた問題は，同じ環礁国家であるマーシャル諸島共和国の首都マジュロ環礁でも，キリバスの首都タラワ環礁でも，同様に認められた。現在起こっていることは，海面上昇による島の水没という単純な問題ではなく，人口の増加に伴って脆弱な土地へ居住域が拡大し，陸からの負荷の増大によってサンゴ礁生態系が劣化して，国土を造る復元力が失われてしまっているということである（図12-4）。こうしたローカルな問題を解決することによって，将来さらに進む海面上昇に対して，

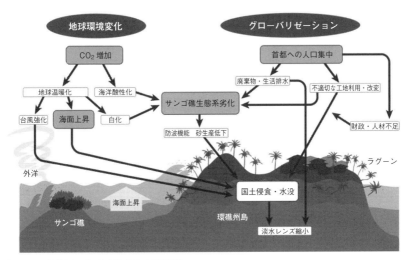

図12-4　環礁国における複合した問題群
出所）筆者作成。

復元力のある国土を造ることができる。

　脆弱な土地への居住域の拡大は，じつは我が国も共有する課題である。海岸や河川の沖積低地と呼ばれる低地は，数十年前は湿地や水田として利用されていた。しかし，高度成長期に，鉄道の駅をはじめとする商店，住宅地などの社会インフラが，脆弱な低地に立地していき，近年の温暖化によって激甚化した豪雨による氾濫や，津波によって甚大な被害を受けたのである。ツバルの問題は，先進国とされる我が国も共有する問題である。

　こうしたローカルな問題の背景に，社会経済のグローバル化という，もう一つの地球規模の問題があることに注意しなければならない。いくつもの環礁に分かれて伝統的な営みによって持続的な生活を送っていた人々が，首都に集中するようになったのは，海外からの支援や，支援で運営される国の機関への就職などによる現金収入が，首都でなければ得られないためである。環礁国にとってもう一つの現金収入源である海外への出稼ぎも，首都を経由しなければならない。貨幣という一つの価値でまわる社会と経済は，20世紀のグローバリゼーションによってもたらされた。貨幣価値に換算されたとたんに，一人あたりGDPが年間4100USDで，地球温暖化の脅威にさらされる「小島嶼開発途上

国」に分類されてしまった。海面上昇に対する適応策のために，小島嶼国に莫大な資金援助が投入されつつある（中村・茅根　2022）。そうした資金が，小島嶼国の支援頼みを加速することにならないだろうか。

　環礁国の水没を避けるために設定された「持続可能シナリオ（SSP 1）」は，持続可能な開発目標（SDGs）が目指す社会経済シナリオである。SDGs は，気候変動対策とクリーンエネルギーとともに，互いに関係し合う，住み続けられるまち，貧困と飢餓，不平等の撲滅，安全な水とトイレ，海と陸の豊かさを目標に掲げている。ツバルの人々も，国土の維持とともに希求している「豊かな」社会である。しかし，遠隔で狭小な環礁国の国土で，このすべてを満足する解は得られるのであろうか。SSP 1 も SDGs も，国土と資源に余裕がある先進国の，地理的な特質を考慮しない抽象的な理想を，貨幣という一つの価値観で押しつけているものになっていないだろうか。

参考文献

中村修子・茅根創　2022「ツバル環礁首都フォンガファレ島の気候変動・海面上昇対応策をめぐる近年の動向」『海洋政策研究』16：47-71。

Coral Reef Committee of the Royal Society 1904. *The Atoll of Funafuti: Boring into a Coral Reef and the Results.* London: The Royal Society of London.

Foram Sand Project 2014. *Final Report of Eco-Technological Management of Tuvalu against Sea-Level Rise, The Coastal Ecosystem in Tuvalu and Geo-ecological Management against Sea-Level Rise*, March 2014.

Fujita, M. et al. 2013. Anthropogenic impacts on water quality of the lagoonal coast of Fongafale Islet, Funafuti Atoll, Tuvalu. *Sustain Sci* 8: 381-390.

Fujita, K., S. Nagashima, Y. Ide, Y. Umezawa, T. Hosono, H. Kayanne and H. Yamano 2014. Distribution of large benthic foraminifers around a populated reef island: Fongafale Island, Funafuti Atoll, Tuvalu. *Marine Micropaleontology* 113: 1-9.

Gore, A. 2007. *An Inconvenient Truth: The Crisis of Global Warming.* Rodale Press, Pennsylvania（アル・ゴア　2007『不都合な真実』枝廣淳子訳，ランダムハウス講談社）

IPCC 2018. *Global Warming of 1.5℃.* https://www.ipcc.ch/sr15/:IPCC（2022年10月17日閲覧）

―― 2021. *Climate Change 2021: The Physical Science Basis: Contribution of Working Group I to the Sixth Assessment Report of the Intergovernmental Panel* on *Climate Change*. Cambridge Univ. Press. https://www.ipcc.ch/report/ar6/wg1/（2022年10月17日閲覧）

Kench, P. S., M. R. Ford and S. D. Owen 2018. Patterns of island change and persistence offer alternate adaptation pathways for atoll nations. *Nature Communications* 9: 605.

Maragos, J. E., G. B. Baines and P. J. Beveridge 1973. Tropical cyclone Bebe creates a new land formation on Funafuti atoll. *Science* 181: 1161–1164.

Nakamura, N., H. Kayanne, Y. Takahashi, M. Sunamura, G. Hosoi and H. Yamano 2020. Anthropogenic anoxic history of the Tuvalu Atoll recorded as annual black bands in coral. *Sceitific Reports* 10: 7338.

Nunn, P. D., L. Kumar, I. Eliot and R. F. McLean 2016. Classifying Pacific islands. *Geoscience Letters* 3: 7.

Patel, S. S. 2006. A sinking feeling. *Nature* 440: 734–736.

Yamano, H., H. Kayanne, T. Yamaguchi, Y. Kuwahara, H. Yokoki, H. Shimazaki and M. Chikamori 2007. Atoll island vulnerability to flooding and inundation revealed by historical reconstruction: Fongafale Islet, Funafuti Atoll, Tuvalu. *Global and Planetary Change* 57: 407–416.

●読書案内●

『アイランドスケープ・ヒストリーズ――島景観が架橋する歴史生態学と歴史人類学』
山口徹編，風響社，2019年
茅根がツバル調査の内容を紹介するほか，山野博哉は環礁の地学的な形成史を解説している。山口徹のイントロ，小林誠，棚橋訓の論考は，文化人類学的な視点から環礁を捉えるもので，環礁の自然と文化を多角的に理解することができる。

『オセアニア文化事典』棚橋訓他編，丸善出版，近刊予定
「海洋島」「サンゴ州島」の項目で環礁について，「地球温暖化」の項目で温暖化と海面上昇の将来予想のシナリオについて解説している。

『サンゴ礁学――未知なる世界への招待』日本サンゴ礁学会編，東海大学出版会，2011年
サンゴ礁の地形，生物・生態学，人間社会，地球温暖化との関わりなどについて，それぞれの分野の専門家が分かりやすく解説している。

【コラム⑫】

気候難民
21世紀における新たな移民問題

椎葉　渚

　「気候難民」という言葉をどこかで耳にしたことがあるのではないだろうか。海面の上昇や干ばつ，台風など気候変動がもたらす自然災害，それらに起因する資源紛争などによって，住む場所を追われる人々を指す言葉である。この言葉は，今日メディアでもたびたび用いられているところであるが，厳密には，難民の地位に関する1951年の条約に示される一般的な「難民」の定義には含まれない。ではなぜ昨今，「気候難民」の問題が取り沙汰されるようになったのであろうか。

　この背景には，気候変動の深刻化に対する国際社会の危機感が窺える。たとえば，気候変動に関する政府間パネル（IPCC）による報告では，今世紀末までに最大で１m以上の海面上昇が予測されており，多くの島嶼や沿岸，海抜が低い地域に住む人々が移住を余儀なくされる可能性が示唆されている。2021年に公表された世界銀行の予測によれば，農業生産量の減少，水不足，海面上昇など，気候変動の悪影響により，2050年までに２億1600万人もの人々が国内における移住を強いられる見込みである。ゆえに「気候難民」は，国際社会が長期的視点で向き合わなければならない新たな移民問題である。太平洋島嶼国においても，海面上昇によって多くの島や低海抜地帯で居住不可となることが危惧されており，とりわけ環礁国であるマーシャル諸島共和国，キリバス共和国，ツバルなどにおいては，国家の存続に関わる課題である。

　この課題に対して，国際社会はただ傍観しているわけではない。たとえば，2016年に国連が開催した「難民と移民に関するサミット」で採択された「ニューヨーク宣言」において，自然災害や気候変動を含めた環境の悪化に対して世界が対策を講じることが掲げられている。2020年，国連自由権規約人権委員会は初めて気候変動が生存権への脅威となることを認め，他国による庇護の根拠となりうる可能性を示唆した。しかし，「気候難民」をどのような基準・要件をもって認定すべきであるか，仮に越境的な移住の場合において，受け入れ側の国にはどのような保護義務があるかなど，国際的な仕組みづくりに

写真1　海面上昇の危機が迫るマーシャル諸島の海辺（2017年，筆者撮影）

は課題も多い。

　また，気候変動それ自体が独立して移住の根拠となることは稀であり，社会経済的な要因なども複合してくる事例が多いため，「気候難民」とは何かという，明確な定義づけが難しい。したがって，海面上昇などの影響が長期的な懸念材料の一つであるとしても，多くの場合において，雇用やよりよい教育環境が移住の主たる動機となっているのが現状である。

　もとより，多くの太平洋島嶼国においては，季節労働などの移住は珍しいことではない。その一方で，気候変動が人々の移住を決断させる要素となり始めているのも事実である。たとえば，フィジーのバヌアレブ島沿岸部に位置するヴニドゴロア村の住民は，長年にわたって海岸侵食，浸水，高潮や洪水に悩まされ，2014年には村全体が内陸に移転した。

　キリバス前大統領アノテ・トン氏は「尊厳ある移住」という概念を提唱し，気候変動に対する将来の移住を，職業訓練などの具体策を通して，国家として支援する政策を掲げた。移住は気候変動に対する最後の適応策である。そのようなときにあっても，人々が自身の生き方を選択でき，尊厳をもって生活できる支援こそが求められている。少しずつではあるが，国際社会は「気候難民」という難解な問題に対する解を模索している。

第13章

開発援助

「地域的近代」の模索

関根久雄

ソロモン諸島首都の風景。商店が軒を並べ，多くの人々や車が行き交う（2018年，筆者撮影）

　太平洋島嶼国はおもに1970年代以降に独立したが，歴史的・地理的要因による市場経済的脆弱性や近代的教育の立ち遅れなどにより，同地域と深い関わりをもつ諸外国や国際機関などからの経済・社会開発関連の支援なしには存立しえない。しかしそれでも，島嶼国の政府や国民はやみくもに西洋近代的スタイルを取り入れようとするわけではなく，援助を引き出しながら，社会文化的個性を維持しつつ「ほどほどに」近代化することに向かっている。

1 オセアニア世界と開発援助

(1) 主要ドナー国による援助

　太平洋島嶼地域では，1962年にサモア独立国（旧称西サモア）を皮切りに，1970年代から80年代に独立が集中した。しかし，独立した後も，植民地時代に現地住民に対する近代的教育が進められなかったことに伴う人材不足や，そのこととも関連して，国内資本が形成されてこなかったこと，また同地域が世界の主要なマーケットから隔絶されているといった地理的要因もあり，経済的に自立した状態で国家を運営することは不可能であった。独立国といえども，第二次世界大戦後に北太平洋地域を国連信託統治領としていたアメリカや，南太平洋地域における旧宗主国のイギリス，フランス，域内大国のオーストラリア，ニュージーランド，そして経済協力の下で関与を強める日本，台湾，中国などの東アジア諸国・地域，その他国連をはじめとする国際機関などからの経済・社会開発関連の支援なしには存立しえなかったのである。

　北太平洋地域（ミクロネシア）では戦後の歴史的経緯からアメリカが最大のドナー国となり，政治，経済両面において影響力を持ち続けている。アメリカは同地域のパラオ，ミクロネシア連邦，マーシャル諸島と自由連合協定（通称コンパクト）を結び，財政支援をはじめとする経済援助，教育などの社会開発分野において支援を行っている。またマーシャル諸島のクワジェリン環礁にはアメリカ軍の弾道ミサイル防衛試験場があり，その租借料はマーシャル諸島政府の主要な歳入源の一つになっている。一方，南太平洋地域（メラネシア，ポリネシア）においては，いわゆる域内大国として，オーストラリアとニュージーランドが主要な援助ドナー国として存在しており，とくにオーストラリアは独立後の同地域島嶼国に対して政治的・経済的に多大な影響を持ち続けてきた。

(2) 中国の太平洋進出

　しかし2000年以降，太平洋におけるこのような主要ドナー国と島嶼国との関係に変化が現れている。その要因として，気候変動などの環境問題が国際社会

で注目される状況において島嶼国がその被害者として主体的にアピールするようになったこと，太平洋島嶼諸国がもつ広大な排他的経済水域（EEZ）における水産資源や海底鉱物資源の価値が高まったこと，そして中国の太平洋島嶼地域への積極的な進出が挙げられる（黒崎 2017：3-4）。

　このなかでもとくに注目すべきは，中国の動きである。中国は，2006年4月にフィジーで「中国・太平洋経済開発フォーラム」を開催し，当時の温家宝首相が出席して中国の友好国に対する経済協力を積極的に進める姿勢を示した。そのあともフィジー首相やパプアニューギニア（以下，PNG）首相の訪中，中国国家主席のフィジー訪問，トンガ国王の訪中など，ハイレベルによる相互訪問が活発に行われ，2010年には中国艦艇がPNG，バヌアツ，トンガを訪問するだけでなく，PNG，フィジー，トンガに対して武器供与などの軍事援助を行い，従前にはみられなかった形での連携が強化されていった（畝川 2016：20）。

　中国が太平洋島嶼地域への関心を高めた理由には，上記の海洋資源の確保のほかに，台湾問題，地政学的観点からみた太平洋島嶼地域の戦略的重要性が考えられる（八塚 2018：1-2）。太平洋島嶼地域には台湾と外交関係をもつ国家が4ヵ国（2021年8月時点）あり，台湾の「二つの中国」路線を牽制する意味から，中国はそれらの国々へ開発援助を伴う外交攻勢をしかけていった。実際，2019年9月にはソロモン諸島とキリバスが台湾と断交し，新たに中国と外交関係を結んでいる。さらに，中国と外交関係をもたない島嶼国でも，中国の存在は無視できなくなっている。たとえば2017年度におけるマーシャル諸島と中国との間の貿易額は31億ドルに上る。また，GDPの約70％を観光部門に依存しているパラオでも，2013年以降中国からの観光投資や観光客が増え始め，15年には11.4％の経済成長を達成している（塩澤 2018）。このような中国の外交姿勢は，太平洋島嶼地域が中国による広域経済圏「一帯一路」構想と明確に結びつけられていることを示す。それに伴い中国は，同地域に対して積極的に貿易や投資，農業支援などの経済支援を展開している。オーストラリアのローウィ国際政策研究所によれば，2006年から16年までの10年間における太平洋島嶼国に対する援助額は，オーストラリアの約77億ドル，アメリカの約19億ドル，日本の約12億ドルに対して，中国は約18億ドルであったが，近年では中国

の援助額が急速に伸びているという（八塚 2018：3）。

　このような太平洋島嶼地域におけるドナー国の状況は，オーストラリア，ニュージーランド，アメリカ，EU などの「伝統的」ドナー国が島嶼国の国内政治におけるガバナンスの改善や欧米の社会的価値観との一致を援助の条件とする傾向があったこと（畝川 2016：21），太平洋島嶼国などで構成される地域協力機構・太平洋諸島フォーラム（PIF: Pacific Islands Forum）の運営に対する過度な干渉に対する不快感が島嶼国側にみられたこと（黒崎 2017：4），中国が援助供与に際して「一つの中国」への支持以外に特別の条件を付さずに「欲しい援助」を供与してくれるドナーという認識が島嶼国側に浸透していったこと（畝川 2016：21）と関係している。太平洋島嶼地域における中国のプレゼンスの拡大は，単に開発援助，社会開発支援といった文脈にとどまるものではなく，オーストラリアとニュージーランドなど伝統的ドナー国の影響力の低下，アメリカと中国の覇権争いをも含む政治的・外交的文脈に大きく関わる事柄として推移しているのである（第15章参照）。

⑶　日本からの支援の特徴

　日本も太平洋島嶼地域においては，政府開発援助（ODA）額で経済協力開発機構（OECD）加盟国のなかでオーストラリア，ニュージーランド，アメリカに次ぐ主要ドナー国の一つである（中国は OECD 非加盟）。一般的に日本のODA は相手国政府からの求めに基づいて実施される要請主義を建て前とし，さらに返済を求めない贈与よりも返済義務のある借款を中心とすることを特徴とするが，太平洋島嶼諸国に対する支援は圧倒的に贈与に偏っている。たとえば，2019年度における日本から同地域への援助支出純額 2 億615万ドルのうち，贈与は 1 億7959万ドル（87％）であった（外務省国際協力局 2020）。この贈与のなかには青年海外協力隊員派遣や研修など，人的交流的側面をもつ技術援助も含まれる。

　日本はこの地域において，国家経済の成長のみに焦点をあてるのではない，社会面や文化面をも視野に入れた公的援助を行ってきた。そのことに関連して，近年では，廃棄物管理・運営能力向上のための支援や，サンゴ礁保護などの沿岸生態環境の劣化に対する支援のほか，地震や津波などの自然災害に対す

る備えを強化する試みや，気候変動による海面上昇への対応を支援するなどの広域協力も行っている（関根 2019a：256–257）。

　日本は，1960年代以降，この地域の国々が独立した直後から日本と相手国との二国間関係に基づく支援を，インフラ整備や青年海外協力隊員の派遣などを中心に行ってきた。とくに後者は，教育関係や医療関係，コミュニティ開発関連の分野を中心に中期的・長期的視野から草の根レベルで社会に入っていき，それぞれの国の中核を担えるような人材を育成したり，技術を伝えたりすることを目的とした事業である。国の規模が小さく，産業振興が進んでおらず，近代的知識と経験に長けた人的資源に乏しい太平洋島嶼国において，青年海外協力隊員の活動は実質的に日本からの支援の中核的部分を占めている（関根 2019a：256）。

(4)　多国間援助

　さらに日本は1990年代に PIF を介した多国間援助も活発化させ，1996年には PIF とともに国際機関太平洋諸島センター（PIC: Pacific Islands Centre）を設立した。これは PIF 加盟国・地域間の貿易投資・観光促進を目的とする機関である。そしてその翌97年からは日本と太平洋島嶼地域との関係を維持・強化することを目的として，日本政府主催による太平洋・島サミット（日本・太平洋諸島フォーラム首脳会議）が 3 年ごとに日本国内で開催されるようになった。サミットでは毎回首脳宣言が出され，時勢に応じた内容が発せられているが，法に基づく秩序を通じた安定の維持，開かれた市場および貿易投資の促進，自立的かつ持続可能な経済発展，気候変動など環境問題への対応，人的交流の活性化の重要性などの問題を首脳間で確認する点はおおむね一貫している。

　このように太平洋島嶼地域に対する日本のプレゼンスの特徴は，アメリカ，オーストラリア，ニュージーランドなどの主要ドナー国と協調しつつも，返済を求めない贈与中心の二国間援助，草の根の人的交流と，太平洋・島サミットを通じた多国間援助を組み合わせた関わり方にある（第16章 4 節参照）。

2　オセアニア島嶼国にとっての開発

⑴　開発政策における文化的固有性

　前節で述べたように，開発援助はドナー国間の政治力学的・戦略的レベルの話と密接に関わるだけでなく，そこには「欲しい援助を出してくれる」ドナー国を優先して支持しようとする島嶼国側の戦略性も見え隠れする。そのことは，1990年代末から2000年代にかけていくつかの島嶼国が中国と台湾を天秤にかけて状況に応じて外交関係の相手を乗り換えてきたことにも現れている。アメリカが覇権を維持しようと中国がそれに取って代わろうと，あるいは日本が独自の関わり方を示そうとも，それぞれの島嶼国にとって大きな違いはなく，いかに効率的かつ自律的に開発援助を引き出せるかが重要なのである。

　さて，太平洋島嶼諸国は，独立以来，近代国家として存立するための国家開発計画を継続的に打ち出してきた。それらはドナー国や国際機関から開発援助を確実に引き出すために不可欠なものであり，そこには近代化を達成するために必要な経済開発や社会開発の目標が述べられてきた。たとえば，2015年9月の国連総会で採択された「持続可能な開発のための2030アジェンダ」には17の持続可能な開発目標（SDGs）と各目標の具体的なターゲットが記されているが，各島嶼国はそれらとの整合性のもとで自国の開発計画を打ち出している。しかし，それは各島嶼国にとって，いわば表皮に相当する部分であり，その皮をめくり中身を窺うと，開発に対する各国独自の思惑がみえてくる。

⑵　開発政策における文化的側面

　ミクロネシアのマーシャル諸島共和国では，2014年に「国家戦略計画2015〜2017（National Strategic Plan 2015-2017）」を策定し，社会開発の推進（保健，教育，コミュニティ開発など），環境・気候変動への対応，インフラ整備（輸送，エネルギー，水と衛生，廃棄物管理，インターネット環境），持続可能な経済開発（農業，水産業，投資，雇用，公的投資など），「よい統治（good governance）」のための改革を，開発の戦略的分野としている（Marshall Islands Government 2014: 14）。さらに同計画では，国家開発のテーマのなかに，「住民や地域コミュ

ニティ，あるいは政府が直面している課題に対処するために，伝統的知識を動員することを強化する」ことや，「伝統文化や価値によって具現化される思いやりのある社会（caring society）を構築する」ことを明示し，伝統的家族と精神的価値を維持することや，開発に対する伝統的指導者の積極的な関与と伝統的法の維持の重要性を指摘している（Marshall Islands Government 2014: 18-20）。この事例は，「持続可能な（sustainable）」という用語が使われていなくても，自然環境と人々の生活との相互関係を維持することや，それに根ざした生業活動，すなわちサブシステンスを優先的に考えていることを示す。

　同じくミクロネシアのパラオ共和国は，SDGs を相互に関連し合う四つの柱（国民，繁栄，地球環境，パートナーシップ）に分類し，国家が抱えている脆弱性を克服することを政策として掲げている。そのなかで，たとえば第二の柱（繁栄）では，「持続的かつ包括的な経済成長は，教育，健康，インフラの整備，個人消費に必要な資源の確保による開発を促し，経済成長を果たすことで新たな雇用機会をもたらし，すべての人がその恩恵に浴することで貧困を解消させることができる」（Republic of Palau Government 2019: 22）と述べられている。経済開発と社会開発を進めることで経済成長を実現し，国民全体に平等に富が分配されることを目標にしているが，同時にパラオは，人々の間にみられる伝統的な相互扶助（sharing and caring）の慣習が社会的な保護の核心的部分であり，その慣習を維持するための支援を政府が公的サービスを通じて行うという。そして，伝統的相互扶助は社会の貨幣経済化の進行と人々の価値観の変化によって弱まっているものの，それはパラオ社会における SDG 目標 1（貧困の解消）の達成に不可欠な要素であり，伝統的指導者と市民社会双方はそのことへの重要な役割を担っていると指摘している（Republic of Palau Government 2019: 25-26）。

　ポリネシアのトンガ王国では，伝統的な経済のあり方は物々交換などの交換行為が主流で，そこには相互扶助や共同保有などに関わる社会的義務が伴ってもいた。現在では人々の間の経済行為は金銭によるものが主流になっているが，それでも金銭を用いない経済行為は現在でも行われており，トンガ人の生活において不可欠である。また，土地制度について，19世紀に国王ツポウ 1 世が，16歳以上のすべての男子に8.25エーカーの土地を与える制度を導入したこ

とで誰もが耕作地をもつことができ，貧困の発生を防ぐ機能を果たしてきたという。この制度は伝統的階層構造の枠内で考案され，経済，社会，文化，政治のネットワークを統合するものであり，伝統的価値観とすべての集団の保護の基盤をなす社会的諸関係と相互扶助性を支えるものとしてある（Kingdom of Tonga Government 2019: 41-42）。その意味において，このようなトンガ固有の文化的側面は社会全体を包摂する「平等な」発展を指向するうえで重要な要素ということもできよう。

メラネシアのソロモン諸島は，2015年に「国家開発戦略（National Development Strategy 2016 to 2035）」を策定し，農林水産業，鉱業，観光業の振興や経済インフラの整備を柱とする持続的かつ包括的経済成長から，農村雇用，国民の生活改善，ジェンダー平等の実現などの社会開発的分野，国家統合，平和の追求，法と秩序の維持といったガバナンスに関わる事柄まで，広範囲にわたる15の戦略目標を公表した（Solomon Islands Government 2016）。ソロモン諸島のSDGs戦略はこの国家開発戦略の項目とマッチングさせる形で政策に反映されている。ソロモンの国家開発戦略において注目すべきは，「包括的経済成長率の活性化」に関係する項目において，ソロモン諸島人口の約80％がいわゆる村落社会に居住し，焼畑による小規模農業や沿岸における小規模漁撈を主たる生業にしている現実をふまえ，そのような経済活動のあり方を「ソロモン経済の主要な強み」として認識していることである（Solomon Islands Government 2016: 15）。このことは西洋的近代化を指向するものの，その前提として必ずしも西洋的手段や様式に沿うわけではない「伝統的」側面の存在を明確に視野に収めた開発路線を指向していることを意味する。

(3)　ローカル社会の事例から──ソロモンの農村開発

筆者が調査しているメラネシアのソロモン諸島では，全国の土地面積の84％が親族集団単位で所有する入会地であり，それは伝統的システムにしたがって次世代に相続される。ソロモンにおいて，いかなる土地にも権利（所有権あるいは使用権）をもたない個人は，きわめて稀である。人々は伝統的システムに則り継承されてきた土地で焼畑耕作を行い根茎類や緑黄色野菜などを栽培したり，沿岸域で漁撈活動を行ったりして日常食を確保している。いわゆるサブシ

ステンス経済であるが、収穫物や漁獲物を町や居住村近くの青空市場で販売して現金を得たり、首都や州都、開発プロジェクト地などで賃金労働に就き、現金収入を得たりする世帯もある。ほとんどの人々が農地として使用する土地をもつため、また地縁・血縁者間の相互扶助的関係が密接であるため、基本的に日常食に関しては現金収入がなくても困ることはない。ソロモン人のなかにはこのような自らの生活状態について「豊かさ」を強調して話す人々もいる。しかし、そのような人々も、西洋的物資や、学校教育や資本主義的な経済機会などの近代的諸制度に希望通りに関わることができないとき、あるいは儀礼などの伝統的行為に必要とされる現金や西洋的物資を十分に用意できないとき、自らの「貧しさ」を強調し始める（関根 2009：168）。ローカル社会で暮らす人々にとっての日常は「豊か」でもあり「貧し」くもあり、人々は文脈に応じて双方の間を移ろっているようにみえる。

　人々が「貧しさ」を認識するとき、その原因となっている状況を除去するため、開発プロジェクトを起こしたり、それに関わったり、あるいは賃金労働を求めたり、収入に関わる様々な可能性を模索する。しかしその場合でも、人々は必ずしもサブシステンスという従来の生業活動との関係を断ち切って、「貧しさ」を解消（「豊かさ」を追求）しようとするばかりではない。彼らは、サブシステンスの継続を前提とした開発、生活環境内にある自然や文化を資源とする開発、村落社会における広義の収益事業に関心を向ける。むしろ彼らは、それらを通じて、近代化に関わる行為や判断に対する一定の「自律性」を確保し、近代的物資や学校教育などの近代的諸制度を享受しようとするのである。

⑷ 「町的」と「村的」のバランス

　ソロモン諸島マライタ州のある村で2000〜14年頃まで有機農業普及活動が行われた。マライタ州の人口は約13万人であり、全国人口の約26％を占める（2009年センサス）。ソロモン諸島内で最も人口の多い州である。州民の多くは上記の通り焼畑耕作を生業の柱とするサブシステンス経済と貨幣経済双方を基盤にした生活を送っている。

　彼らにとって土地は、親族集団単位で祖先から受け継がれてきたアイデンティティのシンボルであり、最も重要な生産手段でもある。しかし近年の人口

写真13-1　ソロモン諸島の村の風景。サゴヤシ葺きの伝統的家屋と材木を使用した「近代的」家屋（2010年，筆者撮影）

写真13-2　日本の開発援助によって建てられた農業研修学校の校舎（2018年，ソロモン諸島マライタ島にて筆者撮影）

増加に伴い，一人あたりの可耕地面積が減少し，焼畑に不可欠な休耕期間を十分にとることができない状況である。そのため土壌の劣化を招き，農作物の生育にも不調をきたすようになった。ソロモン諸島の人々にとって農作業や漁撈活動は，彼らの経験や知識，技術が直接活かされうるものであるということから，今後もそれらが彼らの主たる生業かつ収入源であり続けることは間違いない。実際に彼らは，新しい農耕技術，耕地利用のあり方，換金作物市場の動向など，農作業関連の事柄に関心を寄せる。

　このような現実をふまえ，2000年代に日本のある開発NGOがマライタ州の村で環境的・経済的負荷の少ない持続可能な自然循環型農法の普及と定着を目的とするプロジェクトを進めたことがあった。そのNGOは活動の場となった村の人々と共同で同村に研修センターを作り，おもに20～30代の若者を対象に，約10ヵ月間，有機による稲作，畑作，養豚，養蜂，堆肥作り，防虫・殺虫方法などに関する知識と実務を教育した（関根 2019b：276-277）。購入資金を常時必要とする化学肥料や農薬の使用を前提とする定置型農業ではない，生活環境内にある自然物（有機物）を有効活用する定置型農業は，従来のソロモンの村落社会では一般的にはみられないものであった。人々は，生産効率がよく，市場性の高い農産物の生産に適した定置型農業に強い関心を示すものの，生業としての焼畑を否定してはいない。このNGOの現地スタッフは，「焼畑は自分たちの文化である。有機，定置型というこれまでにない新しい技術を

使って自分たちの文化を再構築する。それがこれからの自分たちの農業の姿である」（関根 2009：171）と語っていた。

　同様のことを，ソロモン諸島ウェスタン州で観光ロッジを経営していた地元住民も筆者に語っている。彼らは，従来の生業形態を捨てたいとは思っていない。村でお金に依存しきった生活を送っているわけでもなく，それを望んでもいない。逆にサブシステンス経済だけに依存する生活も望んでいない。換金作物が必要になれば，お金でそれらを購入する。自前の畑のものが必要になれば，それを収穫して食べる。彼らが強調することは，金銭を必要とする「町的な」部分と従来の「村的な」部分双方をバランスよく維持することであり，いわゆる拡大再生産を指向する資本主義的ビジネスとは異なる感覚を強調するのである（関根 2003：181）。

⑸　暮らしの持続性

　ローカル社会の人々は西洋的システム・物資・知識・技術を欲し，また子には近代的教育を受けさせたいと願ってもいる。そのために必要な現金を望み，開発や賃金労働などの収入源を模索している。いわば，彼らも近代的欲求を内面化し，近代的市場経済とともに歩む人々である。「豊かで貧しい」太平洋島嶼地域の人々にとっての開発は，日常の暮らしにおける人々と自然環境との結びつき，それと彼らの近代的欲求との接合によって，具体的なイメージがつくられている。それは，市場を通じた経済成長をひたすら追い求める「当たり前の」近代社会のあり方ではなく，人と自然環境との調和や，人と人との相互扶助関係によって支えられる社会の持続を前提とするものである。その意味において，太平洋島嶼地域における開発は，人々の「暮らしの持続性」という点がとくに強調されるものといえる。

　このようなローカルの開発の姿は，アメリカ，中国，オーストラリア，そして日本なども交えた国際社会における政治的・経済的力学の話と大きく次元が異なることのように聞こえるかもしれない。しかし前述のように，マーシャル政府は国家開発のテーマのなかで，今日的課題に対処するために社会の伝統的知識や指導者を動員することの重要性を指摘し，パラオ政府は伝統的相互扶助的関係性や伝統的指導者の存在を SDG 目標 1 （貧困の解消）の達成に不可欠な

要素として捉え，トンガ政府は土地制度を社会的諸関係と相互扶助性を支える伝統的基盤として位置づけていた。このような内容を含む国家レベルの開発の方向性は，「単に市場を通じた経済成長を追い求めるわけではない」ローカル社会の開発の方向性から大きく外れてはいない。そのような，西洋的近代化を指向しつつも伝統的側面を視野に入れた開発，という太平洋島嶼的な生き方を追求するためには，ドナー諸国からの効率的かつ継続的な開発援助は不可欠であり，それゆえに「援助を出してくれる」国の国際的動向とローカル社会の思惑は密接に結びつくのである。

3　地域的近代を指向する開発——「ほどほどの近代」を模索する

(1)　開発とは「ほどほどの近代」を目指すこと

　太平洋島嶼諸国にとって植民地状態からの独立は，もともと，産業振興やインフラ整備，島民に対する公教育や職業訓練など，国家システムに内包されるべき構造基盤がほとんどなかったところに，外部からの要請で国際社会に対応できる国家形態を強いられた結果であった（小林・東 1998：100）。独立後の国家形態は西洋世界の歴史的背景と植民地経験から生み出されたシステムであり，国民国家や市場経済など強いられた西洋的システムを取り入れる以外に国際社会において存立する方法はなかったということである。独立後は，近代国家としての機能を強化する目的で経済開発や社会開発が，ドナー国・国際機関からの援助や外国の民間企業による直接投資を得ながら進められてきたが，経済成長や「自立」からはほど遠い現状にある。

　しかし，太平洋島嶼の国々や人々が近代的な豊かさを享受することを望んでいるとしても，そしてそれを望む通りに得られない現実があるとしても，自分たちのそのような厳しい状況を克服すべき課題として単純に認識するばかりではない。ドナー諸国や国際機関などによる開発援助が量的な経済成長によって「貧困」（低所得状態）を解消し，西洋的近代化を指向するものであったとしても，前述のマーシャル諸島，トンガ，パラオ，ソロモン諸島の開発計画にみられるように，従来のサブシステンスを基盤にした農村生活や相互扶助的な人間関係など伝統的要素の持続を前提にした開発を求める姿勢もみせている。

確かに，土地制度や身分制度などの伝統的秩序を維持することは国家運営や経済開発の懸念材料になりうるという指摘（インターナショナルプレスシンジケートジャパン 2020；黒崎 2016）もある。しかし，SDGsを中核的内容としてもつ国連の「持続可能な開発のための2030アジェンダ」が文化的多様性を開発の前提として明確に位置づけているように，開発は今や西洋的近代化や経済成長を目指すことだけを意味するわけではなく，常に自分たちの生活環境や地域性・文化的個性との関係において捉えるものとして考えられている。それは，西洋的近代化を当然の目標として開発を考えるのではなく，ある意味「ほどほどの近代」的状態をそれぞれの国家，地域社会に実現させることを意味しているともいえる。それはいわば，「当たり前」にイメージされる西洋的近代化に対して，地域ごとの近代化，すなわち地域的近代化と呼びうる社会発展像である。

⑵　「弱く，小さな」太平洋

　かつてフィジーにある南太平洋大学で教鞭をとっていた作家で人類学者のエペリ・ハウオファは，太平洋島嶼地域を，はるか彼方の広大な海のなかに隔絶された「島々（islands in the sea）」としてみるのではなく，多くの島々からなる広大な「海（a sea of islands）」として眺める見方を強調し，現代世界における太平洋島嶼国（民）の向かうべき方向性について述べたことがある（Hau'ofa 1994）。一つ一つの島を現代世界において個別に捉えるとあまりにも弱く小さな存在であるが，多くの島々からなる「一つの太平洋島嶼」として捉え直し，地域の独自性に基づく「太平洋島嶼市民」というアイデンティティを形成し，それを通じて弱さを克服するべきである，という主張である。太平洋島嶼地域の独立国および自治政府で構成される地域経済協力機構，太平洋諸島フォーラム（PIF）は，国際社会において「一つの太平洋島嶼」を体現する存在であるといえる（第15章参照）。

　ハウオファが述べた「はるか彼方の海のなかの島々」という太平洋島嶼地域の「弱さや小ささ」に込められたイメージは，19世紀以降の植民地化，キリスト教化のなかで形成されたものであり，また実態でもある。現代においてそのイメージを反転させることは，現実的な展望ではないかもしれない。しかし，

太平洋島嶼国，そしてそのなかのローカル社会から浮かび上がってくる開発
は，「弱さや小ささ」を地域的・文化的特性として積極的に主張するところか
ら生じるものである。そこは弱くて小さいがゆえに，本来外部世界から「見え
にくい」地域であった。しかし近年では，ドナー諸国などによる国際社会の力
学や安全保障問題，資源配分，気候変動の問題などによって太平洋島嶼地域が
注目されるにしたがい，見えにくかった島々が可視化されていった。その典型
例は，中国の太平洋進出に伴い顕著になった伝統的ドナー諸国などの動揺や，
海面上昇によって水没の危機にあるといわれるツバルの環境問題などにおいて
顕著に現れている。

　西洋世界から押しつけられ，また太平洋島嶼の人々自身も自覚していた「弱
く，小さな」地域イメージは，その存在が可視化されるようになった今，「一
つの太平洋島嶼」や「多様な文化的特性をもつ国々」という，一見矛盾するよ
うな二面性を状況に応じて使い分ける「したたかさ」を伴うものに変化してき
たともいえる。

　太平洋島嶼諸国における開発や近代化に関する語りのなかで使われてきた
「貧困」「経済成長」「自立」などの用語が，政府の声明や国際会議での発言，
対外的な戦略性を帯びた語りにおいて現れ出たとしても，必ずしも島の人々の
生活実態とじかに結びつくわけではない。太平洋島嶼国やそこの人々は，市場
経済を拒否するわけでも，西洋的ライフスタイルを嫌悪するわけでもない。反
近代でも前近代でも脱近代でもない（関根 2015：165）。人々は，政府や州によ
る行政サービスや外国および国際機関などからの援助を引き出しながら，「ほ
どほどに」地域的近代化することに向かっている。太平洋島嶼地域における開
発援助とは，そのような近代化のためのものなのである。

参考文献

インターナショナルプレスシンジケートジャパン　2020「太平洋島嶼国の人々が，「オ
　　セアニア市民」，「世界市民」について討議」https://www.international-press-
　　syndicate-japan.net/index.php/news/politics-confict-peace/2500-pacific-islanders-
　　debating-oceanian-and-global-citizenship（2021年8月12日閲覧）。

外務省国際協力局　2020『政府開発援助（ODA）国別データ集2020』外務省国際協力
　　局。

黒崎岳大　2016「太平洋島嶼地域における開発の潮流──地理・歴史的背景とドナー国・島嶼国の外交戦略を中心に」国際地域開発学会2016年度春季大会における発表抄録。

──　2017「太平洋島嶼地域における ODA 政策の潮流──ドナー国の外交戦略の比較を中心に」『開発学研究』27（3）：2-6。

小林泉・東裕　1998「強いられた国民国家」佐藤幸男編『世界史のなかの太平洋』国際書院，69-106頁。

塩澤英之　2018「新しいステージに向かう日本と太平洋島嶼関係（1）──福島県いわき市での第 8 回太平洋・島サミットの意義」https://www.spf.org/iina/articles/shiozawa-australia-palm 8 .html（2021年 8 月12日閲覧）。

畝川憲之　2016「岐路に立つオーストラリアの対島嶼国外交」『アジ研ワールドトレンド』244：20-23。

関根久雄　2003「未知の世界，漂う人びと──ソロモン諸島におけるエコツーリズムと「開発参加」」橋本和也・佐藤幸男編『観光開発と文化──南からの問いかけ』世界思想社，171-206頁。

──　2009「社会開発と自然環境──オセアニア島嶼の個別性」吉岡政德監修『オセアニア学』京都大学学術出版会，163-174頁。

──　2015『地域的近代を生きるソロモン諸島──紛争・開発・「自律的依存」』筑波大学出版会。

──　2019a「太平洋における日本の公的援助の変遷と今後」石森大知・丹羽典生編『太平洋諸島の歴史を知るための60章──日本とのかかわり』明石書店，255-258頁。

──　2019b「日本の NGO の活動事例」石森・丹羽編，前掲，276-277頁。

八塚正晃　2018「中国の太平洋島嶼国への進出と「一帯一路」構想」『NIDS コメンタリー』73：1-7。

Hau'ofa, E. 1994. Our sea of islands. *The Contemporary Pacific* 6（1）: 148-161.

Kingdom of Tonga Government 2019. *Vulnerability National Report 2019*. Nuku'alofa: Kingdom of Tonga Government.

Marshall Islands Government 2014. *Marshall Islands: National Strategic Plan 2015-2017*. Majuro: Economic Policy Planning and Statistics Office, Marshall Islands Government.

Republic of Palau Government 2019. *Pathway to 2030: Progressing with Our Past toward Resilient, Sustainable and Equitable Future*. 1st Voluntary National Review on the SDGs. Melekeok: Republic of Palau Government.

Solomon Islands Government 2016. *National Development Strategy 2016 to 2035:*

Improving the Social and Economic Livelihoods of all Solomon Islanders. Honiara: Ministry of Development Planning and Aid Coordination, Solomon Islands Government.

●読書案内●

『マーシャル諸島の政治史——米軍基地・ビキニ環礁核実験・自由連合協定』
　黒崎岳大，明石書店，2013年
　マーシャル諸島の近現代における政治の歩みを，各種資料・史料だけでなく筆者自身の現地における聞取調査もまじえて考察した民族誌。1970年以降の国家形成期における米国などとの対外関係と，国内政治エリートの動向を詳述している。

『地域的近代を生きるソロモン諸島——紛争・開発・「自立的依存」』
　関根久雄，筑波大学出版会，2015年
　近代的状況に向き合うソロモン諸島の人々と社会の姿を，開発，近代化，国内紛争など，主として1990年代以降における同国の社会文化的状況に関わる7つのキーワードをたよりに描き出している。

『持続可能な開発における〈文化〉の居場所——「誰一人取り残さない」開発への応答』
　関根久雄編，春風社，2021年
　「持続可能な開発」に地域社会の文化や文化的多様性はいかにして結びつくのか。総論的な「開発と文化」論に加え，アジア・アフリカ・オセアニア・日本の事例から地域的近代の姿を持続可能な開発の文脈において考察している。

オセアニア島嶼のゴミ問題

日本の協力成果とこれから

三村　悟

　地域国際機関である太平洋地域環境計画（SPREP: Secretariat of the Pacific Regional Environment Programme）事務局が所在するサモアでは，発生するゴミの量と質の変化により，1990年代後半，首都の西にある廃棄物処分場が典型的なオープンダンプ（ゴミを投棄しただけで管理されていない状態）となって，悪臭や害虫の発生，地下水汚染など，環境に悪影響を及ぼしていた。このためサモア政府は廃棄物処理施設整備を日本側に打診した。相談を受けた現在の独立行政法人国際協力機構（JICA）では，施設や機材の供与だけでは持続的な運営は困難であり，行政の廃棄物管理に関する能力向上と現地の実情にあった適正技術の導入が必要と判断，2000年12月に技術協力専門家を派遣した。専門家はSPREPに配属され，サモアだけでなく同様にゴミ問題に頭を悩ませていたオセアニア各国を対象とする広域の取り組みが開始された。それから20年以上にわたり継続する技術協力は，オセアニア地域での代表的なODA案件として高く評価され，「大洋州地域廃棄物管理改善支援プロジェクトフェーズ2（J-PRISM II）」として現在に至っている。

　この間，現地で調達可能な資材を用いた「福岡方式」によるオープンダンプ改善や，収集方法の改善，排出されるゴミの分析手法などが，日本側関係者による垂直方向の技術支援と，オセアニア各国が相互に学び合う水平方向の連携により，地域に広く普及していった。一方で，この20年の間に地域のゴミを取り巻く状況も大きく変化した。都市部のみならず離島や農村でも，自給自足的な生活から輸入品を大量に消費しゴミを大量に廃棄する生活に変容したことで，プラスチックや金属の容器，包装が無秩序に投棄されて周辺環境の悪化を引き起こすとともに，河川や海岸から海洋に流出するゴミも増加することとなった。アルミ缶以外のリサイクルが経済性の面から成立しない小島嶼で，急速に増加するゴミに対応するには，終着点である処分場の改善とともに上流部分，すなわち島外からの流入量を減らすことが不可欠であり，そのための政策づくり（ポリエチレンの買い物袋の禁止，容器デポジット制度，ゴミ処理有料化など）への

写真1　サモア政府とNGO関係者にプラスチック・リサイクル機材のトレーニングを行うJICA専門家（2022年，J-PRISM II撮影）

支援がJICAによる技術協力のメニューに加わった。

　また近年，サイクロンなどの自然災害が増え，災害時に発生する廃棄物の量も増大，その処理の遅延が救援活動や災害復興の足かせとなっている。J-PRISM IIでは，大規模な災害が発生した際に各国への緊急支援を行うとともに，日本の災害廃棄物処理の経験も参考にして，地域の実情に合わせた災害廃棄物管理ガイドラインをSPREPと協働で策定している。

　かつてオセアニア地域では，日本以外の開発パートナーのゴミ問題に対する認識は低く，日本は長年にわたりこの分野のフロントランナーとして認められてきた。しかし近年，海洋プラスチック問題に注目が集まるのに伴い，他の先進国や国際機関，民間団体などもゴミ問題に関心をもつようになり，様々なプログラムを開始している。そのようななかにおいても，2021年9月に開催された第30回SPREP総会では，ゴミ問題に対する日本のこれまでの協力成果が高く評価され，2022年に終了予定のJ-PRISM II以降の協力継続が強く支持された。プラスチック以外にも，廃車や廃家電など島内では処理困難な廃棄物が増え続ける状況に対して，日本の民間企業を含む新たなパートナーの参画も促しつつ，いかに課題解決への道筋を示すのか，廃棄物分野のリーディングドナーを自負する日本の真価が問われている。

第14章

観光と文化

ハワイの先住民運動とフラ

四條真也

フラフェスティバルでのカネ・フラ（男性フラ）の演舞（2016年，オアフ島コオリナにて大滝由美撮影）

ハワイが西洋化する過程で一度は消え去ろうとしていたフラは，観光開発や先住民運動といった新たな流れを経て，再び人々の脚光を浴びるようになった。現在のハワイ文化の中心としての役割を担い，ハワイの人々のアイデンティティの拠り所となったフラは，いかにしてグローバルなうねりのなかで伝統文化として再興したのだろうか。

1 ハワイの立役者フラ

　本章では，ハワイにおける観光と伝統文化のこれまでと現在について，伝統的なハワイ文化のなかでも，とりわけフラに注目しながら考えてみたい。

　フラは，ハワイ語で歌われるチャントの歌詞に合わせて，指先や腕の動きで物語を表現する舞踊である。その原型は，ラグビーのニュージーランド代表「オールブラックス（All Blacks）」が試合の前に舞うことで知られるマオリのハカと同じであるともいわれ，フラもそもそもは儀礼としての役割が大きかった。また，フラは男性戦士が武術を訓練する際の基本練習であったともされ，現在踊られる古典的なスタイルのフラでは，長い棒などの武器を用いたり，武術で用いる足さばきが取り入れられたりしている。

　かつて，儀礼や政治の場でおもに兵士である男性によって踊られたフラであるが，ハワイ社会の西洋化が進みキリスト教が広がって以降，宗教（ときには娯楽）とみなされたフラはキリスト教宣教師らによって禁止されてしまう。その後，ハワイの観光産業が成長する過程で，フラの担い手は男性から女性に代わり，現在のようなハワイの「楽園のイメージ」を演出する観光文化として世界に知られるようになった。

　しかし1970年代になると，ハワイ全土に拡大した先住ハワイ人による伝統復興運動，いわゆる「ハワイアン・ルネサンス」を経て，フラの古典再生運動が活発化する。さらに，ハワイ語やハワイの歴史，自然と関わる方法などを伝え表現するフラは，先住ハワイ文化の中心としてハワイアン・ルネサンスを牽引する役割を担うようになったのである。伝統文化の象徴としてフラが認知されるようになったことで，現在ではハワイに住む多くの人々がフラ教室に通ったり，学校の授業あるいはホームパーティーなどでフラを披露したりと，日常生活の様々な場面でフラを目にする機会が増えるようになった。

　また，フラを知ることはハワイの歴史を知ることでもある。たとえば，インターネットの動画サイトに投稿されているフラの動画を観てみると，曲目ごとに異なる衣装が用いられていることに気づくかもしれない。あるときはシンプルな布地のスカート，あるときは西洋風のドレス，また男性も褌であったり，

ふんどし

あるいはシャツにスラックス姿だったりと，じつに多様である。これらの衣装には西洋文化と伝統文化との間で揺れ動いてきたハワイの歴史が深く関係している。現代のフラに内包される多様性の歴史的背景については，以下で詳しく述べることとしたい。

　ところで，フラ（hula）にはハワイ語で「踊る」という意味があり，したがって「フラダンス」と呼ぶ場合には「踊る踊る」となってしまう。昨今のハワイでは，ハワイ文化を正確なハワイ語で呼ぶ取り組みが根づいていることから，今後は日本でも「フラ」と呼ぶ意識が広がることを筆者は期待している。

2　禁止された伝統文化

⑴　西洋化以前の暮らし

　まずは，フラを育んだハワイの伝統的な暮らしをみることから始めてみたい。火山活動によって誕生したハワイの島々は，そのほとんどが島の中心部に山をいだく地形をしている。山々は雲を集めて雨を降らし，川の流れが平地を潤す。さらに川は山肌を深く削り，谷が生まれる。こうして谷間から平地につながる三角形の地形，つまり扇状地がハワイの人々の暮らしを支えていた。扇状地はハワイ語でアフプアア（ahupua‘a）と呼ばれ，この言葉は集落を表す単位として現在でも使われている。アフプアア（扇状地）内に開けた平地に建てられた集落では，川から水を引いて水田や畑が作られ，先住ハワイ人（以下，ハワイ人）の主食であるタロイモなどが栽培された。タロイモは畑でも栽培されたが，水耕栽培の方が生育は早く（畑での生育スピードの5倍ともいわれる），水田での栽培が主流であった。また，水田での栽培では，野生化したブタなどの野生生物の被害に遭いにくいというメリットもあった。

　ちなみに，ポリネシア地域ではタロイモを蒸し焼きにして食べることが多いが，ハワイでは蒸し焼きにしたタロイモにもうひと手間加えて，ポイ（poi）と呼ばれる状態にしたものが現在でも好まれる。ポイは，蒸し焼きしたタロイモを搗いて餅にし，水を加えて緩めのペースト状にしたものである。水を加えていない餅状のものはパイ・アイ（pa‘i ‘ai）と呼ばれ，つるした籠に入れておけば屋内で数ヵ月も保存することができるという。かつてハワイの人々は，ポ

イを1日に平均で2kg食べたというから，タロイモがハワイの食生活に欠かせない作物であったことがよく分かる。

　さらにアフプアアの範囲は，陸地だけでなく海（カイ *kai*）にも及んでいた。海では漁が営まれ，河口の浅瀬には溶岩石で囲った養殖池を作り，川から流れ込む栄養分を利用して魚（ボラ，サバヒーなど）や食用の海藻類の養殖も行っていた。また，山側の高地（ウカ *uka*）の森では，タパ（*tapa*）という樹皮から作る布や生活具の材料，そして草花や鳥の羽根などフラのための装飾材を得ることができた。空から海まで続くアフプアアの豊かなエコシステム（生態系）は，ハワイの暮らしと文化にとって欠くことのできない環境だったのである。

(2)　西洋との接触

　1778年1月，イギリス人ジェームズ・クック率いる船団がハワイにやってきた。これ以降，およそ100年の間にハワイ社会は劇的な変化を経験することになる。ところで，クックら一行はハワイにやってくる以前にタヒチで1年近く過ごし，タヒチ語を理解することができたという。タヒチ語はハワイ語に非常に近い言語であるため，クックらはハワイ人とある程度の意思疎通が可能であったと考えられている（Valeri 1985: xxiii）（第7章1節参照）。

　西洋との接触ののち，ハワイ社会が大きく変化するきっかけとなったのが，西洋人によって持ち込まれた伝染病である。西洋からハワイに人が渡ってくる以前，ハワイには40万人から50万人，あるいは80万人ともいわれるハワイ人が暮らしていた。伝染病以外にも，貨幣経済が浸透したことで，現金収入を得るために多くのハワイ人男性が捕鯨船に乗り島を離れたことや（Linnekin 1990: 185），西洋の銃器を使った戦闘の導入，そして移住者との混血が進んだことなどが重なり，1884年の統計ではハワイ人の人口は4万人にまで減少してしまった。

　ハワイ人の人口激減は，伝統文化の継承にも甚大な影響を与えることになる。文字をもたなかった伝統的なハワイ社会では，文化は代々口伝えで受け継がれた。しかもフラや武術（ルア *lua*）などの知識体系の神髄は，容姿や身体能力などによって選ばれた少数者のみ伝承することが許される秘儀であった。そのため，伝染病による人口激減は，すなわちハワイの伝統的知識の消失を意

味したのである。とりわけ，フラなどで謳(うた)われるチャント（オリ *oli*）では，たとえば「花（プア *pua*）」は「愛する人」など，歌詞に別の意味を込めるカオナ（*kaona*）と呼ばれる比喩的な表現がふんだんに用いられる。ただでさえ限られていた伝承者を失ったことで，チャントのなかには，隠された本当の意味が永久に失われてしまったものも少なくない。

　ハワイの伝統文化の消失にさらなる拍車をかけたのが，キリスト教の浸透である。西洋化以前のハワイでは，カプ（*kapu*）と呼ばれる制約（あるいは禁忌）によって社会全体が統治されていた。西洋人がハワイにやってきて以後，カメハメハ1世は西洋式の戦闘方法に大いに関心を示したものの，キリスト教を受け入れることはなく，ハワイ王国建国（1795年）のあとも，カプはハワイ社会の根幹であり続けた。

　その後，1819年5月にハワイ王国初代の王であったカメハメハ1世が世を去ると，あとを継いだ息子のカメハメハ2世（当時21歳）も，はじめは父王と同じくカプの存続とハワイの神々を祭ることによる社会の安定を強く望んだ。しかし，西洋化を支持する継母で摂政であったカアフマヌの勢力に屈し，同年12月にとうとう男女共食を禁止するカプを破り，自ら男女共食の席に着いた。カプ制度のなかでもとりわけ重要であった男女共食の禁忌を王が破ったこの出来事によって，カプの終焉は決定的となった。

　なお，摂政のカアフマヌがキリスト教化を強行した目的については，じつはキリスト教の普及が動機ではなく，ハワイが西洋文化へ移行することこそが最大の目的であったとの説もある。カプが廃止された1800年代初頭のハワイ社会では，前述した通り伝染病により大量のハワイ人が命を落としていた。ところが，ハワイにやってきた西欧からの移住者たちは，ありとあらゆるカプを破り（その最たる例が男女共食），ハワイの神々を崇めることもないのに，流行り病で死ぬことがない。それゆえ，カアフマヌは白人の習慣である男女共食こそが，白人たちの生命の秘訣であると考えたのではないか，そう推測する専門家もいる（Silva 2004: 32）。さらに民衆のなかにも，ハワイ古来の神々への不信感をつのらせ，西洋文化を享受することを望む者が多かったともいう（Alexander 1891: 169）。

3 アメリカになったハワイ

(1) 王国転覆の前夜

1819年以降，カプの廃止をきっかけに，ハワイ王国は西洋化の道を歩み始める。とりわけ，第7代国王のカラーカウア（カラカウア）の時代（1874〜91年）は，ハワイ社会の近代化が飛躍的に進んだ時代であった。近代科学にも高い関心をもっていたカラーカウア王は，当時としては世界で初めて，しかもホワイトハウスよりも早く，王宮に電球による照明設備を導入するなど，ハワイ国内に最先端の技術を取り入れることに心血を注いだ王として知られる。その一方で，音楽の才能にも恵まれたカラーカウアは，長い間禁止されていた伝統的なハワイ文化の再生と近代化にも取り組んだことから，今でもハワイ住民の間で人気が高い。とくにフラに関しては，演奏にピアノなどの西洋楽器，女性は結い上げた髪に西洋風のロングドレス，男性はワイシャツにスラックスというスタイルを取り入れ，現在私たちの多くが思い描く近代的なフラの原型を創り上げた。さらにカラーカウアは，フラのほかにも，ハワイ語や伝統医術，武術などの専門家を集め，知識の伝承とハワイ文化全体の復興をとりわけ重視した（Stagner 2011: 32）。

しかし，国が華やかに近代化する一方で，ハワイを取り巻く政治情勢はより複雑になりつつあった。ハワイ国王に即位した1874年当時，カラーカウアはアメリカとの関係強化を訴え，王国議会のアメリカ系議員たちからも支持を受けていた。そして，即位翌年の1875年には，さっそくアメリカとハワイ王国との間で，ハワイ産の砂糖の関税撤廃をおもな目的とした自由貿易条約を締結すると，砂糖輸出によるハワイ経済の立て直しを図る。しかし，砂糖貿易の自由化は，アメリカ人によるハワイへの投資を加速させ，結果として王国内ではアメリカ資本のサトウキビ・プランテーションが急増することになってしまう。

ハワイ王国内で存在感を強めつつあったアメリカ勢力に対して，危機感を抱き始めたカラーカウア王は，アメリカ以外の国々との関係強化を模索するようになる。1881年には海外視察と銘打った世界一周の航海に赴き，途中で寄港した日本滞在中には，随行したアメリカ系議員の目をごまかし明治天皇と極秘で

会談を行っている。極秘会談では，両国間で連合を組む提案と，さらに王の姪カイウラニ王女と皇族の山科宮定麿王との婚姻を，天皇に直接持ち掛けている。日本との関係強化の試みは，当時の国際情勢を鑑みた明治天皇が，カラーカウアの提案を丁重に断ったことで結局は実現しなかったが，その後もハワイは日本との関係を重視し，日本もハワイ王国のアメリカからの独立に高い関心を寄せることとなる（四條 2019b）。

　アメリカ以外の国々との関係強化の道を断たれたカラーカウアは，最後の手段として外国勢力に干渉されない「ハワイ・ナショナリズム」を掲げ，王国の独立性を守ることを宣言する。もともとは親米であったカラーカウアの方針転換は，アメリカ系勢力の目には裏切りと映ったことであろう。政治的影響力をもつアメリカ系のエリートたちは，ついには王の権限を根こそぎに近い形ではく奪する新憲法を，武力をもって王に受け入れさせたのである。この新憲法は，王の喉元に銃剣を突き付けながら受け入れを強要したことから「銃剣憲法」とも呼ばれている。

　以後，カラーカウアはハワイ国民のために，残されたわずかな権限を最大限に行使して王国を統治することに努めたが，王国内の社会情勢はますます不安定になるばかりであったという（Van Dyke 2008: 128）。

(2)　王国の滅亡からアメリカ併合まで

　1891年，カラーカウアが訪問先のサンフランシスコで客死すると，妹のリリウオカラニが第8代ハワイ国王に即位する。作曲や作詞の才能に秀で，芸術に造詣の深かったリリウオカラニは，兄王と同じく伝統文化の振興に取り組んだ。また，王の権限とハワイ人の権利を取り戻すために「銃剣憲法」の撤回を秘密裏に計画し，1893年1月ついに計画を実行に移す。しかし，異変に気づいたアメリカ系エリートらは女王の計画を阻止しようと，ハワイに駐在していたアメリカ大使ジョン・スティーブンスにアメリカ軍の援助を要請する。本来，軍を動かす権限は大統領しかもちえないのだが，あろうことか大使のスティーブンスは軍の出動を独断で決定してしまう。こうしてアメリカ軍の協力を得たアメリカ系エリートの一団は，王国政府庁舎を武力占拠したのち，一方的に王政の欠陥を主張し，女王の廃位とアメリカに併合されるまでの暫定政府の樹立

を宣言した。このときの合衆国大統領ハンソンもクーデターを容認し，ハワイ併合に前向きな姿勢を示した。リリウオカラニは，戦闘によってこれ以上先住ハワイ人が傷つくことを避けるたるために，「合衆国政府がここで起こった事実を正しく解釈し，私に憲法に基づく独立を有するハワイ王国の君主としての復位を認めるまで，アメリカ合衆国の強大な力に屈する」（Van Dyke 2008: 163）と述べ，やむなく王位を退いたのであった。

　さて，女王が廃位させられたあと，ハワイはすぐにアメリカに併合されたのかというと，じつは当初の併合計画は失敗に終わってしまう。理由の一つは，先にも述べたアメリカ大使スティーブンスが独断で軍を出動させたことにある。ハワイでのクーデターの直後にアメリカ大統領に就任したクリーブランドは，スティーブンス大使の判断を越権行為として彼を更迭し，クーデターのメンバーに対して併合を拒否する態度を明確にするとともに，リリウオカラニ女王を復位させるように命じた。しかし，クーデターのメンバーは，アメリカ大統領が下した命令を内政干渉として一蹴，ハワイのアメリカ併合計画を中止し，メンバーの一人であるサンフォード・ドール（缶詰で知られる Dole 創業者の従兄）を大統領とするハワイ共和国（1893〜98年）の樹立を宣言したのであった。

　その後，1898年の米西戦争をきっかけにアメリカを取り巻く世界情勢が変化すると，太平洋の覇権を狙うようになったアメリカにとって，ハワイの地政学的位置が重要性を増すことになった。アメリカの領土拡大に積極的だった当時のマッキンリー大統領は，ハワイ併合に大きく舵を切り，1898年ついにハワイ共和国はアメリカに併合されハワイ準州となったのであった。

4　観光と伝統文化，そして先住民運動

(1)　消えたハワイ人男性たち

　ハワイで西洋化が始まって以降，公の場で禁止された伝統文化は，衰退の一途を辿ることとなった。なかでも伝統的な宗教と深く結びついていたフラは，キリスト教宣教師によって厳しく取り締まられた。加えて，前述した伝染病の蔓延も重なり，伝統文化の担い手は激減してしまう。さらに，社会環境が変

化したことで，伝統文化とりわけフラを担ってきたハワイ人男性たちが地域から姿を消し，代わりに宗教とは切り離されたエンターテイメントの場で，女性たちがフラの踊り手として活躍するようになった。

　本章の始めで述べたように，伝統的なハワイ社会では，フラの担い手たちは伝統武術であるルア（*lua*）に優れた男性戦士たちであった。フラは，戦闘前などの宗教的な儀式，客人をもてなす場，過去の戦いや出来事を再現する場，あるいは歴史的な人物の業績を伝える目的などで踊られた。公には男性たちによって演じられていたフラだが，女性たちがフラを踊る機会もあった。女性が踊ることができたのは，おもに一族の英雄を崇めるプライベートな場や，女神や自然の美しさを称える場であった。

　西洋化が始まって以降，フラの踊り手が女性中心にシフトした要因の一つに，観光によって広められた西洋的な楽園のイメージがあると考えられる。19世紀後半から20世紀半ばにかけて，科学や工業の発達によって社会の姿が急激に変化したアメリカ本土をはじめとする西洋社会では，ハワイに「原初的」な美しさを見出すようになっていた。この頃，ハワイでもすでに社会の近代化は進んでいたものの，フラは「原初的」な世界に生きる女性のイメージとして，当時一般的になりつつあった写真により世界中に拡散したのである。

　そして，女性たちがフラを担うようになったもう一つの要因が，貨幣経済の浸透である。プランテーションの拡大などによって，自給自足の基盤であった土地を失った先住ハワイ人たちは，現金収入を求めて都市の港周辺に移り住んだ。19世紀末のハワイ社会では，男性たちはおもに遠洋捕鯨船の船員として働き，何ヵ月，あるいは何年も，ときには一生ハワイに戻らないこともあった。なかには，奴隷としてアメリカ本土へ売られた者もいたという（Stagner 2011: 26）。残されたハワイ人女性たちは，現金収入を得るために港でエンターテイメントとしてフラを披露するなどして生計を立てた。こうして，フラは神事や儀礼などの伝統的意味から切り離され，女性たちが笑顔で踊るエンターテイメントとしてハワイ社会そして世界に広がったのである。さらに，貨幣経済の浸透と同時期にハワイ人社会内で起こったのが，ハワイ人男性の地位の低下である。1800年代半ばになると，ハワイ人に対して「怠け者」というイメージが登場し始める（Tengan 2008: 44）。

このようなハワイ人男性のステレオタイプが誕生した背景には，1800年代の
ハワイ人社会のなかで，男性のアルコール依存症や暴力，失業が社会問題とし
て深刻になっていたことがある。また，もともと伝統的な暮らしでは1日の労
働時間が4時間ほどであったハワイ人の男たちの働きぶりは，支配階層の白人
や，中国や日本からの移民の「勤勉な」働きぶりにかなうものではなかった
（Kame'eleihiwa 1992: 203）。こうして生まれたハワイ人男性たちの「怠け者」の
イメージは，ハワイ文化の中心から男性を抜き取り，ハワイ文化を「女性化」
するようなものであった。さらに1800年代の後半，プランテーションで年季労
働の契約期間を終えた独身の中国人男性のなかには，ハワイに残り，商いや米
作で成功する者も現れ，その多くはハワイ人女性と結婚した。そしてハワイの
女性たちも，ハワイ人男性より経済力のある中国人や白人の男性との結婚を好
んだという（Adams 1933: 48-49）。この時代に生まれたハワイ人男性のステレ
オタイプは現代にも引き継がれ，たとえば2002年に公開されたディズニー映画
『リロ・アンド・スティッチ』では，主人公リロの姉ナニのボーイフレンド
が，のんきでお気楽なハワイ人男性として描かれている。

(2)　伝統文化の保存と復活

　アメリカに併合されて以降，西洋文化を優位に捉える風潮にはばまれ，ハワ
イ文化は日の目を見ることができない時期が続いていた。しかし1920年代にな
ると，先細るフラの将来を危惧した知識人らによって，ハワイ人の若者たちに
フラに関する知識を教える活動が密かに始められる。偏見のなかでも伝統的な
フラを守り受け継いできた人々は，ハワイ人の若者のなかから聡明で容姿のす
ぐれた者を選抜し，人目につかない片田舎や離島の教室で，ハワイ語や神話，
歴史，作法を含むフラに関するあらゆる知識を教えた。また1930年代には，リ
ゾート開発が始まっていたワイキーキーに，チャントや打楽器に合わせて踊る
古典的なフラを披露する観光施設が登場する。
　しかし，観光で重宝されるのは女性によるエンターテイメントとしてのフラ
であり，男性が公の場でフラを披露することは稀であった。また，フラを踊る
女性に対するハワイ住民からのまなざしは厳しく，フラの社会的地位は依然と
して低いままであった（Kodama-Nishimoto et al. 2009: 140）。

ところが1970年代になると，ハワイ社会のなかでハワイ文化に対する考え方が大きく転換するきっかけが起こる。1950年代以降，公民権運動を発端にアメリカ本土で広がっていた民族的マイノリティの地位向上を求める運動が，ハワイ州内にも広がり始めたのである。ハワイ人による先住民運動は「ハワイアン・ルネサンス」と呼ばれ，現在に至るまで先住文化の社会的・文化的地位向上と，伝統文化の保護そして継承の取り組みが続いている。

(3)　ハワイアン・ルネサンスと多様性

　ハワイにおける先住民運動の最初のきっかけといわれるのが，1969年にオアフ島東部のカラマ・ヴァレー住宅で起こった立ち退き反対の運動である。そもそも，カラマ・ヴァレー住宅はハワイ人のために運用することを目的とした地域内にあり，植民地化に伴う農地の拡大によって土地を追われた多くのハワイ人たちが暮らしていた。しかし，1959年にハワイが州となって以降，ワイキーキーを中心としたオアフ島東部では観光開発が進み，69年にカラマ・ヴァレー住宅の住民は地域の再開発のために強制退去を命じられたのである。この強制退去命令に反対するハワイ人住民たちは座り込み活動を開始し，さらに住民以外のハワイ人たちも加わった。こうしてカラマ・ヴァレーでの座り込みはハワイ全島が注目するなか，先住ハワイ人による大規模な抗議運動へと発展したのである。結局のところ，カラマ・ヴァレーでの座り込みによる抗議は失敗に終わるのだが，この抗議運動を機に，土地を取り戻すことを目的としたハワイ人たちの権利回復運動がハワイ全体に広がり，やがて先住ハワイ社会と文化の復興を目指す先住民運動「ハワイアン・ルネサンス」へと拡大していったのである。

　このハワイアン・ルネサンスの中核を今日に至るまで担ってきたのがフラである。ハワイ文化が結集した総合芸術でもあるフラは，ハワイ語だけでなく，伝統的な儀礼や思想，人との関わり方も伝え，ハワイ人としてのプライドを再生するための重要な土台となったのである。さらに，フラ自体にも，カプや神話などの伝統的な要素を取り戻そうとする考えが広がり，ハワイアン・ルネサンスを経たフラでは，神々や祖先に捧げるフラなど，伝統的なフラを彷彿とさせる儀礼的な演目が多くみられるようになった。また，攻撃に使う棒などの武

器やパドルを用いた踊りなど，力強くスピード感のある踊りも取り入れられ，フラが本来備えていた男性的で武術的な要素の再生が試みられるようになった。

　このような伝統的なスタイルのフラは，西洋楽器は用いずに，太鼓やヒョウタンの打楽器といった，伝統的な楽器に合わせて歌われるチャントとともに演じられ，近年では「古いフラ」を意味するフラ・カヒコ（hula kahiko）と呼ばれるようになった。一方，カラーカウア王の時代以降に登場した西洋の要素を取り入れたフラは，フラ・アウアナ（hula auana）つまり「新しいフラ」と呼ばれ，現在でも大小様々なパーティーなどで踊られることが多く，ハワイの住民にもよく親しまれている。

　また，ハワイアン・ルネサンスが始まって以降，それまでは「劣った言葉」であったハワイ語を再生する取り組みもハワイ各地で行われるようになった。ハワイ大学ではハワイ語やハワイ文化を専攻できるコースが新設され，幼稚園や小中高校でハワイ語だけで授業を行うイマージョン・スクールも登場し（2021年現在はハワイ州内に27校），ハワイ語を第一母語とする若い世代の先住ハワイ人も増え始めている。イマージョン・スクールなどでハワイ語を優先して学ぶ教育に関しては，就職やアメリカ本土の大学へ進学する際に英語力で不利になることを心配する声があるものの，最近ではハワイの有名な観光ホテルなどがハワイ語を話せる人材を優先して採用するなど，とりわけハワイの観光業界においてハワイ語のスキルを評価する環境が広がりつつある。

　ここまで述べてきたように，ハワイアン・ルネサンスは先住ハワイ人が自文化を再評価し再生する運動を軸にして展開してきた。しかし同時に，ハワイアン・ルネサンスは先住系住民のためだけの運動ではなく，ハワイに住む多様な文化的背景をもつ住民たちが関わる文化回復運動でもある。様々な文化的・民族的背景をもつハワイ住民の間には，生まれ育ったハワイという土地に紐づけされた「ローカル」と呼ばれるアイデンティティが広く共有されている（Ohnuma 2008: 375）。「ローカル」は多文化状況を内包し，ハワイ社会に根づく諸文化を自身の文化として享受する環境の土台になっているのである。

　ちなみに，筆者はハワイにいた時分に，地域の社会人向けハワイ語教室に通ったことがある。夕方におのおのが一品料理を持ち寄ってポトラック形式の食事会で始まるレッスンには，先住ハワイ系住民だけではなく，日系（沖縄系

を含む）やコリア系，中華系，ヨーロッパ系，フィリピン系，サモア系など多様な背景を合わせもつ地域住民が集まり，にぎやかな雰囲気のなかでハワイ語のレッスンが行われていた。多様な人々が集うのは，ハワイ語のレッスンに限ったことではない。フラやウクレレ，カヌーそしてタロイモの栽培など伝統的なハワイ文化を学ぶ場に多種多彩な住民が集う状況は，ハワイではごく自然な風景なのである。

5　フラと生きるハワイの人々

⑴　復活したフラの舞台化

　1970年代に始まったハワイアン・ルネサンスをきっかけに，フラはそれまでの観光用のエンターテイメントから，ハワイの伝統文化を象徴する総合芸術としての地位を得る。とはいえ，カラーカウア時代以降の，近代的で華やかなフラのスタイルが否定されることはなく，観光の場面などでは，現代フラ「フラ・アウア」と古典フラ「フラ・カヒコ」という，二つのスタイルのフラが演じられるようになった。そして，観客や観光客の存在によってフラはさらに洗練され，伝統的価値を維持しながらも，より芸術性の高い舞踏へと発展してきたのである。

　フラの進歩にとって，おそらく観光よりも重要な影響を与えているのがフラ競技会の存在である。昨今，アメリカ国内のみならず，日本などフラが盛んな地域では大小様々なフラの競技会が開催され，踊りの完成度だけではなく，ハワイ語での表現，衣装，そしてハワイ文化の総合的理解度などが競われる。競技会のなかでも最も規模が大きくフラの最高峰といわれるのが，パーティーを好んだカラーカウア王の愛称「メリー・モナーク（陽気な王）」を冠した「メリー・モナーク・フラ・フェスティバル（Merrie Monarch Hula Festival）」である。年に一回ハワイ島のヒロで開催されるこの競技会には，州内外から実績のあるフラ教室が参加し，地元ハワイでは競技の様子が特別番組としてテレビでライブ中継され，インターネットでも世界中にライブ配信される。参加チームには，観光客向けのディナーショーに出演するセミプロのチームも含まれ，競われるフラのレベルは総じて高いことから，競技会場は国内外からのファン

で埋め尽くされる。

　大会ではソロ（女性のみ）と団体（男女別）の部門があり，それぞれ現代フラと古典フラの2種目の合計得点で競われる。なかでも，女性ソロ部門の優勝者は「ミス・アロハ・フラ」として，世界中のフラ・ワークショップやハワイ関連イベントに携わり，フラそしてハワイ文化を代表する名誉ある立場を与えられることから，競技はとりわけ白熱する。そのため，なかには大学を休学して連日ハードな特訓を重ね，大会に臨むソリストもいるという。

(2)　男性とフラ

　ハワイアン・ルネサンスを経て始まった伝統的なフラの復活，それは男性のフラを再生する試みでもある。そして，フラにおける男性性の回復は，西洋化以前の伝統的なハワイの価値観を再評価することとも結びつけられ，ハワイアン・ルネサンスのなかでも重要な目的の一つであるといえる。「メリー・モナーク・フラ・フェスティバル」でも，近年は団体部門に出場するチームのうち4分の1余りを男性チームが占めるようになり，男性フラ（カネ・フラ）の踊り手が増加していることが分かる。

　とはいえ，一部ではいまだにフラを女性的な文化とみる考えも残っており，こうしたジェンダー・バイアスは男性たちがフラに参加する際に少なからず障壁になっている。たとえば，ハワイ人が多く住む地域では，幼いときからフラを習ってきた男児が中学に上がるとフラではなくアメフトを好むようになり，家族も男児が「男らしい」スポーツであるアメフトで活躍することを期待する状況を，これまで筆者は頻繁に見聞きしてきた（四條 2019a：273）。成長の過程で多くの男児がアメフトを選択する背景については，アメフトがハワイでもとりわけ人気のスポーツであること以外に，中高校時代にアメフトで際立った活躍をした生徒に，大学進学の際に奨学金が支給される制度があることも関係していると考えられる。ハワイ人が多い地域では，大学進学の費用を捻出することが困難な家庭が多く，大学を目指すことは決してたやすいことではないため，進学を希望する生徒にとってはアメフトで活躍して奨学金を獲得することが将来の道を切り開く一つの方法なのである。

　また，ハワイ人男性がおかれている昨今の就労環境も，男性フラの再興に影

響を及ぼしている。現在，ハワイ州のなかでも，とくにハワイ人の人口が集まる地域では，中高校での義務教育中退率が他の地域に比べて高い状況が問題になっている。義務教育の中退者が多い背景の一つには，いち早く職に就いて家族を養うことを優先する考えがあるという（四條 2019a：271）。高卒以下の男性の多くは，建設作業や夜間の警備などの現場で働き（仕事を掛け持ちすることも珍しくない），不定休かつ島外での長期作業もあるため，ハードなことで知られるフラのトレーニングに毎回参加することは非常に困難である。

　優雅なイメージが先行するフラであるが，週1回平均2時間ほど行われる通常の練習では，筋力トレーニングに多くの時間が費やされる。中腰の姿勢を保つためのスクワットや腹筋をはじめ，基本ステップの反復練習など，かつてのフラが戦士の訓練であったことを彷彿させるメニューに加えて，演目ごとにハワイ語チャントの暗記や意味の学習にも時間を費やすことになる。さらに，競技会やイベントに出場するとなると，練習日数も増え，月謝に加えて衣装代や旅費，遠征先での滞在費が発生し，個人の経済的負担は決して小さくない。

　さらに，得られる収入が少ないことも，フラを担おうとする男性が少ない要因であるといえる。フラで収入を得るおもな機会は，ホテルなどで行われるルーアウ（*lūʻau*）と呼ばれるディナーショーである。しかし，多くの場合ショーは夕方以降に行われるため，ショーダンサーだけでは一日分の収入を得るには充分とはいえない。近年ハワイ州では年々物価の上昇が進み，一つの仕事では生活がままならない世帯が増え，仕事を複数掛け持ちすることが珍しくない。そのため，練習などに多くの時間を費やし体力も必要なショーダンサーは，フラの素養があるからといって誰もがなれる職業ではないのである。

　しかし，こうした困難を抱えながらも，男性フラの復活に先住ハワイ社会は大きな意義を見出している。西洋化の過程で社会的地位を失い，「頼りない」や「怠け者」「暴力」といったイメージが定着してしまったハワイ人男性たち――。しかし，かつて戦士が舞ったフラを通して，伝統的な男性の役割や責任，そして人としての在り方を学ぶことは，ハワイ人男性のアイデンティティの回復のみならず，経済的な問題を多く抱えるハワイ人社会全体を再生する試みでもある。

参考文献

四條真也　2019a『ハワイアン・プライド——今を生きるハワイ人の民族誌』教友社。

四條真也　2019b「ハワイ王室と皇室の縁組計画」石森大知・丹羽典生編『太平洋諸島の歴史を知るための60章——日本とのかかわり』明石書店，53-57頁。

Adams, R. 1933. *The Peoples of Hawaii*. Honolulu: The Institute of Pacific Relations.

Alexander, William De Witt. 1891. *A Brief History of the Hawaiian People*. New York: American Book Company.

Kameʻeleihiwa, L. 1992. *Native Land and Foreign Desires: Pehea Lā E Pono Ai? How Shall We Live in Harmony?*. Honolulu: Bishop Museum Press.

Kodama-Nishimoto, M. and W. S. Nishimoto, C. A. Oshiro 2009. *Talking Hawaiʻi's Story*. Honolulu: University of Hawaiʻi Press.

Linnekin, J. 1990. *Sacred Queens and Women of Consequence: Rank, Gender, and Colonialism in the Hawaiian Islands* (*Women and Culture Series*). Ann Arbor: University of Michigan Press.

Ohnuma, K. 2008. *Aloha Spirit and the Cultural Politics of Sentiment as National Belonging*. Honolulu: University of Hawaiʻi Press.

Silva, N. 2004. *Aloha Betrayed*. Durham: Duke University Press.

Stagner, I. W. 2011. *Kumu Hula: Roots and Branches*. Honolulu: Island Heritage Publishing.

Tengan, Ty P. Kāwika 2008. *Native Men Remade: Gender and Nation in Contemporary Hawaiʻi*. Durham: Duke University Press.

Valeri, V. 1985. *Kinship and Sacrifice: Ritual and Society Ancient Hawaii*. Chicago: University of Chicago Press.

Van Dyke, J. M. 2008. *Who Owns the Crown Lands of Hawaiʻi?* Honolulu: University of Hawaiʻi Press.

（ウェブサイト）

Staradvertiser, https://www.staradvertiser.com/2017/04/22/photo-galleries/2017-merrie-monarchs-hula-kahiko-competition/（2022年10月22日閲覧）

●読書案内●

『先住民と都市――人類学の新しい地平』青柳清孝・松山利夫編，青木出版，1999年
　　　　現代社会の都市に生きる先住民の姿にスポットをあてた論集。オセアニア，
　　　　日本，東南アジア，南アジア，北欧，アメリカ大陸の諸都市をめぐり，そ
　　　　れまでの日本における先住民研究に，都市空間の発想を新たに提唱した。

『「先住民」とはだれか』窪田幸子・野林厚志編，世界思想社，2009年
　　　　国家に包摂された「少数者」であった先住民は，近年になり地域や国家の
　　　　枠組みを超えてグローバルなネットワークでつながり，国際的な発言力を
　　　　もつようになった。本書では，世界の諸地域における「先住民」が，国家
　　　　そしてグローバル社会と交渉するなかで，自らを再定義しようとする動向
　　　　を考察する。

『ネイティブ・アメリカン――先住民社会の現在』鎌田遵，岩波新書，2009年
　　　　アメリカ社会から今も「置き去り」にされているネイティブ・アメリカン
　　　　社会の現実，そして彼らの生の声を，長期にわたる現地フィールドワーク
　　　　に基づいてまとめた労作。連邦政府の先住民政策が先住民社会にもたらし
　　　　た負の連鎖――。しかし，その逆境を乗り越えようと試行錯誤を続けるネ
　　　　イティブ・アメリカンたちの姿を，丁寧な記述で描き出す。

芸　　術
アボリジナルアート

平野智佳子

　アボリジナルアートとは，「ドリーミング」もしくは「ドリームタイム」と呼ばれるアボリジニの神話世界を表現したアクリル絵画のことである。そのデザインに特徴的なのは，同心円や波線，Ｕ字形など記号的なものが散りばめられ，点描で埋められている点である。それらは儀礼のときに地面に描かれる祖先の精霊の旅に関わる紋様で，キャンプ地，泉，旅の道筋，祖先の精霊など，それぞれが異なる意味をもつ。この紋様の組み合わせによって，その土地固有の物語が表現される。

　今では先住民アートの代表として知名度の高いアボリジナルアートだが，じつのところ，その歴史は長くない。アボリジナルアート発祥の地として知られるオーストラリアの西砂漠でアート制作の動きが現れたのは1970年代以降である。その発信地は西砂漠の遠隔地に位置するアボリジニの町パパニアであった。1971年，この町の学校教師であったジェフリー・ロバート・バートンは，アボリジニたちが落ちていた板切れに描く絵に出会い，魅了された。そして彼らにその絵をキャンバスにアクリル絵の具で描いてみるように提案した。アボリジニたちは自分たちの描く絵が売れ，収入につながることに喜び，点描で描くこの絵画スタイルをゆっくりと共有していった。やがてバートンがパパニアにアートセンターを立ち上げ，商品を流通に乗せるようになると，西砂漠地域の広い範囲でこの図像的な絵画スタイルが広く波及していき，「西砂漠のアートムーブメント」と呼ばれる大きなうねりが生まれた。

　とはいえ当初，アクリル点描画はアートというよりは西洋の技術を使った安価な土産物とみなされ，オーストラリア国内での評価は高くなかった。アクリル点描画はもともとその社会にあった伝統のある「本物」ではなく，新しい手法の「にせもの」であり，価値が低いとみなされた。しかし，1980年代に入りアメリカやヨーロッパでアボリジナルアートの展覧会が開催されるようになると，国外で高い評価を得るようになる。このような国外における視線の変化が，オーストラリア国内での評価につながり，オーストラリア国内でもアクリル点

写真1　アボリジナルアートを描く女性たち（2017年，イマンパ・コミュニティにて筆者撮影）

描画への関心が高まっていった。さらに展覧会が盛んに開催されるようになると，アボリジニの描く絵画に対して「芸術」としての評価が定着していった。

　国内外で認められるようになったアボリジナルアートは，英国系白人の入植以降，周縁化され差別されてきたアボリジニのアイデンティティや主体性の回復をもたらしたといわれる（Myers 2002）。辺境のアボリジニの町から始まったアート制作の試みは遠隔地にとどまらず，都市のアボリジニのアート活動にも大きな影響を与え，1990年代にはオーストラリアに「現代アボリジナルアート」という新しいカテゴリーを生み出した。主流社会との文化的差異が強調されてきたアボリジナルアートは公的機関の後押しや海外での評価の高まりによって，多様な先住民の社会や文化を表現するものへと変貌してきたといえよう。

　ただし，昨今では「アボリジニ」という文化的アイデンティティをもちながら，グローバルなアートの手法を取り入れ，明らかに西洋的なスタイルをもつアーティストが数多く輩出されており，このことが「アボリジナルアートとは何か」という新たな政治的な論争を引き起こしてもいる。

参考文献
Myers, F. 2002. *Painting Culture: The Making of an Aboriginal Hight Art.* Durham: NC. Duke University Press.

地域協力

地域概念に焦点をあてて

小柏葉子

フィジーの首都スバにある太平洋諸島フォーラム（PIF）事務局の正面玄関（2019年，黒崎岳大撮影）

オセアニアでは，国境を越えて協議や協力を行う地域制度に基づいた様々な地域協力が展開されている。本章では，オセアニアの地域協力をめぐる制度的展開や域内外の動きにとどまらず，地域協力に参加する国々によって目指すべき「地域のありかた」がどのように考えられてきたのか，オセアニアの地域協力に影響をもたらしてきた地域概念に注目し考察していく。

1　オセアニアの地域協力とは

　オセアニアでは，国境を越えて協議や協力を行う地域制度に基づいた様々な地域協力が展開されている。このようなオセアニアの地域協力は，第二次世界大戦後まもない1947年に，イギリス，フランス，アメリカ，オランダ，オーストラリア，ニュージーランドの6ヵ国によって，これら諸国が統治する太平洋島嶼地域の経済的・社会的福祉の向上について協議することを主目的に南太平洋委員会（South Pacific Commission，1997年に太平洋共同体（Pacific Community）に改称）が設立されたことに端を発する。

　統治国によって開始されたオセアニアの地域協力は，やがて1960年代半ばから太平洋島嶼地域に脱植民地化の波が及ぶようになると，独立や自治政府樹立を果たした太平洋島嶼諸国（Pacific Island Countries）が主体として参画するものへと変化していく。それを象徴するのが，太平洋島嶼諸国が主導し，オーストラリアとニュージーランドが加わって1971年に設立された南太平洋フォーラム（South Pacific Forum，2000年に太平洋諸島フォーラム（Pacific Islands Forum）に改称）である。

　さらに冷戦の終結やグローバル化の波及を背景にして，2013年には，オーストラリアとニュージーランドを除外し，基本的に太平洋島嶼諸国のみによって構成される太平洋諸島開発フォーラム（Pacific Islands Development Forum）が設立される。一方，太平洋諸島フォーラムは，2017年に新たな地域協力の指針として，青い太平洋アイデンティティ（Blue Pacific identity）を策定し，地域協力の立て直しを試みてきた。だが，2021年には，ミクロネシア諸国が一時太平洋諸島フォーラムからの離脱を表明するなど，その地域協力再生の道のりは容易ではない。

　そしてさらにオセアニアの地域協力に大きな影響を及ぼしているのが，中国の台頭や「自由で開かれたインド太平洋（Free and Open Indo-Pacific）」の登場といった近年の国際関係の変化である。オセアニアの地域協力は，まさに岐路に立たされているといえるであろう。

　本章では，このように様々な名称を冠しながら，オセアニアの広範囲にわ

たって繰り広げられてきた地域協力それぞれの地域概念に焦点をあてながら，それらがどのような要因によって生み出され，どこを地理的範囲とし，どのような「地域のありかた」を目指してきたのか，を明らかにすることを通じて，オセアニアの地域協力の展開と変容について考察していくことにしたい。

2 「南太平洋」地域協力の展開

(1) 南太平洋フォーラムの誕生

　前述のように，オセアニアの地域協力は，この地域に植民地をもつ統治国が1947年に南太平洋委員会を設立したことによって始まった。その後1950年には，南太平洋委員会の諮問機関として，太平洋島嶼の代表からなる南太平洋会議（South Pacific Conference）が設けられ，植民地の立場にあった太平洋島嶼にも地域協力に参画する道が開かれるようになった。

　だが，南太平洋会議は，太平洋島嶼地域の経済的・社会的イシュー以外は議論しないといったように，統治国の強い意向の下におかれていた。すなわち，ここでの「南太平洋」という地域は，統治国のみならず太平洋島嶼をメンバーとして含みながらも，統治国が太平洋島嶼を支配下におく植民地主義の状況を反映して，統治国を「主」とし，太平洋島嶼を「従」とする垂直的な関係に基づいた地域だったといってよい。

　このような「南太平洋」の「地域のありかた」に対し，太平洋島嶼は，1960年代半ばから不満を示すようになる。当時，太平洋島嶼地域では，1962年の西サモア（現サモア独立国）の独立を皮切りに，脱植民地化が進行しつつあった。こうした脱植民地化の動きは，それまで植民地として「従」の立場にあった太平洋島嶼に自己主張できる環境をもたらしていたのである。

　とりわけ太平洋島嶼が「南太平洋」の「地域のありかた」に対し不満をいだいたのは，統治国によって政治問題が地域の協議事項から除外されていた点であった。太平洋島嶼は，フランスが1966年からフランス領ポリネシアで開始した核実験に強い懸念をいだき，南太平洋会議の場で，フランスの核実験に反対する決議の採択を再三にわたって求めた。だが，統治国の意向の下におかれ，政治問題を協議事項として取り上げない方針の南太平洋会議で，太平洋島嶼の

訴えが実現することはなかった。

　そこですでに脱植民地化を遂げていた西サモア，クック諸島，ナウル，トンガ，フィジーの太平洋島嶼諸国は，南太平洋会議とは別個に，政治問題を議論することのできる新たな地域枠組みの立ち上げを決意する。それが，1971年8月に，太平洋島嶼諸国，オーストラリア，ニュージーランドの首脳らによって，ニュージーランドの首都ウェリントンにおいて開催された南太平洋フォーラムだった。この会議では，南太平洋会議では困難だったフランスの核実験に対する反対決議の採択といった政治問題をはじめ，貿易や海運，海洋資源開発といった太平洋島嶼諸国が関心をもつイシューについて議論が行われた。

　注目しなければならないのは，南太平洋フォーラムに太平洋島嶼諸国のみならず，オーストラリアとニュージーランドも参加していた点である。両国の参加をめぐっては，太平洋島嶼諸国の間に，南太平洋フォーラムのメンバーは太平洋島嶼諸国のみに限定すべきという意見も存在していた。にもかかわらず，太平洋島嶼諸国が両国を南太平洋フォーラムのメンバーとすることで最終的に合意に達した最大の理由は，新たに立ち上げた地域枠組みである南太平洋フォーラムをともかく存続させたいという点では太平洋島嶼諸国の意見が一致していたからだったといえる。

　南太平洋フォーラムを年1回の首脳会議の開催という形式にしたものの，太平洋島嶼諸国は脱植民地化を果たしたとはいえ経済的自立もおぼつかない発展途上国であり，会議開催の継続にはオーストラリアとニュージーランドの援助が必要だった。また，太平洋島嶼諸国は，南太平洋フォーラムが統治国から「反統治国的枠組み」ととられ，妨害を受けることを警戒していた。太平洋島嶼諸国は，南太平洋フォーラムが「反仏」といった統治国への敵対を目的とするものではなく，あくまでも「地域枠組み」であることをアピールする必要があったのである。その意味で，統治国でもあるオーストラリア，ニュージーランド両国を「地域国家」として位置づけ，南太平洋フォーラムのメンバーに加えることは効果的と考えられたのだった。こうして，南太平洋フォーラムが体現する新たな「南太平洋」という地域は，太平洋島嶼諸国に加え，オーストラリアとニュージーランドを地理的範囲として形成されることになったのである。

⑵ 「共通課題」としての核問題をめぐる外交活動

　南太平洋フォーラムの創設によって出現した新たな「南太平洋」は，それまでの南太平洋会議による「南太平洋」とは異なり，統治国，および植民地である太平洋島嶼を含まない，「主権国家，ないしは自治政府」からなる地域であった。すなわち，それは，各国が対等で水平的な関係にあることを前提とした地域を意味していた。しかし，各国対等な水平的関係といっても，実際には，オーストラリア，ニュージーランド両国と太平洋島嶼諸国との間には，経済水準をはじめとして歴然たる違いが存在していた。「域内大国」であるオーストラリア，ニュージーランド両国と太平洋島嶼諸国とがどのような「地域のありかた」をともに目指していくのか，が「南太平洋」にとって重要な焦点となったのである。

　そうした域内に差異をかかえた「南太平洋」の「地域としてのありかた」を方向づけることになったのは，南太平洋フォーラムの核問題をめぐる外交活動であった。もともと南太平洋フォーラム創設の直接の契機となったように，フランスの核実験問題は，太平洋島嶼諸国にとって，共同で取り組むべき「共通課題」であった。そして，それまでフランスの核実験に対し，それぞれ抗議を行ってきたオーストラリアとニュージーランドにとっても，それは「共通課題」として共有できるものだった。創設まもない南太平洋フォーラムは，フランスの核実験問題を「南太平洋」の「共通課題」として，抗議声明の採択や国連への働きかけといった外交活動を展開していったのである（コラム⑮参照）。

　1980年代になると，南太平洋フォーラムは，新たな「共通課題」としての核問題に直面する。1980年に日本が発表した放射性廃棄物の太平洋への投棄計画である。南太平洋フォーラムは，フランスの核実験の場合と同様，抗議声明の採択や国際会議での問題提起などの外交活動を展開し，計画の撤回を訴えた。南太平洋フォーラムからの抗議を受け，結局，日本は1985年に計画の実施を断念した。

　南太平洋フォーラムの核問題をめぐる外交活動は，さらに1985年には，南太平洋非核地帯条約（South Pacific Nuclear Free Zone Treaty）の採択へと発展する。南太平洋フォーラムは，非核地帯内での核実験，および放射性廃棄物の海

洋投棄の禁止をおもな柱とする同条約に付属議定書を設け，核保有国に対し調印を求めた。

　核問題をめぐる南太平洋フォーラムのこうした一連の外交活動を通じて，南太平洋フォーラムの構成メンバーであるオーストラリア，ニュージーランド，太平洋島嶼諸国の間に，「「共通課題」をめぐって，主権国家の集まりとして域外に向け共同で外交活動を展開する政治単位としての地域」という「南太平洋」の地域概念が定着していったということができる。この地域概念は，国連海洋法や流し網漁といった他の問題をめぐって南太平洋フォーラムが外交活動を展開する際にも「共通認識」となって働いた。さらに指摘しておかなければならないのは，南太平洋フォーラムの活動範囲が域内協力にも及び始め，そのなかで必ずしも協力が円滑に進んでいかなかったときに，この地域概念が南太平洋フォーラムの構成メンバーを南太平洋フォーラムにつなぎとめておく機能を果たしたことである。各国は，ときに域内協力をめぐって意見の不一致をみながらも，それまで展開してきた外交活動の積み重ねのなかから生み出された，「「共通課題」をめぐって，主権国家の集まりとして域外に向け共同で外交活動を展開する政治単位としての地域」という「南太平洋」の地域概念を重視し，南太平洋フォーラムを支持していくことを選んだのだった。

3　「太平洋諸島」地域協力の発展

(1)　域内軋轢の顕在化

　「共通課題」をめぐって域外に向け共同で外交活動を展開する一方，南太平洋フォーラムは，1970年代半ばから制度化を進めていく。1975年には事務局として南太平洋経済協力機構（South Pacific Bureau for Economic Cooperation）を設置し，1988年にはこれを南太平洋フォーラム事務局（South Pacific Forum Secretariat）に改組し，機能を強化した。さらに1990年代半ばからは経済閣僚会議や外相会議などを設け，当初の年１回の首脳会議から地域機構へと体制を整備した。また脱植民地化のさらなる進展により，構成メンバーも原加盟７ヵ国から1994年には16ヵ国に増加した。そして2000年に太平洋諸島フォーラムへと改称する頃には，オセアニア地域協力の中心とみなされる存在になっていた。

しかしその一方で，太平洋諸島フォーラムの構成メンバーの間では軋轢が顕在化していた。その背景にあったのは，冷戦の終結とグローバル化の進展という国際秩序の変化である。これを受けて，「南太平洋」はどのような新たな「地域のありかた」を目指すのか，が問題となったのである。オーストラリアとニュージーランドは，「南太平洋」を「新たな国際秩序に適応することのできる地域」に変革しようと図った。それは，大別してグッド・ガバナンス（よい統治）と貿易自由化の二つを軸として進められた。

　グッド・ガバナンスは，1989年に世界銀行の報告書のなかで唱えられて以来，発展途上国に対する経済援助の重要な指針の一つとして国際社会に普及した概念である。いわば「グローバル規範」とみなされたグッド・ガバナンスを，オーストラリアとニュージーランドは，太平洋島嶼諸国に受容させようとした。1990年代半ば以降，太平洋島嶼諸国では，歳入増を目的としたタックス・ヘイブン（租税回避地）政策の下，多数のオフショア金融センターが設立され，それらを通じたマネー・ロンダリング（資金洗浄）が国際問題となっていたことに加え，政治家や官僚らによる汚職が頻発していたからである。1997年には，グッド・ガバナンスを地域安全保障協力の一環として位置づけたアイトゥタキ宣言（Aitutaki Declaration）が南太平洋フォーラム年次会議において採択された。だが，太平洋島嶼諸国は，グッド・ガバナンスに対し，「先進国からの押しつけ」という反応を示した。

　貿易自由化をめぐっても，オーストラリア，ニュージーランド両国と太平洋島嶼諸国の立場は分かれた。太平洋島嶼諸国は，1975年にヨーロッパ経済共同体との間に締結したロメ協定（Lomé Convention）や，1980年にオーストラリア，ニュージーランド両国との間に締結した南太平洋地域貿易経済協力協定（South Pacific Regional Trade and Economic Cooperation Agreement）といった貿易優遇措置によって，経済基盤を支えられてきた。しかし貿易自由化のグローバルな進展により，貿易優遇措置の廃止や見直しが趨勢となったことから，オーストラリアとニュージーランドは，「南太平洋」を自由貿易地域（Free Trade Area: FTA）化することで対応を図ろうとした。そして2001年には，太平洋島嶼諸国間のFTAである太平洋島嶼諸国貿易協定（Pacific Island Countries Trade Agreement），およびオーストラリア，ニュージーランド両国と太平洋島

嶼諸国との間の FTA 形成を目指す太平洋経済緊密化協定（Pacific Agreement on Closer Economic Relations: PACER）がそれぞれ採択された。だが，2009年に開始された，後者を実現するための PACER Plus 交渉は紛糾した。太平洋島嶼諸国は，自らにとって不利となりうるモノの自由化を受け入れる代わりに，ヒトの自由化，すなわち太平洋島嶼諸国からオーストラリア，ニュージーランド両国への労働者の移動の自由化を PACER Plus に盛り込むよう求めた。これに対し，受け入れ人数の確約など制約を嫌ったオーストラリアとニュージーランドは，別制度での短期労働者受け入れを主張し，最終的に別制度での扱いで決着するまでに約 8 年を要し，さらにフィジーとパプアニューギニアは PACER Plus に不参加という結果になった。

(2) 太平洋諸島開発フォーラムの設立

オーストラリア，ニュージーランド両国と太平洋島嶼諸国との間の軋轢の顕在化は，両者がもはや地域概念を共有していないことを物語っていたといえる。グッド・ガバナンスと貿易自由化によって「新たな国際秩序に適応することのできる地域」の構築を目指すオーストラリアとニュージーランドは，さらに2005年には太平洋諸島フォーラムの指針としてパシフィック・プラン（Pacific Plan）の採択を主導し，地域統合の強化による地域構築の方針を明確にした。

それに対し，太平洋島嶼諸国は，「域外に向け共同で外交活動を展開する政治単位」という「地域のありかた」を望んだ。この時期，太平洋島嶼諸国にとって重大な「共通課題」となっていたのは，気候変動問題であった。地球温暖化による海面上昇によって大きな被害をこうむる太平洋島嶼諸国は，太平洋諸島フォーラムでこの問題を提起してきた。だが，石炭産出国であるオーストラリアが難色を示したため，太平洋諸島フォーラムとして積極的な外交活動を展開することができず，太平洋島嶼諸国は苛立ちをつのらせた。

こうした域内の軋轢をさらに高めることになったのは，太平洋島嶼諸国の政治的混乱であった。フィジーとソロモン諸島では，2000年に武力クーデターが発生し，太平洋諸島フォーラムは，域内紛争に介入する際の行動指針と手順を定めたビケタワ宣言（Biketawa Declaration）を採択して，紛争介入による事態

の収拾を試みた。ソロモン諸島に対しては，2003年に，オーストラリアとニュージーランドの部隊を主力に，パプアニューギニア，フィジー，トンガなどの太平洋島嶼諸国を加え編成したソロモン諸島地域支援ミッション（Regional Assistance Mission to Solomon Islands）を派遣し，紛争の収拾にあたった。

　一方，フィジーに対する介入は難航した（第10章3節参照）。2006年に再び武力クーデターが勃発したフィジーに対し，太平洋諸島フォーラムは，選挙実施による議会制民主主義への復帰を求めた。だが，フィジーが応じなかったことから，太平洋諸島フォーラムは，オーストラリアとニュージーランドが主張した，フィジーの参加資格を停止する処分を2009年に下した。これに反発したフィジーは，2010年から太平洋島嶼諸国を招いて太平洋関与（Engaging with the Pacific）会議を主催し，さらに2013年には，これを太平洋諸島開発フォーラムという新たな地域制度とし，2014年には事務局をフィジーに設置した。太平洋諸島開発フォーラムの設立は，フィジーの問題をきっかけとして，それまでの域内の軋轢が形を伴って噴出したものと捉えることができるであろう。

　太平洋島嶼10ヵ国（サモア，クック諸島，ニウエ，パプアニューギニアは不参加）とトケラウ，東チモール，および太平洋諸島NGO協会（Pacific Islands Association of Non-Government Organization），太平洋諸島民間部門機構（Pacific Islands Private Sector Organization）によって構成される太平洋諸島開発フォーラムが目標として掲げたのは，気候変動問題への対応と持続可能な開発を中心的イシューとする「緑と青の太平洋経済」の実現であった。重要なのは，太平洋諸島開発フォーラムでは，オーストラリアとニュージーランドが構成メンバーから除外されていたことである。太平洋諸島開発フォーラムが体現する「太平洋諸島」は，「「緑と青の太平洋経済」の実現を「共通課題」とする「太平洋小島発展途上諸国」（Pacific Small Island Developing States）を地理的範囲として共同行動を展開する政治単位としての地域」であり，オーストラリアとニュージーランドは，そうした「太平洋諸島」にとって「域外」と位置づけられたのである。

　このような地域概念に基づき，太平洋諸島開発フォーラムは，「緑と青の太平洋経済」の実現をめぐって様々な取り組みを展開した。なかでも注目されるのは，国連における活動である。太平洋諸島開発フォーラムは，国連気候変動

枠組条約締約国会議において太平洋小島発展途上諸国がグループとして活動する際のプラットフォームとしての役割を果たし，また2017年には国連南南協力事務所との間で覚書を交わすなど，国連における太平洋小島発展途上諸国を代表する地域制度として存在感を増していった。それは，太平洋諸島フォーラムがそれまで担ってきた，国際社会における太平洋島嶼諸国の声を代表する地域制度という役割を揺るがすことを意味していた。

4 「青い太平洋」地域協力の混迷

(1) 地域概念の再定義

　新たな地域概念に基づく地域制度として太平洋諸島開発フォーラムが登場したことによって，太平洋諸島フォーラムは，そのよって立つ地域概念の再定義を迫られることになった。2014年には，オーストラリアとニュージーランドが主導したパシフィック・プランに代えて，太平洋地域主義枠組み（Framework for Pacific Regionalism）が太平洋諸島フォーラムにおいて新たに採択され，さらに2017年には，その指針として青い太平洋アイデンティティが，2019年には，青い太平洋大陸のための2050年戦略（2050 Strategy for Blue Pacific Continent）が策定された。

　太平洋諸島フォーラムによって地域協力の新たな指針とされた「青い太平洋アイデンティティ」は，「世界有数の生物多様性と海洋および陸上資源の「管理者」としての戦略的価値」（Pacific Islands Forum Secretariat 2019）を共同行動によって追求していくことをうたっていた。それは一見すると，オーストラリアとニュージーランドがけん引した「地域統合の強化によって構築する，新たな国際秩序に適応することのできる地域」という地域概念から，「「共通課題」をめぐって，主権国家の集まりとして域外に向け共同で外交活動を展開する政治単位としての地域」という「南太平洋」の地域概念への回帰ともとれた。

　だが注意しなければならないのは，「南太平洋」では，互いに大きく異なるオーストラリア，ニュージーランド両国と太平洋島嶼諸国とが一致して核問題を「共通課題」とし，外交活動を積み重ねるなかで，「「共通課題」をめぐって，主権国家の集まりとして域外に向け共同で外交活動を展開する政治単位と

しての地域」という地域概念を共有していったことである。それに対し、「青い太平洋」で「共通課題」として想定されている気候変動問題や海洋資源管理といったイシューは、太平洋島嶼諸国にとって「共通課題」であっても、オーストラリア、ニュージーランドもともに共同で外交活動を展開できうる「共通課題」とはなっていなかった。そもそも気候変動問題や海洋資源管理を「共通課題」として共同行動を展開する地域というのであれば、前述のように、太平洋諸島開発フォーラムの体現する「太平洋諸島」の方が求心力や存在感においてまさっていた。オーストラリアとニュージーランドを「域外」として除外する「太平洋諸島」とは異なり、両国を「域内」として引き続き包含しつつ、太平洋島嶼諸国が新たにどのような「地域のありかた」を描いているのか、「青い太平洋」の地域概念では明確にされていなかったといえよう。

(2) 包含と離脱

　青い太平洋アイデンティティが地域協力の指針として策定される直接のきっかけとなったのは、太平洋諸島フォーラムから参加資格停止処分を受けたフィジーが太平洋諸島開発フォーラムを設立したことであった。そのフィジーは、2014年に総選挙を実施したことによって、太平洋諸島フォーラムへの復帰が認められたものの、オーストラリアとニュージーランドを太平洋諸島フォーラムから排除することを主張して、会議への参加を拒否し、太平洋諸島フォーラムから距離をおいた。だがその後、太平洋諸島フォーラムで地域概念の再定義が進むにつれ、次第にフィジーも太平洋諸島フォーラムへの関与を増やし、2019年には首脳会議に出席し、2021年には持ち回りの議長国の任につくことで、太平洋諸島フォーラムへの完全復帰を果たした。

　フィジーを再び加える一方、太平洋諸島フォーラムは、2016年には、フランスの海外領土であるニューカレドニアとフランス領ポリネシアを新たに構成メンバーとして迎え入れた。両地域の太平洋諸島フォーラム加盟を推し進めたのは、両地域の本国であるフランス、そしてオーストラリアとニュージーランドであった。中国の活発な海洋進出に警戒感を強めたフランスは、自国海軍を展開している両地域を太平洋諸島フォーラムに加盟させることで、太平洋における自らのプレゼンスを誇示しようと図った。太平洋における中国の台頭を警戒

するオーストラリアとニュージーランドは，一部の太平洋島嶼諸国が慎重な姿勢を示すなか，そうしたフランスの動きを支持した。

　ニューカレドニアとフランス領ポリネシアが加わった太平洋諸島フォーラムは，両地域を通して，統治国であるフランスを「域内国」として含み込むことになった。それは，太平洋諸島フォーラムが体現する地域が「水平的関係を前提とする主権国家によって構成される自律的な政治単位としての地域」ではなく，「中国へのけん制を意図した戦略的地域」であることを表していた。すなわち，オーストラリア，ニュージーランド両国がいだく地域概念は，太平洋島嶼諸国による「青い太平洋」の地域概念とは異なる意味内容をもつものだった。このことは，太平洋諸島フォーラムという一つの地域制度に，二つの異なる地域概念が存在する状況を作り出す結果となった。

　「青い太平洋」地域協力の混迷は，2021年にミクロネシア諸国が太平洋諸島フォーラムからの離脱を表明したことによって，さらに深まることになる。ナウル，キリバス，マーシャル諸島，ミクロネシア連邦，パラオからなるミクロネシア諸国は，2020年に行われた太平洋諸島フォーラム事務局長選挙で，マーシャル諸島出身者を統一候補として推した。それまでの選挙では，ポリネシア，メラネシア，ミクロネシアそれぞれのサブリージョンから回り持ちで事務局長が選出されることが慣例となっており，今回はミクロネシアからの選出と思われていた。だが投票の結果，ポリネシアからの選出となったことに不満をいだいたミクロネシア諸国は前記の行動に出たのである。2022年2月にいったん取り下げられたものの，事務局長選挙への不満を引き金としたミクロネシア諸国の太平洋諸島フォーラムからの離脱表明は，「青い太平洋」の地域概念が域内の不一致を抑え込み，構成メンバーを太平洋諸島フォーラムにつなぎとめておける機能を果たしていないという事実を突きつけるものであったということができよう。

5　変容する国際関係とオセアニア地域協力

(1)　中国の台頭と「インド太平洋」の登場

　太平洋諸島開発フォーラムの設立や，太平洋諸島フォーラムによる地域協力

立て直しの試みといった変化のなかにあるオセアニアの地域協力をさらに大き
く揺るがしているのが，オセアニアをめぐる国際関係の変容である。

　先に触れたように，国際社会において存在感を高めつつある中国は，太平洋
島嶼諸国においても，経済援助をはじめ，貿易や投資，また軍事分野での協力
などを通じて，その影響力を伸長させてきた。とくに，中国と太平洋島嶼諸国
との関係で見落とせないのは，太平洋島嶼諸国が中国と台湾の「外交競争」の
最前線の一つとなってきた点である。2019年にソロモン諸島とキリバスが台湾
と断交するまで，太平洋島嶼諸国は，台湾にとって数少ない国交国のうち約3
分の1を占める存在であった。とりわけ2000年から2008年にかけて，台湾は，
陳水扁政権の下，中国に対抗して，いわゆる「小切手外交」を繰り広げ，多額
の援助を太平洋島嶼諸国に供与して，中国から台湾への国交切り替えを働きか
けた。このとき，これに応じたのが，ナウルとキリバスだった。その後2008年
に中国との関係改善を掲げる馬英九が台湾で政権の座につき，「小切手外交」
の中止と「外交休戦」を宣言すると，太平洋島嶼諸国をめぐる中国と台湾との
「外交競争」は下火になった。だが2016年に，馬政権にかわって，中国と距離
をおく蔡英文政権が誕生したことによって，中国の太平洋島嶼諸国に対する働
きかけは再び活発化する。前述のように，ソロモン諸島とキリバスが相次いで
台湾と国交を断って中国と国交を結び，「断交ドミノ」と呼ばれる事態に発展
した。

　太平洋島嶼諸国における「断交ドミノ」は，中国の影響力が足下に及んでい
ることをアメリカや日本，オーストラリアといった国々に改めて強く認識さ
せ，切迫感をいだかせることになった。これら諸国は，たとえば2019年に日本
の外務大臣として32年ぶりにフィジーを訪問した河野太郎外務大臣が，碧い
（AOI）未来のための三つの取り組みと銘打った日本の対太平洋島嶼諸国政策
を打ち出すといったように，新たな支援策の発表や政府高官の派遣など，太平
洋島嶼諸国との関係てこ入れを加速させた。

　注目すべきは，これら諸国が太平洋島嶼諸国を「自由で開かれたインド太平
洋」の重要な一部として標榜していたことである。「自由で開かれたインド太
平洋」は，中国を念頭におきつつ，日本，アメリカ，オーストラリア，インド
の連携によって，インド洋と太平洋にまたがる領域に，自由や法の支配，民主

主義など共通の価値観に基づいた広域地域を新たに構築しようという構想で
あった。「インド太平洋」の地域構築を推進する国々がその重要な一部として
太平洋島嶼諸国を位置づけたことは，太平洋島嶼諸国が関わるオセアニアの地
域協力についても，これらの国々が「インド太平洋」という広域地域の文脈の
なかで捉えるようになったことを示していた。

　それまで「アジア太平洋」のように，「太平洋」という名称を含んだ広域地
域で太平洋島嶼諸国に注意が向けられることは，ほとんどといっていいほどな
かった。それが中国の台頭という国際関係の変化を受けて登場した「インド太
平洋」では，太平洋島嶼諸国，そしてオセアニアの地域協力に一定の位置づけ
が与えられるようになった。だが同時にそれは，太平洋島嶼諸国やオセアニア
の地域協力が「インド太平洋」という広域地域の影響からまぬがれえない状況
を生み出すことにもつながったのだった。

(2)　岐路に立つオセアニア地域協力

　域内外で変化が進みつつあるなかで，オセアニアの地域協力は，今，岐路に
直面している。最後に，オセアニアの地域協力がかかえる問題を地域概念の観
点から考察することによって，今後を展望するうえでの手がかりとしたい。

　第一の問題として挙げられるのは，長年，オセアニア地域協力の中心的存在
だった太平洋諸島フォーラムの求心力の低下である。その根本にあるのは，す
でに指摘したように，目指すべき「地域のありかた」としての地域概念が太平
洋諸島フォーラムの構成メンバー間で共有されていないことである。太平洋諸
島フォーラムには，現在，「気候変動問題や海洋資源管理を「共通課題」とし
て共同行動を展開する地域」という「青い太平洋」と，「中国へのけん制を意
図した戦略的地域」という二つの相異なる地域概念が存在している。2022年5
月にオーストラリアで気候変動問題重視を掲げるアルバニージー政権が誕生し
たことで，地域概念をめぐるオーストラリアと太平洋島嶼諸国との軋轢には改
善が期待される一方，同年7月に，太平洋諸島フォーラムからの離脱をいった
んは取り下げたミクロネシア諸国のなかからキリバスが離脱を表明したこと
は，太平洋諸島フォーラムの地域概念が構成メンバーにとって意義を失いつつ
ある現状を改めて示すものとなった。構成メンバーによる地域概念の共有の欠

如がもたらす太平洋諸島フォーラムの求心力の低下は，地域制度としての空洞化を招き，「地域」を単なる「空間」へと転化させることになりかねない。それは，オセアニアの地域的安定にとって，マイナスの作用を及ぼすことになるであろう。

　第一の問題とも関連する第二の問題は，オセアニア地域協力の中国，および「インド太平洋」との距離の取り方である。太平洋島嶼諸国は，中国と「インド太平洋」諸国が互いに競いあう状況が双方から経済支援を引き出すうえで好ましいと歓迎しつつも，両者の対立に巻き込まれ，「草刈り場」となることに警戒感を示してきた。だが，2022年4月に中国はソロモン諸島と安全保障協定を結び，さらに同年5月には国交のある太平洋島嶼10ヵ国と地域的な安全保障協定の締結を図ろうとするなど，太平洋島嶼諸国に対し，いちだんと踏み込んだ影響力強化に乗り出した。かたや，「インド太平洋」は，日本，アメリカ，オーストラリア，インドによる枠組みとしてクアッド（Quad）の創設と首脳会議の定例化という制度化とともに，太平洋島嶼諸国が重視する気候変動問題についてもクアッドの協力分野の対象として加えるなど，「対中抑止の安全保障を前面に出した地域」から，対中抑止を念頭におきつつも，太平洋島嶼諸国などの間にも支持を広げやすい「より包括的な内容の地域」へと変化してきている。また2022年5月には，「インド太平洋」の新たな経済枠組みとしてインド太平洋経済枠組み（Indo-Pacific Economic Framework: IPEF）を立ち上げ，太平洋島嶼諸国から初の参加国としてフィジーを迎え入れた。このように太平洋島嶼諸国への関与をいっそう強める中国，および「インド太平洋」との距離の取りかたがますます難しくなってきている状況のなかで，「青い太平洋」や「太平洋諸島」は，それにどう対応していくのだろうか。オセアニア地域協力それぞれが目指すべき「地域のありかた」をそこからいかに構想していくか，が重要な課題になるといえよう。

参考文献

Pacific Islands Forum Secretariat 2019. *Opening Remarks to the Center for Strategic & International Studies US-Pacific Dialogue "Strengthening the US-Pacific Islands Partnership" by Deputy Secretary General, Cristelle Pratt.* https://www.forumsec.

org/2019/03/06/opening-remarks-to-the-center-for-strategic-international-studies-us-pacific-dialogue-strengthening-the-us-pacific-islands-partnership-by-deputy-secretay-general-cristelle-pratt/（2021年11月24日閲覧）

●読書案内●

『オセアニア史』山本真鳥編，山川出版社，2000年
情報が若干古くなっているところもあるが，地域協力を考えるうえで欠かせない，先史時代から2000年までのオセアニアの歴史的流れを俯瞰することのできる一冊。2000年までという留保がつくが，付属の年表や参考文献リストも参考になる。

『南太平洋を知るための58章——メラネシア　ポリネシア』
吉岡政徳・石森大知編，明石書店，2010年
オセアニアのうち，メラネシアとポリネシアの二つのサブリージョンをあわせて南太平洋として捉え，その全体と個別の国家・地域について，地域協力も含めて幅広い観点から紹介している。写真も多く読みやすい。

『〈紛争〉の比較民族誌——グローバル化におけるオセアニアの暴力・民族対立・政治的混乱』丹羽典生編，春風社，2016年
暴力，民族対立，政治的混乱など，オセアニアを揺るがしている様々な「紛争」を事例研究によって考察した論集。オセアニアの「紛争」が地域協力に与えた影響を理解することができる。

【コラム⑮】

非核運動
マーシャル諸島の被ばく者からみた運動

中原聖乃

　核兵器がもたらす将来的な影響を懸念しその廃絶を求める運動を「反核運動」という。ここでは，マーシャル諸島の核実験被害地ロンゲラップ環礁の人々を出発点としてマーシャル諸島を例に，「非核運動」と呼ばれることが多い太平洋の運動との関係についてみてみよう。

　米国は，国連信託統治領下にあったマーシャル諸島で，1946年から58年まで核実験を行った。全67回に及ぶ核実験の総威力は広島型原爆の6000発以上ともいわれ，なかでも1954年3月にビキニ環礁で実施されたブラボー水爆実験は1000発分の威力だった（第2章3節参照）。

　この水爆実験が行われたビキニ環礁に最も近いロンゲラップ環礁に住んでいた妊婦4人を含む住民82人は，直後に急性放射線障害を発症し，以降独立まで，米国原子力委員会（後にエネルギー省）の監視下におかれた。マーシャル諸島の有力者らは，水爆実験が行われた翌月の4月には，核実験停止を求める請願を国連信託統治理事会に提出したが，ロンゲラップの被ばく者も米国を相手取り信託統治領裁判所に訴訟を起こした。米国は，被ばく者ら数人に米国本土での検診を受けさせていたが，その年の検診に選ばれた2人のロンゲラップの被ばく者が米国本土へ行く途中，ハワイで米国人弁護士に米国を訴える訴訟の弁護を依頼した。彼らは，原子力委員会の職員とその他の被ばく者が観光している隙をついて，出発前に連絡先を入手していた弁護士を滞在中のホテルに呼んだのだった。その訴訟は却下されたものの，米国への初の訴訟となった。

　1958年には，核実験に抗議するため一隻の帆船がハワイからマーシャル諸島への航海を予定していた。米国に阻止されたが，船での核実験抗議という活動スタイルは世界に伝播していった。こうした活動を支えたのは，非暴力平和主義者のA・J・マステや米国やハワイ在住の弁護士であった。1959年に州となったハワイ州の議員は，米国の教育支援制度をミクロネシアに適用するよう米国政府に働きかけ，またミクロネシア人留学生は米国の核実験への批判を行った。1975年になると米国人らがミクロネシア支援委員会を設立した。この

第15章　地域協力　　301

委員会の活動に関わったハワイ在住マーシャル人女性ダーリン・ケジュは，米国の被ばく退役軍人や先住民被ばく者，科学者などと連携し，世界各地でマーシャル諸島の被害を訴えた。科学者の一人はのちにロンゲラップ環礁の放射能調査を実施した。

　こうしたハワイの動きは日本とマーシャル諸島をもつないだ。ハワイのミクロネシア人留学生組織である「ミクロネシア独立連盟」は，1971年，原水爆禁止日本国民会議（以下，原水禁）の依頼を受け，マーシャル人ミクロネシア議会議員を紹介した。同年原水禁は，日本を訪れたこの議員の要望に応え，マーシャル諸島へ調査団を派遣した。調査団の活動は，米国の妨害により，都市部の被ばく者数人に聞き取りを行うにとどまったが，この原水禁とマーシャル諸島との連携は今日まで続き，マーシャル諸島の人々は毎年，広島・長崎・焼津に招かれている。

　他方，太平洋地域ではフランスの核実験や先進国の放射性廃棄物の海洋投棄計画に対応するべく，1975年から非核・独立太平洋会議が数年に一度開催されるようになり，マーシャル諸島の人々も参加した。しかし，核廃棄物の海洋投棄に関しては意見が合わなかった。とりわけ1987年にマーシャル諸島が提案した，同地における先進国の放射性廃棄物貯蔵施設の建設計画は，太平洋の周辺諸国・地域からの猛反発を招き，実現しなかった。

　マーシャル諸島の被ばく者らの運動は，実際の核被害への対応を米国に迫る補償要求であり，そのために米国本土，ハワイ，日本などの弁護士，科学者，活動家，研究者や様々な組織と連携してきた。21世紀に入り，対外的には，核保有国を相手取り国際司法裁判所に提訴し，国内的には核被害の経験を次世代につなぐ「核の継承プロジェクト」が始まっている。マーシャル諸島の被ばく者らの運動は，補償要求から，世界の非核を目指す新たなステージへと飛躍しつつある。

第16章

オセアニアと日本

海でつながる私たち

小林　泉

第8回太平洋・島サミット（2018年，福島県いわき市にて，内閣広報室提供，外務省 HP より）

オセアニアはその地理的環境と歴史的経緯が織りなしたダイナミックな展開のなかで様々な社会や文化を築き上げてきた。グローバル化が進む今日においては，日本の東側に広がる太平洋の中心地域なのである。日本との関わりも海続きゆえに自ずと大きかったが，実際の歴史的関係性と日本人の認識との間には大きなズレがある。本章では，日本とオセアニアの関係史を数代に遡ってみていきたい。

1 島嶼世界としてのオセアニア

　現代日本人にとって「オセアニア」といえば，カンガルーやコアラの国オーストラリアか，もう少し思いをめぐらせて羊やラグビーのオールブラックスで知られるニュージーランドあたりをイメージするのが大方だろう。だが，オーストラリア大陸の北・東側の海に目をこらせば，地図上ではにわかに確認できないほど小さなものを含めて，数千の島々が散在しているのが分かる。オセアニアの語源はオーシャン，すなわち海だから，こうした海洋島嶼部を含めた太平洋地域を「オセアニア」と呼ぶ。とはいえ，この地域名称から，海洋に散在する島々を思い浮かべる日本人は，さほど多くはないようだ。

　オセアニア島嶼部については，19世紀のフランス人冒険家で地理学者のデュモン・デュルヴィルが主として人類学的観点から，日付変更線より右側をポリネシア，左側で赤道より上をミクロネシア，下をメラネシアと三つの「ネシア」に分類・命名した。いうまでもなくヒトは，日常の生活圏はさほど広くはないものの，ときとして遠くまで移動したり近隣と交流したりするので，文化的あるいは民族的な違いがあっても，境界線を厳密に引くことはできない。それでも，オセアニア島嶼の社会・文化を大まかに理解しようとするとき，21世紀の今でもこの地域分類は充分に有効である。小さな陸地とはいえ，ヒトの営みが続くところには文化が生じ，これが数千年の時を経て，ポリネシア，メラネシア，ミクロネシアという三つの文化圏を形成していったのだ。

　このように，独自文化を有する島々にイギリスからの移民が築いた英連邦国家を加えたのがオセアニアの全貌だが，ならばオーストラリアやニュージーランドを除いた三つのネシアのなかにこそ，本来的なオセアニアがあるといえるのではないか。ネシアの存在があるがゆえに太平洋は，単なる海洋空間でしかない大西洋と大きく違うのである。

　そこで本章は，島々と日本との関係に焦点をあてて記述する。また，オセアニア島嶼と同じ意味で，太平洋島嶼という地域名称も多用した。そこにある島々や人々，国家，文化など，対日関係を述べるには，地理学用語としての「オセアニア」より「太平洋島嶼」の方が相応しい場合があるからである。

2　島々への移民と南進思想

⑴　交流先史時代

　日本と太平洋島嶼地域との交流は，いつ頃から始まったのか。日本人が南の島々に渡ったという話は，伝説や史実も含めて江戸時代から幾つもあったが，その数は幕末期になるほど増えてくる。

　なかでも有名なのはジョン万次郎だ。1841年，冬の暴風雨にあって，四国の土佐沖から漂流し，米捕鯨船に救出されてハワイに渡った。さらにそのあとには，現在のキリバスやサモア，グアム等々，ミクロネシアやポリネシアの島々を自らの意思で訪れてもいる。よって万次郎は，複数の南の島を意識的に渡航した最初の日本人だったといえそうだ。彼の生涯については，書籍化された伝記や小説が幾つも世に出ている。

　そのほかにも，人知れず島々に関わった日本人たちは，複数いたはずである。しかし，伝わる話のほとんどは，清国（現在の中国）やシャム（現在のタイ）への行き来や漁撈の途中の遭難，漂流の結果であって，意識的に島に渡ったという話は聞いたことがないので，万次郎以前の日本と島々の交流について，ここでは「先史時代」としておこう。実際の交流があったとしても物的証拠や文書記述が残されていなければ，歴史にはならないからだ。古い書物を読んでいると，日本人初と思って島に渡ったらすでに邦人が住んでいたとか，その痕跡があったという記述も少なくない。これが，様々な伝説や物語を生み出す原因になるのだろう。そんな事例の一つが，クサイ島（現ミクロネシア連邦コスラエ州）に残っていた。

　1884年（明治17年），海軍兵学校の卒業生を乗せた軍艦龍驤が遠洋航海の途中に寄港したクサイ島には，2人の日本人男性が居住していた。日本人との混血と思われる地元民も多数見かけたという。また，面会した島の長は，「自分は日本人の子孫で，11代目の王である」と名乗った。さらに，この島に20余年滞在していたアメリカ人は「その昔，九州から来た日本人がこの島を征服し，島名をキュウシュウ（kushiu）と名づけたが，これが現地語訛りで kusaie に変化した」とクサイ島の名称由来を説明したそうである。

この島には，さらに興味深い伝説も残っていた。それは，島の王家が支倉常長^{はせくらつね}の子孫だという説である。支倉とは，1613年に伊達政宗の命により500トンの洋船に乗り，通商貿易を開こうと渡欧した仙台藩士で，同年10月に宮城県月の浦港から，太平洋を横断してスペインに渡った。出港から7年後の1620年に帰国したが，帰国時の徳川幕府はキリスト教を禁じており，スペインで洗礼を受けてきた支倉には居心地の悪い世の中だったようだ。そのためか，帰国後の動向はあまり知られていないのだが，この支倉一行が太平洋横断の行きか帰りか，あるいはその両方とも，水の豊富なクサイ島に立ち寄って一定期間逗留し，子孫を残したというのである。

　現在この島には，かつての国王家系を引き継ぐという「シグラー」姓の一族がいる。支倉は支倉とも読めるから，おそらくシクラがシグラーに訛ったのであり，シグラー一族こそ，支倉の血を引く人たちだというのだ。私は，この話を史実として受け止めるだけの文献・資料を見たことがないので，にわかには信じられない。しかし，支倉一行が太平洋横断経由でスペインに渡ったこと，上陸したスペインの港町コリア・デル・リオに，支倉上陸を記念する侍姿の銅像が建っていること，町の周辺には，現在支倉一行の末裔だと自称する600人ほどの「Japon」姓のスペイン人が住んでいること，等々の史実を知ると，支倉一行のクサイ島寄港話があっても，不思議ではないような気がしてくる。

　とはいえ，先人たちの伝説的な南の島渡航は，いずれも偶然か事故による遭難・漂流の結果として起こった出来事だった。こうした先史時代を経て，日本人の南進が意識的に始まるのは，明治維新の混乱がおさまり，日本が落ち着きを取り戻してからのことである。

(2)　移民の奨励と南進思想

　明治維新を果たした日本だったが，時の政府は欧米列強に伍して国際社会を生き抜くには，生産量をはるかに超える過剰人口が最大の弱点になると考えていた。そのため，余剰人口の海外移民や移住が重要な課題となった。明治初期の人口は3300万人，これが将来の経済発展を阻害するとの見解だったのである。翻って，現在の日本事情と比較してみよう。人口は1億2700万人だが，少子化による人口減少によって経済規模の縮小，開発・発展の停滞・低迷など，

悲観的な未来予想ばかりが喧伝されている。私は，経済規模よりも質の変化を重視して議論すべきではないかと思う。

　ともあれ明治政府は，人口圧力を解消するために海外への移住，移民政策を掲げ，一般国民に対して海外移民を奨励した。この政策により，実際に移民した場所や移民人数でみると，ブラジルを中心とするラテンアメリカが大半を占めるのだが，当初の移住先として候補に挙がっていたのは，海続きの太平洋の島々が主だったのである。明治元年（1868年），民主導だったが153人がハワイへ，42人がグアムへ移住した。明治18年（1885年）には，日本とハワイ王国との条約に基づく官約移民も始まり，9年間で計26回，約2万9000人がハワイに渡った。そのほか，フィジーやニューカレドニアにも日本人移民を送り出している。現在のハワイ州では，人口150万人の約15％が日系人だとされるが，彼らの大半は明治期に渡航した日本人移民の子孫なのである。

　ハワイはともかく，当時の日本には，それほど知られていなかったはずのフィジーやニューカレドニアが移住先となった理由は，フランスやイギリスなどの植民地政府が，ニッケル鉱山開発やサトウキビ，コーヒーなどのプランテーション経営のための労働力を海続きの日本に求めてきたからだ。植民地政府は，当然のことながら島内開発に地元住民を使ったが，その試みはすぐに挫折した。当時，非貨幣の生存経済のなかで暮らしていた地元民にとって，時間を区切られ決められた給料で働く西欧社会の労働方式はあまりにも過酷で，耐えられなかったからだという。とはいえ，日本人にとっても南の島での労働条件は過酷だったようで，初期移住者の悲惨な生活環境が綴られた資料が少なからず残っている。そしてニューカレドニアやとりわけフィジーへの移民事業は，長続きせずに終了してしまった。現在，フィジー人口90万人の4割近くを占めるインド系の人々は，日本からの移民が失敗した後に，イギリス政府により労働移入されたインド人の子孫たちである。

　明治政府のなかで移民政策を最も熱心に唱え実行に移した人物は，榎本武揚だった。榎本は，ニューギニアやボルネオを買収して，その開拓に邦人を送り込むべきだと随所で発言しており，明治24年（1891年）に外務大臣に就任するや，オセアニアの島々やニューギニア，マレー半島に専門家を派遣してその実現性を調査した。実際に日本政府による海外領地の買収は実現しなかった。し

かし，欧米諸国に遅れをとらないために，南に土地や資源を求めて進出すべき
だとの考え，いわゆる南進思想の台頭が，その後の政府政策を支えていったの
である。

　この「南進論」を唱えた代表格として真っ先に名が挙がる人物といえば，著
述家，地理学者，そして後に衆議院議員にもなった志賀重昂だろう。志賀は明
治19年（1886年），海軍練習艦「筑波」に便乗して10ヵ月間にわたりカロリン
諸島，フィジー，サモア，ハワイ等々をめぐり，翌年『南洋時事』を出版し
た。丸善が出版した四六判200頁ほどの書籍だが，当時存在した朝野新聞に
は，「南洋という未知なる場所の紹介にとどまらず，時に詩文であり，経済論
であり，歴史であり，はたまた小説にも通じる秀作である」と絶賛する書評が
載っている。

　さらにその後も，陸続と南進の重要性を説く言論や南洋紀行の書籍が登場す
ることになる。南洋重視の傾向は，言論界や思想界にとどまることなく，実際
に南洋物資や商権を求めて南海に船を向ける冒険家や商人たちも後を断たな
かった。こうしてオセアニアの島々は，未知ではあっても可能性と魅力に溢れ
た場所となり，日本人に馴染み深い地域になっていったのである。明治期に
興った官民による南進思想は，このまま大正期にも引き継がれていった。それ
ゆえ海軍によるミクロネシアの占領は，この流れの延長線上で実行された国策
行為だといえるだろう。

3　植民地時代と太平洋戦争

(1)　日本の植民地統治

　1914年（大正3年），第一次世界大戦の勃発に乗じて，日本海軍はドイツ領
ミクロネシアを無血占領した。日本にしてみれば濡れ手に粟のように，労せず
してドイツの財産をそのまま手中に収めたことになる（第7章2節参照）。

　ドイツ領ミクロネシアとは，当時イギリス支配下にあったギルバート諸島
（現在のキリバス共和国西部）とナウル島（ナウル共和国），そしてアメリカ領だっ
たマリアナ諸島のグアム島を除いたマリアナ，カロリン，マーシャルの三諸島
を指しており，日本はこの範囲を他のミクロネシアの島々と区別して「南洋群

島」と呼んだ。

大戦後の1920年に設立された国際連盟は，この南洋群島を委任統治領に指定して日本の統治を承認した。これを受けた日本は急ピッチで民政化への準備を進め，1922年には群島防備隊条例を廃止して軍隊を撤去させ，パラオのコロールに南洋庁を設置した。さらにその下部組織として，パラオ，ヤップ，トラック（現チューク），サイパン，ポナペ（現ポンペイ），ヤルート（マーシャル諸島）の6管区体制を整え，それぞれに支庁をおいた。そして島々の産業開発，本国からの移民奨励，さらには地元民に対しては公学校を設立して日本人化教育を本格化していくのである。

日本が大望して手に入れた南洋群島の統治は，敗戦で撤退するまで約30年間にわたり続いた。そのうち，太平洋戦争に突入した最後の数年間は，進出した日本人とそれに巻き込まれた地元民にとって，きわめて不幸な時期だったといえるだろう。しかし，それに至るまでの期間は，地元民の反発や抵抗もほとんどなく順調に推移していった。それは，国際連盟からの委任条件であった住民福祉の向上や治安の維持に努め，軍事施設を建設したり住民に軍事訓練などを課したりしなかったからだとの指摘もある。もちろんそれは，あくまで植民地経営を実施した日本の側に立った見方であることはいうまでもない。

では，日本の南洋群島統治の特徴は，何であったか。どちらかといえば，イギリス式の拠点統治ではなく南洋群島自体を日本化させていくという，フランス的な同化政策だった。国際連盟から「日本領土の構成部分として，国法の下に施政を行う」ように条件づけられていたのだから，日本化の推進は当然の成り行きだったともいえる。

政府はまず，明治時代からの念願であった移民を奨励し，同時に産業開発に力を注いで，南方資源の確保に努めた。サイパンを中心にしたマリアナ諸島ではサトウキビ栽培と製糖業が発展，パラオでは漁業や鰹節産業に加えて，燐鉱石やボーキサイトの採掘も行われた。さらにトラックやポナペではコプラや漁業の生産が上がり，南洋群島政府の財政は昭和7年（1932年）には完全黒字化し，本国からの補助金は必要なくなった。

日本から南洋群島に移住する日本人の数も，年を追うごとに増加していった。南洋群島全体でみると，昭和9年（1934年）当時の域内人口は地元民5万

174人に対し日本人3万5328人だったのが，昭和17年（1942年）には地元民5万1089人に対して日本人は地元民をも凌駕する9万72人にまで膨れ上がっている。この数字からだと，日本人のなかにミクロネシア人が混じっているという構図になるが，実際には群島6管区ごとに大きなばらつきがあった。南洋群島の玄関口として栄えたサイパン島の中心街は，映画館，レストラン，花街，床屋・パーマ屋，旅館等々が切れ目なく続き，日本の地方都市と何ら変わらぬ賑わいをみせていたという。この島の日本人率は91％。次いで日本化が進んでいたのは，南洋庁がおかれたパラオで，「突然のスコールに遭っても，濡れずに街の端まで通り抜けられました」と当時の街並みを説明してくれた人がいた。ここは日本人率78％で，この二島は日本の街そのものだったようである。その他の島の日本人率は，ポナペ46％，ヤップ26％，トラック22％，ヤルート6％と，いずれも50％を切っているので，サイパンやパラオとは大分異なる様相だったのだろう。とはいえ南洋群島は，もはや外地ではあっても外国の島ではなくなって，本土の日本人にも島々の名前が知れ渡るようになっていた。

　日本の南洋群島統治では，「土着民の伝統に基づく彼らの社会システムや風俗習慣をできる限り守りながら統治する」という海軍占領当時からの国家方針が，民政に移管された以後も引き継がれていった。これは，未開植民地を搾取対象としかみなかったイギリスやスペインの統治とは大いに異なるところである。今も日本時代を好意的に懐かしむ人々がミクロネシアに少なくない理由は，ここにあると私はみている。

　しかし，こうした寛容で優しい日本の施政も，国際連盟の脱会を機に徐々に変化し，日中戦争が勃発した翌年の1938年に国家総動員法が発動されて以降は，それまでとは一変して地元民に厳しい時代となった。その時点で政府は，日米が衝突するとすれば主力戦艦による海上決戦になると考えていたため，南洋群島に送り込まれた陸上守備兵力は数千人に過ぎなかったし，島々の軍事要塞化も進められなかった。しかし，太平洋を舞台にした日米戦に突入する日は，すぐ間近に迫っていたのである。

(2) 南洋，南太平洋，そして太平洋島嶼地域

　ところで，現在はほとんど使われなくなった言葉「南洋」について触れてお

きたい。これは文字通り、日本からみた南の海を意味するが、具体的には海そのものよりも東南アジアの島嶼部や太平洋島嶼地域をイメージしており、南洋諸島の簡略用法だった。日本海軍が、スペインやドイツ領となったミクロネシアを「南洋群島」と呼ぶようになって、地域を明確化するために東南アジア島嶼部とニューギニア、ソロモン諸島あたりを表南洋、ミクロネシアを裏南洋と区別するようになったのである。ところが、裏と表では感じが悪かろうというので、外南洋と内南洋にいいかえた。それに従えば、南洋群島は内南洋だ。

　そもそも「南洋」という言葉には、どことなく夢を感じる響きがある。現代では「南太平洋／サウスパシフィック」だが、ここからも単に地域を示す以上のロマンや楽園イメージが湧く言葉のように思える。欧米人にとって「サウスパシフィック」は、今でも憧れの地なのである。だからこの地域には、南太平洋フォーラム、南太平洋委員会、南太平洋大学……等々、「南太平洋」を冠する組織が次々に設立されていった。

　ところが1990年代に入ると、太平洋の島々を「南太平洋」という総称で呼ぶのは止めようという空気が急速に島嶼諸国間で広まっていった。その理由は、第一に欧米人が勝手に楽園イメージを抱くことへの反発、第二には旧南洋群島だったミクロネシアから独立したマーシャル諸島、ミクロネシア連邦、パラオの３ヵ国が、地域国際社会の一員として参入してきたからだ。彼らは「我が国は、北半球の中部、もしくは西部に位置しており、南太平洋国家ではない」と主張を繰り返すようになったのである。よって今では、この地域の国々を総称するときは、「南太平洋諸国」ではなく、「太平洋島嶼諸国」と呼ぶのが一般的になっている。この流れに沿って、「南太平洋フォーラム」は「太平洋諸島フォーラム」に、「南太平洋委員会」は「太平洋共同体」に名称を変更した。

　それでも日本の観光パンフレットなどには、「南太平洋のパラオ」とか「南洋の楽園ミクロネシアの島々」などと紹介されているのをよく見かける。国際機関を実体に沿った名称に変更するのはよいし、学問議論上で使用する言葉は正確であるべきだと思う。しかし、一般会話のなかでは、ことさら地理学的厳密さをもって「南太平洋ではない」などと正す必要もない気がする。なにしろ、いずれの島嶼諸国も、日本よりはずっと南にあるのだから。

⑶　太平洋戦争とオセアニアの島々

　1941年12月8日，日本軍によるハワイ・真珠湾攻撃により始まったのが太平洋戦争である。軍が立てた作戦は，真珠湾を奇襲した後にまずマレー半島のイギリス領を叩き，続いてオランダ領インドネシア，アメリカ領フィリピン，そしてマリアナ諸島の一部を構成するアメリカ領グアムを落とすというもので，これを南方方面作戦といった。

　破竹の勢いで進軍する日本は，これら地域を次々に掌握。こうして東南アジアを橋頭堡として確保すると，今度は，オセアニアの島々へと戦線を拡大する。日米戦となれば，両国を隔てる大きな海洋に散在している島々や海峡が決戦場になるのは必至だったからだ。実際に作戦を展開した場所は，ミクロネシアとメラネシアだったが，軍は東部ニューギニア，ビスマルク諸島（ニューギニア島嶼部），ソロモン諸島，そして中部太平洋の4地域に分けて認識していた。この中部太平洋とは，南洋群島の範囲を超えてミクロネシアからポリネシアのほぼ全島嶼で，まずミクロネシアを掌握したうえで，さらに，海軍軍司令部はニューカレドニア，フィジー，サモア方面進出作戦をつくって，島伝いにアメリカに接近すべく考えていたのである。

　ところが戦争開始から半年後の1942年6月5日，日本はミッドウェイ海戦で大敗。海軍は，北西ハワイ諸島にあるわずか6km²ほどの環礁ミッドウェイ島の攻略のために進軍したが，米海軍に阻まれ，空母4隻，艦載機290機のすべてを喪失するという屈辱的な大敗を喫してしまった。これにより日本軍は，新たな戦線拡大作戦を中止し，既存陣営の守備に力点をおくことになったが，この海戦を契機に戦況は徐々に逆転し始め，1943年になると次々とオセアニアの島々での悲惨な死闘の報告が知らされるようになる。「ガダルカナルの死闘」「マキン・タラワで全滅」「ペリリューの玉砕」「サイパン陥落」……という具合に，島の名とともに，悲惨な戦況が日本本土に知らされたのである。

　私がこの項で戦況について記述したのは，太平洋戦争への理解を深めるのが目的ではない。不幸な出来事ではあったが，この戦争によって多くの日本人がオセアニアの島々の名を否が応でも知ることになった経緯を説明するためである。

これらオセアニアの島々に投入された日本の兵力は約60万人。そのうちの戦死者数を挙げると，中部太平洋24万7000人，東部ニューギニア12万7800人，ソロモン・ビスマルク諸島11万8700人。生き残って日本に帰還できたのが10万3462人だったので，じつに8割以上の日本人が戦死したことになる。

　明治から大正にかけての南進論時代には，ポリネシアやメラネシアにある島の名前が馴染み深いものになり，南洋群島を統治し始めてからは，ミクロネシアの島々が身近な存在となった。そしてこの太平洋戦争では，直接関わった将兵60万人超，さらに，軍属や戦没者遺族らも加えると，100万人をはるかに超える日本人が，オセアニアの島々との深い因縁を有したことになる。

　このようにみると，明治から太平洋戦争の敗戦まで，日本とオセアニアの島々との歴史的関係が，ことのほか大きかったことが理解されるだろう。

　とりわけ太平洋戦争がもたらしたオセアニアの島々と日本および日本人との関係は，戦後の日本社会にも特殊な形で引き継がれた。終戦の混乱が落ち着き始めた1950年代の後半になると，日本各地に数千，あるいはそれ以上の数の「戦友会」や，外地に設置されていた会社や機関に勤めていた人たちの「同窓会」組織が出現してくるからだ。オセアニアに関するものを例に挙げれば，「全国ソロモン会」「南洋第二支隊戦友会（ポナペ島）」「三・五会戦友会（クサイ島）」「全国メレヨン会」……，同窓会では「南洋群島協会」「南興会（南洋興発株式会社社員会）」「南拓会（南洋拓殖株式会社社員会）」……と切りがない。こうした人たちは，戦没者慰霊を続けたり，オセアニアの島々での思い出を語り合ったりと，彼らの世界でのオセアニア関係を継続させていた。

　さらに，1960年代になると戦記や戦争体験記が続々と出版されることになるが，そうした書物のなかでも頻繁に登場するのがオセアニアの島々の名前だった。戦後生まれの私も，これらの書物によってたくさんの島々を知った。しかし，太平洋諸島研究を始めてから知った島々と，戦記物で馴染んでいた島々の名前が瞬時に結びつかないことがしばしばあった。それは，かつてのオセアニアに関する知識や体験が，現代の日本人のオセアニアに関する理解や知識と，ほとんど結びついていないからなのだろう。

　やがて2000年代に入ると，全国の戦友会や組織の同窓会は運営者の高齢化のために徐々に姿を消していき，今日まで残っている会はほんの一握りとなっ

た。組織の性質上，その継続期間に限度があるのは仕方がないのだろう。しかし，貴重な経験や当時の知識がただ消え去ってしまうのはもったいないし，そればかりか次の世代といえども知っておかねばならない過去もある。歴史を学ぶことの重要さは，こんなところにもあるのではないか。

　1990年，ペルーにアルベルト・フジモリ大統領が誕生したとき，日本のマスメディアはこぞって「日系人初の大統領」と報じた。これをみたミクロネシア連邦のマサオ・ナカヤマ駐日大使がポツリと寂しそうに私に言った言葉が忘れられない。「私の国には6年も前に日系大統領が出ているのに，私たちの国は小さいので，日本人は忘れてしまっているのでしょうかね」と。

(4)　ミクロネシアの日系人

　南洋群島は，日本の敗戦でアメリカが占領し，そのままアメリカ政権下の国連信託統治領となり，数十年を経て，アメリカ領北マリアナ諸島，ミクロネシア連邦，マーシャル諸島共和国，パラオ共和国の四つに分かれて信託統治を終了させた。そして，旧南洋群島にできた三つの独立国からは，これまで何人もの日系二世，三世の大統領が誕生している。歴代の駐日大使もまた，半数以上が日系人である。これは，島々がかつて日本領であったことの何よりの証しだといっていい。

　南洋群島時代，日本からの移住者数が最大となった昭和17年（1942年）前後は，地元民の倍近くまで日本人が膨張したと既述した。そして彼らのうち，役所や国策系企業に勤めていた人の多くは家族ぐるみの移住だったが，農林水産業など一次産業で働いていた人々の大半は，単身男子だった。そのため，地元民女性と結婚した者が少なくなく，その結果，島々にはたくさんの日本人二世が誕生していった。その二世，三世たちのなかから大統領や大使が生まれているのである。

　戦火が激しくなった昭和19年（1944年）以降，軍関係者以外の日本人たちの本国引き揚げが始まったが，日本人二世らのほとんどは父親に同行せずに島々に留まった。それは，戦火で疲弊した祖国に子どもたちを連れて帰るよりも，島に残って母方の村で過ごす方がはるかに安全で豊かに育てられると考えられたからだ。島々の伝統からすれば，子どもたちは母方の家で育てるという母系

制社会だったから，そうした選択が容易だったのである。もちろん引き揚げ命令に従わず，ミクロネシアに骨を埋めるつもりの父親たちも少なくなかった。しかし日本の敗戦で，すべての日本人は強制退去させられた。これにより，母親とともに島に残された二世たちは，日本人ではなく，日系人になってしまったのである。ナカヤマ駐日大使が見せた表情は，こうした過去の記憶を失念してしまった日本民族に対する寂しさだったように，私は思えてならない。

　日本人の血を引くミクロネシアの人々は，今や二世も少なくなって四世，五世が出現する時代になった。彼ら日系人数は，島ごとにばらつきはあるものの，旧南洋群島全域でみると域内人口約20万人のじつに２割超を占めている。日系人の実数ではハワイや南米諸国には及ばないが，人口比では最も日系人率の高い地域だ。ミクロネシアと交流しようとする日本人であれば，こうした実情はぜひとも知っておくべきだろう。

4　オセアニアと日本

(1)　海でつながる私たち

　明治から大正にかけて，海外に目を向け始めた日本人は，太平洋の向こうに広がるオセアニアの島々を次々に視界に入れた。海の隣人であれば，それは自然の流れだったかもしれない。そして大正から昭和，島々の一部を自国領土化すると，オセアニアに広がる島世界は，日本人にとって夢とロマンと可能性を掻き立てる地域となった。だが，そんな地域がやがて太平洋戦争の戦場となり，島々は悲劇と悲惨，苦しみの記憶とともに日本人の心に刻み込まれることになってしまった。

　そして終戦，日本は一気に内向きの社会に突入する。疲弊した人心，国土，経済を立て直すのに必死であったし，忌まわしい過去を思い出したくもなかったからだ。戦争や移住で直接的に島々に関わった人たちは，自分たちだけの特殊な経験や思い出として，その記憶を封印した。こうして戦後の日本人は，意識的にせよ無意識的にせよ，オセアニアの島々を忘れてしまうのである。一方，オセアニアの島々には，その間に大きな変化が起きつつあった。英連邦とアメリカの海であったオセアニアに，最初の独立国西サモア（1962年）が誕生

し，そのあとも次々に島嶼独立国ができていったからだ。

　島々を忘れた日本人が，再びオセアニアの島々に目を向けるきっかけになったのが1964年。渡航自由化となり，一般人も海外旅行ができるようになると，真っ先に人気が出たのがハワイ，そして1970年代にはグアムやタヒチ，ニューカレドニアなど，オセアニアの島々が続いた。こうした観光ブームに乗って，日本人のオセアニアへの関心が少しずつ高まっていった。しかしこれがオセアニア理解とは結びつかず，かえって島々に対する誤解を広げる結果にもなっていく。

　その誤解の典型は，太平洋島嶼国といえば「楽園」「観光地」というもの。日本人に楽園イメージを植えつけたハワイ，グアム，タヒチ，ニューカレドニアといったリゾート地は，いずれもアメリカ領かフランス領で，独立国は一つもない。独立まもない島国は，航空路線も含めてインフラ部門が整っておらず，観光開発にまで手が回らない国がほとんどだった。21世紀に入った現在でも，観光業が充分成り立っているといえるのはフィジーやパラオぐらいにすぎないのだ。とはいえ旅行業の発展が日本と島々との人的交流の輪を着実に広げていったことは間違いない。

(2)　日本の島嶼諸国外交

　今日，オセアニアの島国，すなわち太平洋島嶼諸国は，日本外交にとって重要なパートナーとして認識されている。とはいえ，戦後の日本政府もまた，島々の存在を忘れていた時期があった。

　1978年，日本が低レベル核廃棄物をマリアナ海溝に試験投棄する計画を発表すると，オセアニア地域から猛烈な抗議の声が沸き上がった。これに驚愕した政府は，計画を断念する事態に追い込まれたのである。

　当初，日本政府は「オセアニアは海だけなので，誰も被害を受けない。だから，アメリカはビキニ，エネウェトクで，イギリスはクリスマス島で，フランスはムルロアで原水爆実験を行ったではないか。ならば，ロンドン条約の規定に沿って行う核廃棄物投棄には，なんら問題はない」と考えたに違いない。しかし，オセアニアはもはや英米仏が完全支配する領域ではなく，小さいながらも幾つもの政治アクターが育っていた。もちろん日本は，独立国誕生の時点で

外交関係を結んでいるので，その存在を知らなかったわけではないが，国際政治的に意識するべく政治アクターだとする認識に欠けていたのだろう。

この外交認識が一変したのは，中曽根康弘首相の登場によってであった。1986年，同首相はフィジーとパプアニューギニアを訪問し，「島嶼諸国の同意なしに，核廃棄物の海洋投棄は行わない」と明言した。翌年，フィジーを訪問した中曽根内閣の倉成正外相は，南太平洋フォーラムで日本外交の対島嶼国方針について演説し，①独立性・自主性の尊重，②地域協力への支援，③政治的安定の確保，④経済的協力の拡大，⑤人的交流の促進の五原則を掲げた。これは後に「倉成ドクトリン」と呼ばれ，この外交五原則は現在まで引き継がれている。こうして，日本政府による太平洋島嶼諸国との本格的外交が始まった。

現在，日本が外交関係を結ぶ島嶼諸国は14ヵ国で，日本に大使館をおく国は7ヵ国，日本の大使館は10ヵ国におかれている。

(3) 島サミットによる交流の拡大

政府による本格的な島嶼国外交で，一般日本人の島嶼国認識もまた，観光地だけの関心や交流を超えて徐々に拡大傾向にある。だがそれ以上に，太平洋島嶼地域に集まる国際的関心度は，21世紀に入ってかつてないほどの広がりをみせているようだ。

その理由の第一は，気候変動，地球温暖化の負の影響が最も顕著に現れる地域として注目され始めたこと，第二は，中国の太平洋進出により，米英豪や日本などの既存の関係大国が安全保障上の危機感を強めていること，第三は，インターネット・インフラの整備により，極小島嶼国は情報受信・発信に関する辺境から脱出し，国際社会へ直接的に存在をアピールできるようになったこと，第四に，海洋資源利用に関する技術革新により，広大な排他的経済水域（EEZ）を有する島国の潜在的価値が上昇したこと，等々である。こうして島嶼国は，かつての忘れられた存在から一変して，国際社会から熱く注目される国々へと変貌したのである。日本がオセアニアの島嶼諸国を重要な外交パートナーとしている理由も，ここにある。

日本が島嶼国を重視している象徴ともいえる外交イベントが，1997年以来，3年ごとに実施している「太平洋・島サミット」である。これは，日本の首相

が太平洋諸島フォーラムに加盟する島嶼国の首脳（大統領，首相）すべてを日本に招待し，意見交換するという会議だが，この種の会議が20年以上も続いている事例は，他に類をみない。2021年の第9回太平洋・島サミットはコロナ禍のためリモート開催となったが，通常はメイン会議を軸に，経済界首脳との交流，開催地の県が主催する市民交流，関連セミナー等々，盛りだくさんのサイドイベントが同時に開催されるのである。3年に一度，こうした官民上げての交流イベントが開催されるようになって，一般社会にもオセアニアの小さな国々の情報が効果的に広まるようになった。

　日本政府は，島サミットで技術人材育成や大学院生の招聘など，3年ごとに数千人規模の人材交流の実施を約束してきており，これら事業に関連してオセアニア人と日本人との民間交流の場も一気に拡大した。

　こうして今日，一度失われてしまった日本とオセアニアとの関係が，21世紀という新しい形で戻りつつある。海の隣人，オセアニア人の視界にもまた，日本人の姿が大きく映っていくことになるだろう。

参考文献

大泉光一　1999『支倉常長──慶長遣欧使節の悲劇』中公新書。

太田尚樹　2013『支倉常長遣欧使節』山川出版社。

外務省　2018「第8回太平洋・島サミット（PALM8）2018年5月18日〜19日」https://www.mofa.go.jp/mofaj/a_o/ocn/page25_000943.html（2022年9月2日閲覧）。

厚生省援護局編　1961『中部太平洋方面部隊略歴』。

小林泉　1982『ミクロネシアの小さな国々』中公新書。

　──　2010『南の島の日本人』産経新聞出版。

　──　2015「太平洋島嶼国の変容と国際関係」『太平洋諸島研究』3：1-26。

　──　2017「天皇のパラオ訪問と南洋群島再考察」『太平洋諸島研究』5：1-35。

澤地久枝　1986『記録ミッドウェー海戦』文藝春秋。

志賀重昂　1887『南洋時事』丸善出版。

逓信省編　1916『南洋占領諸島記』逓信省通信局。

伝記学会編　1942『南進日本の先覚者たち』六甲書房。

永国淳哉編　1992『ジョン万次郎のすべて』新人物往来社。

中浜明　1970『中浜万次郎の生涯』冨山房。

南洋庁編　1935〜1944『南洋群島要覧』昭和10〜19年版。

仁保島村　2020『ハワイ日本人移民史』ハワイ移民資料館。

防衛庁防衛研修所戦史室編　1967『中部太平洋陸軍作戦1』朝雲新聞社。

矢野暢　1975『「南進」の系譜』中公新書。

―― 1979『日本の南洋史観』中公新書。

●読書案内●

『「南進」の系譜――日本の南洋史観』矢野暢，千倉書房，2009年
　　　　　中公新書で世に出た『「南進」の系譜』と『日本の南洋史観』を合体させて
　　　　　復刻した書籍。明治・大正・昭和，各時期の日本の南洋政策や南洋理解を
　　　　　明らかにするとともに，その結果起こった太平洋戦争や戦後日本のあり方
　　　　　に言及し，近代日本にとっての南洋や植民地について考察している。日本
　　　　　とオセアニア島嶼の関係史を学ぶには必読の書である。

『南の島の日本人――もうひとつの戦後史』小林泉，産経新聞出版，2010年
　　　　　本書は，元プロ野球選手で，ミクロネシアの大酋長になったススム・アイ
　　　　　ザワと，ミクロネシア連邦の初代大統領トシヲ・ナカヤマの2人の物語を
　　　　　中心に，ミクロネシアの戦中から戦後，そして日本との関わりを紹介する。
　　　　　現代日本とオセアニアの島々の関係を考える際の前提として，知っておく
　　　　　べき歴史が詰め込まれている。

『日本を愛した植民地――南洋パラオの真実』荒井利子，新潮新書，2015年
　　　　　かつて日本の統治下にあったミクロネシアの島々は戦争で甚大な被害を受
　　　　　けたが，人々は「日本時代が一番よかった」と言う。では，日本前のドイ
　　　　　ツ，戦後のアメリカとではどこが違ったのか。現在パラオ共和国となった
　　　　　島国の古老たちから話を聞きまくり，日本の植民地支配とは何であったか
　　　　　を考察している。

【コラム⑯】

戦後の日豪関係

自然なパートナーへの道程と現在

岡本次郎

　第二次世界大戦後の日豪関係は概して良好に推移してきた。2010年代半ば以降の両国は自由で開かれたインド太平洋構想を共有するパートナーであり，同構想の後ろ盾となる日米豪印協議（クアッド）のメンバーでもある。先の大戦で戦火を交えた両国が「自然なパートナー」とも呼ばれる関係になったのはなぜだろうか。

　まず，1960年代以降，日豪両国の経済関係が緊密になったことがある。オーストラリアが日本に鉱産資源や農産物を供給し，日本がオーストラリアに工業製品や資本を供給することによって，お互いの経済を補完しあうという基本的な構造が半世紀以上も維持されている。

　日豪間の緊密な経済関係は，何の努力もなく成立し維持されてきたわけではない。日本は1955年に GATT 加盟を果たすが，戦争の記憶が鮮明に残っていたオーストラリアは，当初は対日貿易に GATT ルールを適用しなかった。その後1957年に両国は日豪通商協定を締結する。同協定の締結により，オーストラリアは日本との貿易に初めて GATT ルールを適用し，最恵国待遇を与えることになる。この決断は，伝統的に国内製造業を手厚く保護してきたオーストラリアにとって分水嶺となった。当時のオーストラリアは，旧宗主国ではあるが経済的に停滞し，さらに欧州統合へ参加しつつある英国との経済関係の維持より，旧敵国ではあるが経済的に将来性豊かな日本との関係の発展を優先させたのである。

　その後の日豪関係は通商協定を基盤としてほぼ順調に発展する。1976年には日豪友好協力基本条約も締結された。また1970年代以降は，韓国，台湾，香港，ASEAN 諸国，中国といった東アジア諸国・地域が次々と経済成長を開始し，鉱産資源や農産物を供給するオーストラリアとの関係を深めた。オーストラリアの対外経済政策の重点も東アジア地域におかれ，1980年代末には日本とともに APEC（アジア太平洋経済協力）創設を主導した。21世紀に入ると，日本を含む多くの東アジア諸国との二国間自由貿易協定（FTA）締結に加え，

ASEAN との FTA，TPP（環太平洋パートナーシップ）協定，RCEP（地域的な包括的経済連携）協定に参加している。当初は東アジアへの帰属が微妙だったオーストラリアが同地域の経済枠組みに参加していく過程で，それを積極的に後押ししたのは日本だった。

　加えて強調すべきなのは，両国とも戦後国際秩序の恩恵を一貫して受けてきたということだ。両国の経済的繁栄は GATT/WTO 体制を中心とする国際経済秩序なしには考えられなかったし，安全保障については両国とも米国との同盟関係とそのネットワークに依存してきた。日豪両国にとって，既存の国際秩序の維持はきわめて重要かつ共通した国益といってよい。

　21世紀に入り，その既存秩序に挑戦する傾向を強めているのが中国である。台頭する中国は「特色ある社会主義」を標榜する共産党一党独裁国家で，日本やオーストラリアが依って立つ自由民主主義や市場経済とは基本的に相容れない政治経済体制をもつ。中国はその独自の主張の下，東シナ海・南シナ海で威圧的かつ一方的な領域主張を行い，香港の一国二制度を破壊するなど，アジア太平洋地域で既存秩序への挑戦を繰り返している。これに対して米国は，2017年のトランプ大統領就任以降「自国優先主義」的な対応が目立ち，もはや一国で既存秩序を支える力はないようにみえる。このような環境のなか，現在の日豪協力には，両国の国益である既存秩序の強化に米国を再度巻き込み，他の東アジア諸国の支持を得ることが期待されている。

あとがき

　『ようこそオセアニア世界へ』を読者の皆さんの手元にお届けできた今，その意義の大きさを改めて感じざるをえない。本書の執筆者はいずれもオセアニアを対象とした専門家として広く知られ，教育研究の面にとどまらず，政府審議会や有識者会合における政府への意見具申や民間企業に対するビジネスのコンサルティングなど，その専門性を活かして幅広く活躍している方々ばかりである。これだけの秀逸な論稿を一度に集めることができたことが，まずは大きな成果であるといえるだろう。

　また各章ならびにコラムをもう一度読み返したとき，改めてオセアニア世界の地域研究の幅の広さに気づかされた。この地域を対象とする研究者は，現地社会に入り，現地の人々の言葉を話しながら，共に生活をし，現地の人々の目線で社会や文化を学んでいく虫の目をもったミクロな視点からアプローチをとる者が多い。また，国や地域をまたがる形で，現在起きている国際社会の問題と関連させながら分析していく鳥の目で事象を追いかけていくマクロな視点から調査をする研究者も少ないながら存在している。欧米諸国やアジアの大国を対象とする地域研究からみたときは，両者はまったく異なるアプローチであり，研究のうえでは互いに交わることが殆どないと思われるかもしれない。

　ところが，オセアニアにおいては，両者のアプローチは密接に結びついている。ある島国の一集落で行われる祭りに参加していると，その上座に座り車座になりながら酒を交わして話し込んでいる重鎮たちが，1ヵ月後の同国の国会で，背広などの正装に着替え与野党に分かれ，国家財政や外交問題などの国政を二分する議論を行っていることは決して珍しいことではない。また，気候変動などグローバルな視点で考えるべき課題について，国連や国際機関で議論している話題の多くは，ある島国の離島の日々の生活のなかで起きている日常の問題と密接に結びついている。つまり，小さな集落の人々の関心や懸念が，直接国際社会全体の課題とつながり，場合によってはその動きを世界が注目しているのである。

もちろん，このようなオセアニアに対する国際社会からの関心は，昔から向けられていたわけではない。かつては世界の周縁と位置づけられ，欧米諸国などには見向きもされなかった。このように国際社会からの関心が本格的に高まってきたのは，今世紀に入ってからであり，そこには世界的に著名な多くの人類学者たちが現地でのフィールドワークに基づき描いてきた民族誌と，光ファイバーや衛星放送などの科学技術の発展に伴いインターネットやSNSを通じてすぐに現地の情報が入手できるようになった情報をめぐるイノベーションが深く関与していることも忘れてはならない。

　このようにオセアニアでの地域研究では，ミクロの視点での詳細な地域の把握と，マクロな視点を通して地域を横断した広い視野での分析との両方が大事となる。一人の研究者が両方の視点で研究を進めることはなかなかできないだけに，本書のようにこの地域の研究に対してマクロ・ミクロ両アプローチをとるオセアニアニストたちを一堂に会して提示することができたのは，理想的な研究成果といえるだろう。

　最後に，本書の出版にあたって編集作業を担当いただいた昭和堂の松井久見子氏には，度重なる原稿の遅れや煩雑な校正作業に対して，常に真摯に向き合いながら対応いただいた。「読者の代表として」という言葉から始まる適確なコメントは，厳しさもありつつ専門家にも負けず劣らずの鋭い指摘がなされ，多くのオセアニアニストたちにとって勉強になることばかりであった。著者を代表して心より感謝の意を表したい。

　　　2023年1月

黒崎岳大

索　引

ロノ　73, 135

■執筆者紹介 （執筆順）

石森大知
　＊編者紹介参照

臺　浩亮 （だい こうすけ）
　東京都市大学学生支援部学生支援センター専任事務員。修士（史学）。専門は歴史人類学，博
　物館人類学，コレクション研究。主要著作に「植民地期のニューギニアにおける小嶺磯吉の
　活動に関する予察──1905年から1911年における収集活動を中心に」（『史学』89（3），2020
　年），『世界の仮面文化事典』（分担執筆，丸善出版，2022年）など。

印東道子 （いんとう みちこ）
　国立民族学博物館名誉教授。Ph. D.（人類学）。専門はオセアニア考古学。主要著作に『島に
　住む人類──オセアニアの楽園創世記』（臨川書店，2017年），『南太平洋のサンゴ島を掘る』
　（臨川書店，2014年）など。

野嶋洋子 （のじま ようこ）
　アジア太平洋無形文化遺産研究センター研究担当室長。Ph. D.（人類学）。専門はオセアニア
　考古学，文化遺産。主要著作に『モノ・コト・コトバの人類史──総合人類学の探求』（分担
　執筆，雄山閣，2022年）など。

黒崎岳大
　＊編者紹介参照

山口　徹 （やまぐち とおる）
　慶應義塾大学文学部教授。Ph. D.（人類学）。専門は考古学，歴史人類学。主要著作に「民族
　資料を精読する──旧オランダ領ニューギニアの犬形木製彫像」（『国立民族学博物館研究報
　告』46（4），2022年），『アイランドスケープ・ヒストリーズ──島景観が架橋する歴史生態
　学と歴史人類学』（編著，風響社，2019年）など。

後藤　明 （ごとう あきら）
　南山大学人文学部教授。Ph. D.（人類学）。専門は海洋人類学，天文人類学。主要著作に
　Cultural Astronomy of the Japanese Archipelago（Routledge, 2021），『世界神話学入門』（講
　談社，2017年）など。

岡村　徹 （おかむら とおる）
　公立小松大学国際文化交流学部教授。博士（比較社会文化）。専門は社会言語学。主要著作に
　「ナウル共和国のピジン英語の保持にかかわる諸問題」（『オーストラリア・アジア研究紀要』6，
　2021年），*The Indigenous Language Acquisition, Maintenance, and Loss and Current Language
　Policies*（共著，IGI Global, 2020）など。

紺屋あかり（こんや あかり）
　明治学院大学国際学部専任講師。博士（地域研究）。専門は文化人類学，オセアニア地域研究。主要著作に Four Stones: The Concept of Space and Time in Palauan Mythology（*Language and Linguistics in Oceania* 14, 2022），「パラオ口頭伝承のテクスト化をめぐる人々の実践──ことばの物象化に着目して」（『文化人類学研究』20，2019年）など。

木村彩音（きむら あやね）
　神戸大学国際文化学研究科博士後期課程。修士（学術）。専門は文化人類学。主要著作に「「私たちをきれいに分けることはできない」──混血のトレス海峡諸島民をめぐる白豪主義的分断の歴史から」（『神戸文化人類学研究』2022特別号，2022年），「先住民社会における家族の分離と再構築──オーストラリア・アボリジニの「盗まれた世代」をめぐる歴史的展開と家族の再会支援から」（『南方文化』44，2018年）など。

土井冬樹（どい ふゆき）
　神戸大学国際文化学研究推進インスティテュート協力研究員，国立民族学博物館外来研究員。博士（学術）。専門は文化人類学，先住民研究，マオリ，ハカ，歌と踊り。主要著作に「「カパハカは私たちの文化」──「所有」するようになることをめぐるマオリの実践と論理」（『神戸文化人類学研究』特別号，2022年）など。

飯髙伸五（いいたか しんご）
　高知県立大学文化学部准教授。博士（社会人類学）。専門は文化人類学，オセアニア研究。主要著作に『大日本帝国期の建築物が語る近代史──過去・現在・未来』（分担執筆，勉誠出版，2022年），*Memories of the Japanese Empire: Comparison of the Colonial and Decolonisation Experiences in Taiwan and Nan'yō Guntō*（分担執筆，Routledge, 2021）など。

矢野涼子（やの りょうこ）
　摂南大学国際学部・芦屋大学臨床教育学部・大阪経済法科大学国際学部非常勤講師。神戸大学国際文化学研究推進インスティテュート協力研究員。博士（学術）。専門は太平洋諸島史，帝国史，オセアニア地域研究。主要著作に「ニュージーランド統治下における現地住民の嘆願──第二次マウ運動の主導者・女性・首長」（富士ゼロックス株式会社研究費助成プログラム2016年度小林フェローシップ研究助成論文，2018年），「明治・大正期の日本がみたサモア諸島」（『次世代人文社会研究』18，2022年）など。

佐本英規（さもと ひでのり）
　筑波大学人文社会系助教。博士（国際政治経済学）。専門は文化人類学，オセアニア研究。主要著作に『森の中のレコーディング・スタジオ──混淆する民族音楽と周縁からのグローバリゼーション』（昭和堂，2021年），Assembling Bamboo Panpipes in the Blended Life: Musical Mediation in a Village of 'Are'are, Solomon Islands（*People and Culture in Oceania* 36, 2021）など。

北原卓也（きたはら たくや）
　早稲田大学人間総合研究センター招聘研究員。修士（文学）。専門は文化人類学，地域研究（トンガ）。主要著作に『変容する移民コミュニティ——時間・空間・階層』（分担執筆，明石書店，2020年），「トンガ王国の雑貨店ビジネスにおける中国系商店の現況」（『早稲田大学文学学術院文化人類学年報』14，2019年）など。

平野智佳子（ひらの ちかこ）
　国立民族学博物館助教。博士（学術）。専門は文化人類学。主要著作に「分配行為にみるアナングのやり方——オーストラリア中央砂漠アボリジニのキャンパス販売と酒の購入資金の獲得の分析から」（『文化人類学』86（2），2021年）など。

畝川憲之（せがわ のりゆき）
　近畿大学国際学部教授。Ph.D.（国際政治学）。専門は国際政治学，東南アジア・オセアニア地域研究。主要著作に「第九回太平洋・島サミット——太平洋島嶼国の課題と日本の貢献」（『外交』68，2021年），*National Identity, Language and Education in Malaysia: Search for a Middle Ground between Malay Hegemony and Equality*（Routledge, 2019）など。

佐野文哉（さの ふみや）
　人間文化研究機構人間文化研究創発センター研究員，京都大学大学院アジア・アフリカ地域研究研究科客員研究員。博士（人間・環境学）。専門は文化人類学，言語人類学，オセアニア研究。主要著作に「トランスランゲージングにおける創造性の所在——フィジーのろう者の言語実践の事例から」（『ことばと社会』24，2022年）など。

東　裕（ひがし ゆたか）
　日本大学法学部教授。博士（国際学）。専門は憲法学，オセアニア地域研究。主要著作に「フィジー憲法（2013年）の目的と構造——憲法工学的考察」（『日本法学』84（3），2018年），『太平洋島嶼国の憲法と政治文化——フィジー1997年憲法とパシフィック・ウェイ』（成文堂，2010年）など。

今泉慎也（いまいずみ しんや）
　日本貿易振興機構アジア経済研究所グローバル研究グループ長。修士（法学）。専門は比較法（タイその他アジア諸国）。主要著作に『モルディブを知るための35章』（共編，明石書店，2021年），『太平洋島嶼地域における国際秩序の変容と再構築』（共編，日本貿易振興機構アジア経済研究所，2016年）など。

茅根　創（かやね はじめ）
　東京大学大学院理学系研究科教授。博士（理学）。専門は地球システム学，サンゴ礁学。主要著作に Trajectory to local extinction of an isolated dugong population near Okinawa Island, Japan（*Scientific Reports* 12, 2022），*Coral Reef Science: Strategy for Ecosystem Symbiosis and Coexistence with Humans under Multiple Stresses*（Coral Reefs of the World 5，編著，Springer，2016）など。

椎葉　渚（しいば　なぎさ）
地球環境戦略研究機関適応と水環境領域研究員。修士（国際協力学）。専門は気候変動適応。主要著作に『気候安全保障——地球温暖化と自由で開かれたインド太平洋』（分担執筆，東海教育研究所，2021年）など。

関根久雄（せきね　ひさお）
筑波大学人文社会系教授。博士（文学）。専門は文化人類学，開発人類学，オセアニア島嶼地域研究。主要著作に『持続可能な開発における〈文化〉の居場所——「誰一人取り残さない開発」への応答』（編著，春風社，2021年），『グローバル化する正義の人類学——国際社会における法形成とローカリティ』（分担執筆，昭和堂，2019年）など。

三村　悟（みむら　さとる）
太平洋地域環境計画事務局派遣 JICA 専門家，福島大学地域未来デザインセンター客員教授。修士（学術）。専門は持続可能な開発，防災国際協力。主要著作に『太平洋島嶼地域における国際秩序の変容と再構築』（分担執筆，日本貿易振興機構アジア経済研究所，2016年）など。

四條真也（しじょう　まさや）
関東学院大学国際文化学部専任講師。博士（社会人類学）。専門は社会人類学，文化人類学，ハワイ研究，沖縄・奄美研究。主要著作に『ハワイを知るための60章』（分担執筆，明石書店，2013年），『ハワイアン・プライド——今を生きるハワイ人の民族誌』（教友社，2019年）など。

小柏葉子（おがしわ　ようこ）
広島大学大学院人間社会科学研究科教授。修士（国際学）。専門は国際関係論。主要著作に Economic Integration and Transnational Human Mobility in the Pacific Island Countries (The Management Society of Hiroshima University, 2013)，『太平洋島嶼地域における情報通信政策と国際協力』（共著，慶應義塾大学出版会，2013年）など。

中原聖乃（なかはら　さとえ）
北九州市立大学地域共生教育センター特任教員。博士（学術）。専門は文化人類学。主要著作に『レジリエンス人類史』（分担執筆，京都大学学術出版会，2022年），『放射能難民から生活圏再生へ——マーシャルからフクシマへの伝言』（法律文化社，2012年）など。

小林　泉（こばやし　いずみ）
大阪学院大学国際学部教授。博士（農業経済学）。専門は国際関係論，オセアニア地域研究。主要著作に『コロナが生んだ米中「新冷戦」——変質する国際関係』（分担執筆，朝雲新聞社，2020年），『オセアニアを知る事典』（共監修，平凡社，2010年），『中国・台湾の激突——太平洋をめぐる国際関係』（JAIPAS，2009年），『太平洋島嶼諸国論』（東信堂，1994年）など。

岡本次郎（おかもと　じろう）
周南公立大学経済学部教授。Ph.D. (Political Science and International Relations)。専門は国際政治経済学，アジア太平洋地域の国際関係。主要著作に『オーストラリアの対外経済政策と ASEAN』（アジア経済研究所，2008年），『APEC 早期自由化協議の政治過程——共有されなかったコンセンサス』（編著，アジア経済研究所，2001年）など。

■編者紹介

石森大知（いしもり だいち）
　法政大学国際文化学部准教授。博士（学術）。専門は文化人類学，オセ
　アニア地域研究。主要著作に『太平洋諸島の歴史を知るための60章——
　日本とのかかわり』（共編，明石書店，2019年），『現代オセアニアの〈紛争〉
　——脱植民期以降のフィールドから』（共編，昭和堂，2013年）など。

黒崎岳大（くろさき たけひろ）
　東海大学観光学部准教授。博士（文学）。専門は文化人類学（経済開
　発），オセアニアの国際関係論，人文地理学（世界遺産研究）。主要著作
　に『太平洋島嶼地域における国際秩序の変容と再構築』（共編，日本貿
　易振興機構アジア経済研究所，2016年），『マーシャル諸島の政治史』（明
　石書店，2013年）など。

シリーズ地域研究のすすめ④

ようこそオセアニア世界へ
Introduction to Oceanic Area Studies

2023 年 2 月 28 日　初版第 1 刷発行

編　　者　　石　森　大　知
　　　　　　黒　崎　岳　大

発行者　　杉　田　啓　三

〒 607-8494　京都市山科区日ノ岡堤谷町 3-1
発行所　株式会社　昭和堂
振替口座　01060-5-9347
TEL（075）502-7500／FAX（075）502-7501
ホームページ　http://www.showado-kyoto.jp

© 石森大知・黒崎岳大ほか　2023　　　　　　　印刷　亜細亜印刷

ISBN978-4-8122-2203-4

＊乱丁・落丁本はお取り替えいたします。

Printed in Japan